111 Gründe, Mama zu sein

Meike Meyruhn

111 GRÜNDE, MAMA ZU SEIN

Ein Loblied auf das schönste Abenteuer der Welt

Schwarzkopf & Schwarzkopf

INHALT

VORWORT
Seite 9

KAPITEL EINS:
DU BIST DIE BESTE MAMA – Seite 11

Weil du über dich hinauswächst – Weil auch du nicht alles weißt – und es keinen Grund gibt, sich dessen zu schämen – Weil in dir Talente schlummern, von denen du keine Ahnung hattest – Weil du einfach mehr Spaß hast – Weil du mit deinen Kindern so herrlich angeben kannst – Weil deine Kinder deine größten Fans sind – Weil du Managerin eines Kleinunternehmens bist – Weil du mit deinem Kind der Familie einen Sinn (und eine Aufgabe) gibst – Weil du dich nicht von den Schikanen deiner Schwiegermutter aus der Ruhe bringen lässt – Weil du Kind und Karriere prima unter einen Hut kriegst

KAPITEL ZWEI:
DIE GANZ BESONDEREN MUTTERFREUDEN – Seite 33

Weil du schon während der Schwangerschaft einen Bund fürs Leben schließt – Weil du mit der Geburt deines Kindes ein Zeichen setzt: Du glaubst an die Zukunft – Weil sich Sorgen in Luft auflösen – Weil du vor Glück ohnmächtig wirst, wenn dein Kind ein Blockflötenkonzert gibt – Weil du weise und gelassen wirst – Weil du für dein Kind auch ohne Krone eine Königin bist – Weil du siehst, wie ein kleiner Mensch zu einer Persönlichkeit heranwächst – Weil du mit deinem Lächeln Kinderaugen zum Leuchten bringen kannst – Weil du ein Zentrum der Liebe bist – Weil du als Mutter einfach etwas ganz Besonderes bist

KAPITEL DREI:
BEDINGUNGSLOSE LIEBE – Seite 51

Weil du durch Kinder lernst, was Liebe ist – Weil du bedingungslos geliebt wirst – Weil du täglich im Rausch der Gefühle bist – Weil kein Tag wie der andere ist – Weil dir täglich eine Umarmung sicher ist – Weil du die schönsten Geschenke bekommst – Weil du ein neues Verständnis für Gerechtigkeit entwickelst – Weil du auf der Haben-Seite deines Gutmenschen-Kontos ein riesiges Plus ansammelst – Weil du Expertin im Kindertränenwegküssen bist – Weil du dein Kind auch ohne Worte verstehst

KAPITEL VIER:
VON GROSSEN UND KLEINEN WUNDERN – Seite 69

Weil dir sprechende Teddybären und unsichtbare Freunde vorgestellt werden – Weil du wieder von einer besseren Welt träumst – Weil du entdeckst, dass ein zermatschter Hundehaufen nicht stinkt, sondern Glück bringt – Weil du Mutter eines künftigen Perlentauchers, einer Einhornzüchterin, eines Raumfahrers oder einer Delfinflüsterin bist – Weil du den Glauben an das Gute im Menschen wiedergewinnst – Weil du dich mit deinem Kind über Libellen, Schmetterlinge und fliegende Drachen freust – Weil du dich in deinem Kind wiedererkennst – Weil du Zeugin großer und kleiner Wunder wirst – Weil du beim Stillen deinem Baby so nah bist – Weil du erst »gefesselt« und dann »verführt« wirst – Weil du Ausflüge in Spielzeuggeschäfte machen und dich an deine eigene Kindheit erinnern kannst – Weil du Zeugin wirst, wie aus dem Kinderzimmer eine Experimentierwerkstatt wird

KAPITEL FÜNF:
WIE DAS MUTTERGLÜCK UNSERE KREATIVITÄT ANSTACHELT – Seite 95

Weil man sich an der Seite seiner Kinder so herrlich zum Affen machen kann – Weil du mit deinen Kindern auch noch mal Kind sein darfst – Weil du – nicht nur als Mutter einer Tochter – auch wieder Prinzessin spielen darfst – Weil du auf die ulkigsten Ideen kommst, um deinem Kind den Schnuller abzugewöhnen – Weil es so viel Spaß macht, sich einen schönen Namen für sein Baby auszudenken – Weil du Dinge tust, für die andere in der Klapsmühle landen – Weil du dir die verrücktesten Geschichten ausdenken kannst und dich deine Kinder für deine Fantasie bewundern – Weil du den Freunden deiner Kinder zum Geburtstag Quatschkrams schenken kannst

KAPITEL SECHS:
VON DEN DINGEN, DIE WIRKLICH ZÄHLEN – Seite 117

Weil du endlich Verantwortung für dein Leben übernehmen musst – Weil du mit der Geburt deines Kindes lernst, Wichtiges von Unwichtigem zu unterscheiden – Weil du dem Materialismus den Rücken zukehrst – Weil du zwar Sportwagen lässig findest, dir ein Familienkombi aber praktischer erscheint – Weil du durch deine Kinder neue Freundschaften fürs Leben schließt – Weil du dein Kind nicht mit anderen vergleichst – Weil du von Wildfremden Komplimente für dein süßes Kind bekommst – Weil du über die Probleme kinderloser Frauen sanftmütig hinweglächelst – Weil du weißt, dass eine Louis-Vuitton-Tasche weniger Freude bereitet als die Haifischfestung von Lego – Weil du dich wieder auf dich und dein Bauchgefühl verlässt

KAPITEL SIEBEN:
WAS MAN ALS MUTTER ALLES LERNEN KANN – Seite 141

Weil du mit deiner Zeit besser haushaltest – Weil du endlich lernst, mit Geld umzugehen – Weil du lernst, deinem Kind nicht alle Wünsche zu erfüllen – Weil du lernst, konsequent zu sein – Weil du es erträgst, wenn dein Kind einen Wutanfall hat und du niemals mit Liebesentzug strafst – Weil du erkennst, dass das Glück in den kleinen Dingen steckt – Weil du lernst, nicht auf die Erzieher deines Kindes eifersüchtig zu sein – Weil du Freizeit, also kinderlose Zeit, wirklich sinnvoll nutzt – Weil du mit einer Babymassage auch deinen Partner verwöhnen kannst – Weil du durch dein wissbegieriges Kind selbst so viel lernst – Weil du lernst, wie man ein Schulkind motiviert – Weil du eine neue Lust am bewussten, nachhaltigen Leben entdeckst – Weil du viele Stunden in Bio-Läden verbringst, um für eine gesunde Ernährung zu sorgen ... – Weil du plötzlich die Schulmedizin verfluchst und auf Homöopathie schwörst

KAPITEL ACHT:
VON DER ZWEITEN CHANCE – Seite 173

Weil du als Mutter jeden Tag eine neue Chance bekommst – Weil jede Mutter ihr eigenes Lebensmodell findet – Weil du alles besser machen kannst als deine eigene Mutter – Weil du lernst, deine Zunge zu zügeln – denn Kinder sind gnadenlos ehrlich und plaudern arglos alles aus – Weil du endlich eine gute Köchin wirst – und im Notfall stets Tiefkühlpizza, Dino-Nudeln und Geflügelwürstchen vorrätig hast – Weil dein Mantra »Wir probieren das einfach noch einmal« ist

KAPITEL NEUN:
DAS GEHEIMNIS DER GELASSENHEIT – Seite 187

Weil du schön bist – auch wenn du ein paar Pfunde zulegst – Weil du lernst, Übermütter zu durchschauen, und du dich von ihrer Wir-wissen-alles-besser-Aura nicht mehr beirren lässt – Weil du so viel an der frischen Luft bist – und einen gesunden Teint hast – Weil du für Zeiten der Erschöpfung tolle Überlebensstrategien hast – Weil du nicht mehr Unmengen in Anti-Cellulite-Cremes investierst – Weil du dir die Yoga-Stunden sparst, denn Lego ist mindestens ebenso entspannend – Weil du nicht mehr in Bettenburgen Urlaub machst, sondern auf Bauernhöfen, in Kinderhotels oder auf dem Campingplatz – Weil du von Kindern lernst, was Diplomatie ist – Weil du immer recht hast – zumindest bis zur Pubertät – Weil du nach einem schlabberigen Kinderkuss die ganze Welt umarmen möchtest – Weil dir die Tricks deines Kindes bekannt vorkommen

KAPITEL ZEHN:
VON WEITEREN FREUDEN DES MUTTERSEINS – Seite 215

Weil du dich noch einmal in den Vater deines Kindes verliebst – Weil du eine einfühlsamere Partnerin wirst – Weil du unheimlich stolz auf das sein kannst, was du leistest – Weil du zwar weniger Sex, dafür aber besseren hast – Weil du im Alter nicht allein vorm Kamin sitzt – Weil du im Laufe der Kinderjahre zur Eigentümerin einer beachtlichen Kunstsammlung wirst – Weil du dich vor langweiligen Partys mit der besten Ausrede (»Ich würde ja furchtbar gern kommen, aber leider ist die Babysitterin unpässlich.«) drücken kannst – Weil du zum Geburtstag Liebesbriefe bekommst – Weil du noch mal all die Kinderbücher vorlesen kannst, die du so sehr geliebt hast

KAPITEL ELF:
HINDERNISSE UND WIE MAN SIE ÜBERWINDET – Seite 239

Weil du stark sein kannst, auch wenn du alles hinschmeißen möchtest – Weil du zwar gern Mutter bist, aber dir manchmal der Kragen platzt – Weil du die Lego-Steine vom Kinderzimmerfußboden verdammen kannst – Weil du aus Erziehungsfehlern lernen kannst – Weil Schlafprobleme nicht unlösbar sind – Weil du mit antiquierten Erziehungsmethoden brechen kannst – Weil du dein Kind motivierst, bis es sich selbst motivieren kann – Weil du dich nicht mehr verunsichern lässt – Weil das Ende einer Beziehung nicht das Ende der Welt sein muss – Weil du dich auch mit Kind neu verlieben kannst – Weil du dir mit einem Kind das größte Geschenk machst –

*Für Friedrich und Emilie Louise –
schön, dass es euch gibt.*

Liebe Mamas,
werdende Mütter und Frauen,
die mit dem Gedanken schwanger gehen,
ein Baby zu bekommen!

Dieses Buch ist für euch. Ihr seid Teil des schönsten Abenteuers im Leben. Für mich sind Kinder das Tollste auf der Welt und in den folgenden 111 Gründen erfahrt ihr warum … Ich schreibe nicht nur von Freuden, sondern auch von Ängsten, Zweifeln und schwachen Momenten, weil die zum Mamasein genauso dazugehören. Bitte versteht meine Anekdoten und Anregungen als Inspiration, denn letztlich habt ihr längst alle den besten Ratgeber der Welt: euch selbst. Vertraut bei der Erziehung auf euer Bauchgefühl. Als Mama wisst ihr einfach, was zu tun ist. Manchmal braucht es ein wenig Geduld, um diesem Gefühl vertrauen zu können. Aber wenn die Zeit reif ist, ist sie reif. Ich wünsche allen Leserinnen und Lesern eine wunderschöne Reise durch die fabelhafte Welt der Mamas.

Meike Meyruhn
Berlin, Juli 2011

KAPITEL EINS

Du bist die beste Mama

GRUND NR. 1

Weil du über dich hinauswächst

Du bist also mein Kind. Das war mein erster Gedanke, als mir die Hebamme ein kleines Bündel mit geröteten Wangen und einem Kopf voller Käseschmiere auf die Brust legte.

Mein zweiter: Ich bin Mutter.

Der dritte: *Hilfe,* ich bin Mutter! Wie soll ich diese Verantwortung tragen?

Bin ich überhaupt würdig, Mutter zu sein?

Schaffe ich es, dir ein gutes Leben zu bieten, dich stark zu machen für ein Leben als autarker Mensch? Kann ich dir die Sicherheit geben, die du brauchst? Die Geborgenheit, die Liebe, die Zuversicht, die Freude, die Weisheit, das Wissen – eben all das, was ein Menschenkind benötigt, um eines Tages mit kräftigen Flügeln einen selbstbewussten Abflug aus Mamas wohligem Schoß hinzulegen?

Mein Sohn schien meine Gedanken lesen zu können. Er runzelte seine Stirn, gurgelte Laute, die ich nicht verstand. Dennoch wuchs in mir plötzlich eine Kraft und um die Herzgegend eine Wärme, die ich bis zum Tage der Geburt meines Sohnes nicht gekannt hatte.

Na klar schaff' ich das! Ich werde für dich sorgen, dir eine gute Mutter sein und dich aufziehen – so wie es vor mir schon viele andere Mütter getan haben ...

In den ersten Wochen nach der Geburt übertrieb ich es ein wenig mit meinem Gluckengehabe und der Fürsorglichkeit: Jeder, der sich unserem Sohn näherte, musste sich die Hände mit Sagrotan desinfizieren und durfte nur in meiner Anwesenheit das Köpfchen des Winzlings streicheln.

Das ging so lange, bis mich meine Wochenbetthebamme Uta fragte, ob ich nicht mehr alle Tassen im Schrank hätte. Ich würde das Immunsystem des Kleinen unterfordern, was dazu führe, dass es sich nicht mit Keimen auseinandersetzen könne und Allergien bei dem Kind forciere. Die Sagrotan-Flasche verschwand im Reinigungsmittelschrank – nicht jedoch mein strenger Blick auf all diejenigen, die meinten, mein Baby im Kinderwagen betatschen zu müssen.

Wenn ich an die ersten Wochen mit meinem Säugling zurückdenke, schmunzle ich über die Frau, die ich vor sieben Jahren einmal war. Klar war ich vorbereitet, hatte Ratgeber wie *Die Hebammensprechstunde* von Ingeborg Stadelmann und Hannah Lothrops *Das Stillbuch* gelesen. Trotz all der Lektüre über die Freuden des Mutterseins war die Realität eine völlig andere. Das bisschen Haushalt machte sich bei uns nicht von allein und an die ersten Monate erinnere ich mich als einen Marathon aus Stillen und Windelnwechseln und der Vorfreude auf das Ende der Elternzeit.

Doch wir sind beim ersten Grund, warum es so toll ist, eine Mutter zu sein, und nicht in der »So-depri-waren-meine-ersten-Wochen-als-Mama-Selbsthilfegruppe«! Der Grund Nummer eins ist: weil du über dich hinauswächst. Und das tut jede Mutter, wirklich jede! Du kannst dich quasi nicht dagegen wehren.

Ich bin seit sieben Jahren Mutter des wundervollsten kleinen Jungen, den ich haben könnte. Mein Sohn ist das größte Geschenk, das ich je bekommen habe. In den vergangenen Jahren bin ich immer wieder über mich selbst hinausgewachsen. Ich habe gelernt, Verantwortung zu übernehmen und meinen Sohn pünktlich um halb acht ins Bett zu bringen. (Das ist nicht mal gelogen und läuft nun bereits seit mehreren Wochen reibungslos – sogar ohne Androhung von Süßigkeitenverbot. Ein voller Erfolg also!) Inzwischen bin ich so etwas wie eine gute Hausfrau, kann am Knie aufgerissene Jeanshosen flicken, nicht kratzende Schals stricken, habe mir ein sagenhaftes Wissen über Ritter und Dinosaurier angeeignet und besitze mein eigenes rosafarbenes Schaumstoffschwert für Kampfeinsätze als Burgfräulein Mechthild M. aus B. auf dem Hochbett meines Knappen. Ist mein Sohn verschnupft, renne ich nicht mehr wie von der Tarantel gestochen zur Kinderärztin, weil ich selbst über eine homöopathische Hausapotheke verfüge und damit die passenden Globuli stets vorrätig habe.

Seit Neuestem verfüge ich über eine weitere Fähigkeit: Ich bin »Kinder-Mediatorin« – per Fernanalyse. Vor einiger Zeit wurde mein Sohn von einem älteren Mitschüler auf dem Schulhof gehänselt und geschubst. »Mama, was kann ich tun, damit mich der Junge nicht mehr ärgert?«, fragte mich mein Sohn. Ich komme morgen mit zur Schule und erzähl'

dem Typen mal, was Sache ist, dachte mein altes Ich. Innerlich schäumte ich vor Wut. Schließlich gab es da einen Jungen, der mein Kind piesackte, und das ging natürlich gar nicht. »Frag ihn, warum er dich belästigt. Und wenn er dir sagen kann, warum er dich anpufft, dann erlaube ihm einfach, dich weiter zu ärgern. Ich bin mir sicher, dass er dich künftig in Ruhe lassen wird«, erklärte mein neues souveränes, erhabenes Ich – wobei ich inständig hoffte, mich mit meiner Küchenpsychologie nicht zu weit aus dem Fenster gelehnt zu haben. Einen Tag später erklärte mein Sohn: »Mama, der Junge ärgert mich, weil er es witzig findet, wie ich mich über ihn ärgere.« Ich war sprachlos.

»Aber weißt du was, Mama?! Der macht jetzt einen riesigen Bogen um mich.«

Wie ich schon sagte: Als Mutter wächst du über dich hinaus! Manchmal einfach nur, indem du dich der aktuellen Situation stellst und darauf vertraust, das Richtige zu tun und zu sagen. Lass es zu!

GRUND NR. 2

Weil auch du nicht alles weißt – und es keinen Grund gibt, sich dessen zu schämen

Kinder halten ihre Eltern für wandelnde Lexika. In den ersten drei bis fünf Jahren ist es auch so: Mama und Papa wissen einfach alles und die Trefferquote für richtige Antworten auf Kinderfragen liegt bei hundert Prozent.

Doch das ändert sich mit der Wissbegierde der kleinen Lebensentdecker und Hinterfrager. Eines Tages kommt die Frage, vor der wir uns fürchten, vor der wir kapitulieren und bei der wir uns auf die Knie werfen möchten, um Jimmy Donal Wales, dem Mitbegründer von Wikipedia, die Füße zu küssen. Wenn mir mein Sohn eine dieser Fragen stellt, die ich nicht aus dem Stegreif beantworten kann, gehe ich online, schicke Dankesgebete gen Himmel, weil ich im 21. Jahrhundert leben darf und es nicht darum geht, alles zu wissen, sondern darum, zu wissen, wo man die Antworten auf die Fragen seiner Kinder herbekommt.

Aber es gibt eben auch diese anderen Fragen, Kinderfragen, auf die sich keine schnellen Antworten finden lassen, über die es sich aber nachzudenken lohnt:

→ Warum hat der liebe Gott gemacht, dass es arme und reiche Menschen gibt?
→ Warum gibt es Kinder, die keine Eltern haben?
→ Warum müssen einige Menschen auf der Straße leben?
→ Warum hat der liebe Gott die Katastrophe von Japan nicht verhindert?
→ Jesus hat zwei Papas: den lieben Gott und Joseph. Aber Mama, das geht doch gar nicht?!
→ Wenn Gott so gerecht ist, dann dürfte es doch keine armen Kinder geben!?

- Warum müssen Erstklässler mitten in der Nacht zur Schule gehen? (In den Wintermonaten ist es um acht Uhr noch stockdunkel.)
- Mama, wenn du tot bist, bist du dann ein Engel oder kommst du als Mensch wieder auf die Erde?
- Mama, meinst du, der liebe Gott schickt uns wieder eine Sintflut, weil die Menschen nicht gut mit dem Planeten umgehen? So wie bei der Arche Noah ...
- Was passiert, wenn man tot ist?
- Wo war ich eigentlich, bevor ich geboren wurde?
- Treffen wir uns im Himmel wieder, wenn wir tot sind?
- Was ist eine Seele? Wie sieht eine Seele aus und wie viele Seelen gibt es überhaupt?
- Wird ein Mensch in seinem Leben böse? – Oder: Kommt ein Mensch gut oder böse auf die Welt?
- Tut es einem Baum weh, wenn ich auf seinen Ästen herumklettere?

Eines sei an dieser Stelle betont: Es ist keine Schande, Kinderfragen nicht beantworten zu können. Man sollte allerdings die Fragen des Kindes ernst nehmen und sich mit den Gedankengängen der Kleinen auseinandersetzen. Keinesfalls darf man Augen rollend alles als Kinderquatsch abtun.

Mit den vielen Fragen wollen uns unsere Kinder nicht als unwissende Doof-Mamas bloßstellen. Nein, ihr Wissensdurst ist vielmehr ein Zeichen ihres großen Interesses am Leben. Daher ist es wichtig, gemeinsam mit ihnen nach Antworten zu suchen; bei Wikipedia oder in bewährten traditionellen Nachschlagewerken wie dem Brockhaus oder einer anderen Enzyklopädie.

GRUND NR. 3

Weil in dir Talente schlummern, von denen du keine Ahnung hattest

Trostspenderin, Tränenwegküsserin, Vorleserin, Riesenkaugummiblasenmacherin, Geschichtenerzählerin, Kirschkernweitspuckerin, Sandburgenerbauerin, Windel-im-Akkord-Wechslerin, Zuhörerin, Gutzurednerin, Motivatorin, Mediatorin, Hobbypsychologin, Weihnachtsmann, Streitschlichterin, Luftballonaufbläserin, Kindergeburtstagsorganisatorin, Bunte-Kinderkuchen-Bäckerin, Osterhase, Um-das-Recht-des-Kindes-Kämpferin, Glücklichmacherin, Wunsch-von-den-Augen-Ableserin, Erpresserin, Schlafexpertin, Kinderliedersängerin, Wunderheilerin, Zahnfee, Vampirjägerin, Zauberin, Böse-Geister-Bekämpferin, Feen-Beschwörerin – dies sind nur ein paar der Talente, die in jeder Mutter schlummern und die darauf warten, entdeckt zu werden.

Bei der Vielzahl deiner Fähigkeiten sollte es sich manch ein Kandidat von Dieter Bohlens *Das Supertalent* zweimal überlegen, ob er wirklich meint, mit seiner Darbietung als Adlerfänger auf einem Schimmel deutsche Fernsehgeschichte schreiben zu können.

Hinzu kommt: Die Talente einer Mutter sind eine reine Herzensangelegenheit und kein Versuch, im Rampenlicht zu stehen! Mit der Geburt deines Kindes bist du ein Genie und dein Antrieb ist die Liebe. Alles, was du brauchst, ist spontan abrufbar – ohne jahrelanges Einstudieren.

Allerdings solltest du mit deinen außergewöhnlichen Fähigkeiten als Mutter nicht wahllos prahlen. Kaum jemand wird beeindruckt sein, wenn du von deiner Fähigkeit berichtest, Feen in Blumen nach dem Wetter für die kommenden vier Wochen auszufragen, nur weil dein Sohn das so toll findet. Nein, einige Talente sind eine Sache zwischen dir, deinem Kind und eventuell noch deinem Mann, wenn es diesen nicht allzu sehr schockiert, zu welchen Mitteln du greifst, um beispielsweise für Nachtruhe zu sorgen. Solange du nicht von einem künftigen Leben hinter einem Stapel Tarotkarten oder einer Glaskugel in einem gemütlichen Wohnwagen träumst, solltest du die exzentrischsten deiner »Gaben« für dich behalten und dankbar sein, dass dein Kind nach vierzigminütiger Geisterbeschwörung dann doch noch eingeschlafen ist. Im Ehebett, auf der Besucherritze – zwischen dir und deinem Partner ... Aber Scherz beiseite: Der Übernachtungsgast in eurem Bett sollte eine absolute Ausnahme sein. Kinder gehören in ihr eigenes Bett. Und dort können sie – diese Lektion musste ich selbst lernen – auch ohne abendliche Scharlatanerie einschlafen! Hier sind ein paar Tipps für (angehende) Schlafexpertinnen:

→ Rituale & Regelmäßigkeit: Punkt 19.30 Uhr muss mein Sohn im Bett sein. Schafft er es nicht, lese ich ihm keine Gutenachtgeschichte vor. Nach dem Lesen besprechen wir den Tag, sagen, was uns nicht gefallen hat und was besonders schön war. Wir beten auch – aber das muss jede Mutter für sich entscheiden. Zum Einschlafen hört mein Sohn gern ein Hörspiel. Wichtig: Dein Kind sollte keine spannenden Abenteuer von den *Drei ??? Kids, TKKG* oder den *Fünf Freunden* hören. Etwas Einschläferndes wie *Lars der Eisbär*, *Benjamin Blümchen* oder eine CD mit klassischer Musik sind ratsam.

→ »Ich habe Feierabend!« Geistert mein Sohn nach dem Gutenachtsagen durch die Wohnung, lasse ich mich auf keine Diskussion ein und schicke ihn wieder in sein Bett.

→ Elternbett ist tabu! Steht mein Sohn mitten in der Nacht vor unserem Bett, begleite ich ihn wieder in sein eigenes Bett.

→ Lege dich niemals zu deinem Kind ins Bett! Auch ich war eine Mutter, die sich abends zu ihrem Kind ins Bett legte und so lange das Köpfchen streichelte, bis das Kleine schlief. Danach war ich meist selbst erschöpft und hatte nichts mehr von meinem »Feierabend«. Lass dich nicht von deinem Kind zum

→ lebendigen Schmuseteddy machen. Jedes Kind muss lernen, allein einzuschlafen.
→ Ruft dein Kind, das längst schlafen sollte, »Mama, wo bist du?«, bleib an der geöffneten Kinderzimmertür stehen und sage: »Ich bin hier. Schlaf jetzt schön.« Häufig wollen Kinder nur sicherstellen, dass sie nicht allein sind.
→ Bleib immer ruhig! Kinder, die nicht schlafen wollen, können einen zur Weißglut treiben. Bitte denk nicht: Schlaf endlich ein, du kleiner Teufel, du nervst oder deinetwegen komme ich zu nichts und habe Augenringe – Kinder sind sensibel und spüren deine Gereiztheit, was dazu führt, dass sie noch fideler werden.
→ Schlafen ist in vielen Familien ein großes Problem. Auch wenn deine Freundinnen anderes behaupten. Lass dich nicht verunsichern, zweifle nicht an deinen Fähigkeiten als Mutter – investiere eventuell in einen Einschlaf-Ratgeber (*Schlafen statt Schreien: Das liebevolle Einschlafbuch. Das 10-Schritte-Programm für ruhige Nächte* von Elizabeth Pantley oder *Jedes Kind kann schlafen lernen* von Annette Kast-Zahn und Dr. Hartmut Morgenroth) und nimm dir die Zeit, um deinem Kind das Einschlafen beizubringen. Es lohnt sich.

GRUND NR. 4

Weil du einfach mehr Spaß hast

Zu jeder vollen Stunde zwitschert es in unserer Wohnung. Elster, Spätzchen, Fink und andere Vögelein heißen die neuen sechzig Minuten willkommen. Wir haben eine Vogel-Uhr. Und bei so manch einem unvorbereiteten Gast zuckt die linke Augenbraue hoch, während mein Sohn und ich uns verschwörerisch ansehen und spontan *Fünfzehn Uhr in der Irrenstalt* johlen, einen unserer selbstgeschriebenen Songs. Wir finden unsere Uhr witzig, die noch dazu einen pädagogisch wertvollen Nebeneffekt hat: Mein Sohn kennt sich mit Piepmätzen aus.

Als mein Sohn in der Hochphase seiner Dino-Zeit war, also vor etwa vier Jahren, verließ er das Haus nicht ohne seinen Dino-Schwanz. Den Dino-Schwanz, den mein Sohn in der Kiste mit dem Weihnachtsschmuck gefunden hatte und der für Menschen ohne Fantasie einfach nur eine zweieinhalb Meter lange Schnur mit perlmuttfarbenen Perlen war, klemmte sich mein Sohn in die Unterhose. Erst dann war er bereit; für den Kindergarten, den Spielplatz, die Kinderkinovorstellung, fürs Burgeressen in einer allen bekannten Fastfoodkette oder für einen Besuch bei der Post.

Dort eckten wir mal mit dem Schwanz an. Eine ältere Dame, die ganz offensichtlich mit dem falschen Fuß zuerst aufgestanden und der dann auch noch eine Laus über die Leber gelaufen war, hielt meinen Sohn für lebensgefährlich. »Ihrem Sohn hängt da etwas aus der Hose«, sagte die Gute.

»Das ist ein Dino-Schwanz«, erklärte ich, während mein Sohn zu einem beherzt-bedrohlichen »Grrrrrrrrrrrrrrrrrrrruargh« ansetzte.

»Ich hätte mir beinahe das Genick gebrochen, weil Sie Ihrer Aufsichtspflicht nicht nachkommen und Ihrem Sohn offenbar alles erlauben!«

Ich musste mich sehr zusammenreißen, um mich nicht zu einer spontanen Verbalschlägerei hinreißen zu lassen. »Wissen Sie, mein Sohn hat viel Fantasie, er ist ein Dino und er liebt diesen Schwanz.«

»So ein Unsinn. Die Eltern von heute sind das Letzte!«, motzte die Spaßbremse.

Mein Sohn ließ sich von der Meckerziege nicht um seinen Spaß bringen. Er stieß weiter Dino-Laute aus, begab sich auf alle viere und schlawänzelte um seine Widersacherin. Als er die Zähne fletschte und sich mit seinen Händen an dem bösen Pelzmantel zu schaffen machen wollte, rief ich ihn zur Räson und wurde von einer Postmitarbeiterin aus der Warteschlange befreit.

»Die versteht wohl keinen Spaß, Mama?«, resümierte mein Sohn.

»Ja, einige Leute gehen zum Lachen in den Keller«, entgegnete ich, noch immer sprachlos wegen der Frau, die meinen Goldspatz für eine allgemeine Gefahr hielt.

»Und was ist, wenn die gar keinen Keller hat?«

»Mäuschen, ich weiß es nicht. Es gibt eben Menschen, denen im Laufe der Jahre das Lachen vergangen ist und die immer etwas zum Anlass nehmen, um sich aufzuregen.«

»Genau. Und wir sind nicht so. Wir lachen auch auf der Straße!«

Neulich begann mein Tag beim Griff in die Unterwäsche-Schublade mit einem Grinsen. Dort lag eine Vogelspinne in einem Nest aus Glitzerherzen. Um den kalten Schauer auf dem Rücken gleich wieder zu verscheuchen: Nein, die Vogelspinne war nicht echt. »Brunhild« gehört eigentlich in die Dino-Kiste meines Sohnes, der sich jedoch einen Spaß daraus macht, mir dieses Plastikvieh mit den weichen Härchen immer mal wieder irgendwo unterzujubeln. Er weiß um meine Abscheu vor diesen Kriechtieren und bekommt hysterische Lachanfälle, wenn ich vor Ekel kreische. Und das tue ich ständig: Bruni lag schon unter meinem Kopfkissen, im Kühlschrank, in der Obstschale, in meiner Handtasche, auf meinem Schreibtischstuhl ...

Wenn mir mal nicht nach Lachen zumute ist, weil ich mich mit meinem Leben verzettelt habe oder ich einfach auch mal schlechte Laune haben will, dann stellt sich mein Sohn vor mich, holt seine Luftgitarre hervor, wirbelt mit seinem rotblonden Haar und singt *Rock Me Baby* wie Johnny Nash. Das ist dann der Moment, in dem mir Tränen in die Augen steigen; in dem ich dankbar bin für das Glück, Mutter eines wahnsinnig kreativen Temperamentbolzen zu sein, und ganz klar sagen muss: Als Mutter hast du einfach viel mehr Spaß im Leben!

GRUND NR. 5

Weil du mit deinen Kindern so herrlich angeben kannst

Kein Boot? Kein Haus? Ja, nicht einmal einen Zweisitzer? Da läuft wohl irgendetwas nicht so prächtig in deinem Leben, was?
Scherz beiseite.
Wer braucht schon Statussymbole, wenn man Mutter sein kann? Du kannst mit deinem Mäxchen, Hugo, Paul, deiner Pia, Mia oder Louisa viel besser angeben. Und wie du das kannst!
Wir erinnern uns wohl alle an unsere kinderlosen Zeiten und an die Kolleginnen, die ihren Schreibtisch im Büro in eine Art Altar für die lieben Kleinen umfunktioniert hatten. Wir erinnern uns daran, wie sehr uns diese Frauen auf den Keks gingen mit Informationen über ihre Lieblinge: die Einschulung, die Lese- und Rechenfortschritte, den ersten Fußballpokal und den späteren Aufstieg von der Stadtteilkreisminijuniorenklasse in einen richtigen Fußballverein. Und dann dieser Altar: Tom mit Zahnlücke und Schultüte, als kleiner Hase mit Tornister in Die Häschenschule. Tom in Hockeymontur, Tom im Fußballtrikot (und dazu die vor Stolz leuchtenden Augen der Mutter, die ihren Sohn bereits mit sechs in der Nationalmannschaft spielen sah), Tom mit erstem Bartwuchs und fiesen Pickeln.
Jetzt bist du dran mit Angeben. Protzen mit dem Nachwuchs ist absolut erlaubt. Schließlich sollst du dir nicht umsonst in all den Jahren Tomatenstauden ans Ohr gequatscht haben lassen!
Natürlich sollte ein gewisser Rahmen eingehalten werden. Und nur weil wir selbst einst Opfer von nervtötenden stolzen Müttern

gewesen sind, heißt das noch lange nicht, dass wir in diese Rolle schlüpfen und uns bei unseren jüngeren, kinderlosen Kolleginnen unbeliebt machen dürfen, indem wir sie pausenlos an unserer Freude über die Entwicklung unserer Windelracker teilhaben lassen.

Bei der Mit-Kind-Prahlerei gilt es Folgendes zu beachten: Weniger ist – wie in vielen anderen Bereichen des Lebens – mehr! Das heißt: Das Unter-die-Nase-Halten der aktuellsten Schnappschüsse ist nur nach ausdrücklicher Nachfrage erlaubt. Ganz nebenbei gesagt, hat es mehr Stil, vor dem Präsentieren ein wenig zu selektieren. Womit wir schon beim Thema Facebook wären. Kinderfotos haben online nichts zu suchen. Einmal drin, liegt die Verbreitung nicht mehr in deiner Hand. Das betrifft übrigens auch Ultraschallfotos der sich noch in Entstehung befindenden Spätzelchen, auf die ich persönlich gern ganz verzichten kann. Selbst im Taumel der Hormone sollte es sich eine Bald-Mama verkneifen, das Bild des Dottersackes, das sie unterm Herzen trägt, ins Online-Fotoalbum zu stellen.

Zurück zu den Kindern, die bereits das Licht der Welt erblickt haben und zum Programm des Flurfunks gehören …

Wenn nun also dein Gegenüber mit anerkennendem Kopfnicken Interesse bekundet, holst du tief Luft und erzählst von deinem Multi-Talent, das dir so viel Freude bereitet, schon vor der Einschulung lesen konnte, das Einmaleins bis Hundert aus dem »Effeff« beherrscht, bereits mit zwei Jahren ohne Stützräder Fahrrad fahren konnte und ob seiner großartigen Blockflötenbegabung im Schulorchester musiziert. Mein Tipp: Wenn du es dir mit deinen Kolleginnen, die möglicherweise nur aus Höflichkeit Interesse vorgaukeln, nicht verscherzen möchtest, beende deine Protzerei, bevor die Fragende vor Langeweile in die Verlegenheit eines herzhaften Gähners kommt, und erinnere dich an deine ehemalige Mama-Kollegin und ihre Tom-Geschichten.

GRUND NR. 6

Weil deine Kinder deine größten Fans sind

Egal, was du tust: Dein Kind bewundert dich! Für die Art, wie du singst, kochst, tanzt, malst. Schamgefühle, falsche Bescheidenheit, mangelndes Taktgefühl – dein Kind interessiert das nicht. Kinder freuen sich einfach, wenn du deine innere Barriere, deine spaßbefreite Zone, verlässt, den Stock der Vernunft aus dem Hintern nimmst und dein Herz zum Hüpfen bringst. Wenn du also mal ohne Rücksicht auf Hemmungen die Sau rauslässt!

Nun sind wir Mütter vielerorts durch den Perfektionismus unserer Eltern oder unserer Chefs und Chefinnen ein wenig verkorkst. Wir sind selbst unsere härtesten Richterinnen, setzen uns unter Druck, erwarten von uns ausschließlich Bestleistungen und sind demzufolge häufig in uns selbst gefangen.

Wenn nun auch noch Erinnerungen an die Konfirmandenzeit in uns aufkeimen, restschämen wir uns mit einer zeitlichen Verzögerung von etwa zwanzig Jahren. Wir erinnern uns plötzlich an die flehenden Blicke unserer betagten Sitznachbarn im Advents-Gottesdienst, wenn wir aus Leibeskräften *Tochter Zion* sangen. Schlussendlich mussten wir uns eingestehen, talentfrei zu sein, und zwar so sehr, dass es nicht einmal für die Huldigung des Herren reichte. Wenn wir im Büro beim *Happy birthday to you* für die lieben Kollegen nur Playback sangen und unsere Lippen zum Gesang der anderen bewegten, vertieften wir unsere innere Blockade. Bei solch einer Seelenlast fällt es schwer, mit unseren Kleinen fröhliche Kinderlieder zu singen …

Und da sind wir auch schon wieder bei Grund Nummer sechs: Dein Kind ist dein größter Fan – auch wenn du eine Reibeisenstimme hast …

Ich bin die oben beschriebene Frau. Die Frau mit der Stimme, die keiner hören will – bis auf meinen Sohn wohlgemerkt! Mit leuchtenden Augen schaute er mich abends viele Jahre lang versonnen an, wenn ich für ihn *Der Mond ist aufgegangen* und *Weißt du, wie viel Sternlein stehen* sang.

Mein Sohn liebt auch alles, was ich koche – wenn sich die Gewürze auf viel Salz und wenig Pfeffer beschränken und das Mahl aus Nudeln, Hackfleisch und Tomatensoße oder panierten quaderförmigen Fischresten besteht. Mein Kirsch-Schokokuchen ist seiner Meinung nach der beste Kuchen der Welt, der Vanillepudding mit Gummibärchen besser als der Vanillepudding ohne Gummibärchen in der Schule. Die Bilder, die ich male, sähen aus »wie von einer Künstlerin«.

Ich kann mit keinen Statistiken aufwarten – aber etwa einmal täglich sagt mir mein größter Fan schon, wie lieb er mich hat. Das Jahr hat 365 Tage. Mein Kleiner ist sieben, dann hat er also mindestens schon …

GRUND NR. 7

Weil du Managerin eines Kleinunternehmens bist

Erinnerst du dich an diese Werbung mit der Frau, die ein »Familienunternehmen« leitet?

Zur Gedächtnisauffrischung ein Ausflug in die Werbepause: eine Party mit vielen Menschen in piekfeiner Kleidung, leeren Gesprächen und der typischen Frage »Und … was machen Sie denn so?«. Die Frau, die gefragt wird, sieht sich in der Bredouille. Sie ist »nur« Mutter und Ehefrau – aber zum Glück pfiffig genug, um ihre affektierte Gesprächspartnerin mit einem Satz schachmatt zu setzen: »Ich leite ein … Familienunternehmen!«

Ich wünschte, alle Mütter hätten ein Bewusstsein für das, was sie leisten. Stattdessen hört man immer wieder von Frauen, die ihre eigenen Leistungen als Mutter gar nicht sehen, geschweige denn zu würdigen wissen. Ihnen scheint nicht bewusst zu sein, wie wertvoll sie sind, und dass sie eine große Verantwortung tragen, indem sie ihre Kinder beim Bau für ein solides Fundament für den weiteren Lebensweg unterstützen.

Keine Frage: Das Leben als Mutter ist nicht immer nur ein Zuckerschlecken. Es ist ein Leben mit ständigem Termindruck, ein unablässiger Kampf gegen Augenringe und zu kurze Nächte. Manchmal fühlt man sich wie die Bedienstete der Kinder oder des geschätzten Gatten. Vormittags Büro, nachmittags Hausaufgaben begutachten, die lieben Kleinen zum Fußball, Ballett, in die Musikschule oder zum Reiten chauffieren und abends liebestoll und bestlaunig den Ehemann begrüßen, der seinerseits einen anstrengenden Tag hatte und dem es nun danach gelüstet, den Feierabend versüßt zu bekommen.

Als Managerin eines Kleinunternehmens weißt du um die Notwendigkeit, dir deine Zeit gut einzuteilen, genauso wie die Managerin eines Großunternehmens mit sagen wir mal 12.000 Mitarbeitern. Du organisierst die gemeinsamen Zeiten für die Familie, die sogenannte »quality time«, wie auch kleine Auszeiten für dich, bei denen du dich durch Yoga oder Qi Gong wieder in deine Mitte zurückbringst, und gemütliche Stunden für dich und deinen Liebsten. Du bist schließlich keine blutjunge Berufsanfängerin und deine Erfahrung hat dich gelehrt, dass ein in allen Lebensbereichen ausgeglichenes und befriedigendes Managerinnendasein gut organisiert sein will. Mach dir bewusst, was du leistest, geh meinetwegen täglich eine Runde vor Stolz auf dich selbst rückwärts – und denke an bewusstseinserweiternde »Ausflüge« auf deine persönliche »Akku-Aufladestation«.

GRUND NR. 8

Weil du mit deinem Kind der Familie einen Sinn (und eine Aufgabe) gibst

Man hört es immer wieder: So manch eine Familie ist erst mit einem Baby zusammengewachsen.

Zwist und Meinungsverschiedenheiten kommen in jeder Familie vor. Es liegt wohl in der Natur der Dinge, dass erwachsene Kinder ewig von ihren Eltern wie Kinder behandelt werden. Eltern wollen ihrem Nachwuchs auch noch mit Mitte dreißig erzählen, was ihrer Meinung nach gut für ihr Leben sei. Streit ist »Familienprogramm« – und manchmal hilft dann nur eine »Pause«. Oder ein Umzug in ferne Städte, um dem Mikrokosmos der Ursprungsfamilie zu entfliehen.

Dies ist kein Plädoyer für Kontaktpausen zwischen dir als Mutter und deinen Eltern. Aber wenn du es in der Pubertät versäumt hast, deinen Eltern Grenzen aufzuweisen, wird es allerhöchste Eisenbahn dafür, wenn du selbst Mutter geworden bist.

Nun hast du sie zu Großeltern gemacht – und damit der Familie ein neues Mitglied geschenkt. Die gute Nachricht: Deine Eltern wollen teilhaben am Leben ihres Enkelkindes und werden, wenn du Glück hast, lammfromm. Sie fressen dir förmlich aus der Hand, um es sich ja nicht mit dir und dem Hascherl zu verscherzen.

Und wenn alles gut läuft – und das tut es in der Regel, wenn alle beteiligten Familienmitglieder genug Größe zeigen und für sich und ihre eigenen Lebensmodelle einstehen, ohne sie anderen aufzuzwingen – fungiert dein Kind schon im Windelalter als Friedensbotschafter.

Mit deinem Kind gibst du deiner Familie nicht nur ein Gespür für Altruismus. Du gibst ihr obendrein eine Aufgabe! Ja, Rentner haben viel Zeit und auf Dauer wird Golfspielen in Schweden und das Ansammeln von Jodeldiplomen in der Toskana auch langweilig. Spann deine Eltern ein! Lass dir unter die Arme greifen. Schenk deinen Eltern eine Aufgabe – mit klaren Anweisungen.

Denn natürlich werden sie dein Kind verhätscheln. Und wenn du es dir nun zur Gewohnheit gemacht hast, die Süßigkeiten-Rationen aufs Wochenende zu beschränken, kannst du dir sicher sein, dass Omimi auch unter der Woche mal eine Tüte mit Näschereien hervorzaubert. Sei großmütig und erinnere dich an die verbotenen Freuden, die dir seinerzeit deine eigene Großmutter bereitet hat ...

Baby gleich trautes Elternheim, Glück allein? Ich bin keine Prophetin, doch eines ist so klar wie Kloßbrühe: Aus einer seit Jahren verkrachten Familie wird mit der Geburt eines Babys ganz sicher nicht urplötzlich ein harmoniesüchtiger Großclan, deren Mitglieder alles friedlich miteinander ausdiskutieren und am Ende des Tages vereint im Schneidersitz um den Kirschbaum im Garten sitzen, um zu geloben, nie wieder ein schlimmes Wort über jemanden, der »anders« lebt, zu verlieren.

Als Mutter musst du dir eingestehen, dass du deinem Kind eines Tages auch gehörig auf die Nerven fallen wirst, selbst wenn du nur sein Bestes willst. Einen ersten Vorgeschmack auf Meinungsverschiedenheiten wirst du übrigens schon um den dritten Geburtstag deines Kindes herum bekommen: Stichwort »Trotzphase« und das Entdecken des machtvollen »Ich-will«-Satzes.

Die Familie können wir uns alle nicht aussuchen, aber mit einer gehörigen Portion Edelmut können wir über unseren eigenen Schatten springen und eines unverhofften Tages landen wir dann vielleicht doch noch vereint unterm Kirschbaum.

GRUND NR. 9

Weil du dich nicht von den Schikanen deiner Schwiegermutter aus der Ruhe bringen lässt

Es ist, wie es ist: Schwiegermütter wissen grundsätzlich alles besser.

An dieser Stelle könnte ich mich nun über all die Besserwisserei und die antiquierten Erziehungsmethoden von vor vierzig Jahren echauffieren. Ich könnte mit Schwiegermütter-Sätzen à la »ich habe schließlich selbst fünf Kinder großgezogen« und »in meiner Generation war es eine Selbstverständlichkeit, die Kinder zum Besuch bei den Großeltern in adrette Sonntagsgarderobe zu kleiden« kommen und mich über Kleingeistigkeit und dieses »Tststs-das-Verhalten-hätte-ich-meinen-Kindern-niiieeemals-durchgehen-lassen« in Rage schreiben. Doch das wäre mindestens genauso destruktiv wie die überflüssigen Ratschläge von Schatzis Mutter.

Besser wir wählen den Weg des geringsten Widerstandes und akzeptieren Schwiegermama und ihren Hang zu Belehrungen. Uns bleibt letztlich nichts anderes übrig. Denn es ist schier unmöglich, eine Dame im Herbst ihres Lebens für unsere mehr oder weniger bewährten »Großzieh«-Methoden zu gewinnen. Ein auswegloser Kampf, der obendrein noch zu unschönen Nebenwirkungen wie schlechter Laune und Unwohlsein in der Magengegend führt und jeden weiteren Besuch am elegant gedeckten Kaffeetisch im Hause der »Grande Dame der Erziehung« zu einem Ausflug in die Höhle der Löwin machen würde.

Natürlich dauert es eine Weile, bis wir unserer Schwiegermutter auf jede Spitze souverän lächelnd zunicken und die Ruhe selbst bleiben können. Aber sie meint es doch nur gut. Wenn man sich das oft genug vorsagt, ist man von dieser Tatsache irgendwann sogar überzeugt. Wirklich!

Und dann gibt es da noch einen ganz wesentlichen Punkt: Sie ist die Mutter des Mannes, den wir lieben, der uns selbst zur Mama gemacht hat. Das entschuldigt zwar nicht alles – aber ein bisschen Großmut steht jeder Mutter gut ...

Deine Schwiegermutter schafft es dennoch, dich immer wieder zur Weißglut zu bringen? Hier sind ein paar nützliche Tipps:

→ Sie hat ein Faible für Kinderkleidung, die dir nicht gefällt? Tu nicht so, als würdest du dich freuen. Schlag ihr vor, künftig gemeinsam einkaufen zu gehen, oder bitte sie, dich in Zukunft zu fragen, was euer Kleines gerade benötigt.
→ Sie übertreibt es zu Weihnachten mit den Gaben? Bitte deine Schwiegermutter ausdrücklich darum, es bei ein, zwei Geschenken zu belassen.
→ Sie möchte nach wie vor die Wäsche ihres Sohnes waschen? Ihr Sohn ist dein Partner – für die Schmutzwäsche in eurem Haushalt seid ihr gemeinsam verantwortlich. Erkläre dies deiner Schwiegermutter freundlich, aber bestimmt.
→ Sie hat einen Schlüssel zu eurer Wohnung? Na, dann wird es allerhöchste Eisenbahn, ihr diesen abzuknüpfen. Das ist jedoch nicht deine Aufgabe, sondern die deines Liebsten!
→ Sie schlägt vor, eine Woche bei euch einzuziehen, um dich zu entlasten. Vergiss es! Auch wenn es verlockend erscheint. Der Streit ist vorprogrammiert. Schwiegermamas Besuche sollten sich auf ein paar Stunden und gelegentliches abendliches Einhüten beschränken.
→ Sie ignoriert dich, weil sie meint, du seist die falsche Frau für ihren göttlichen Sohn? Verbieg dich nicht, um ihr zu gefallen. Diesen Kampf kannst du nur verlieren. Konzentrier dich auf dich, dein Kind und deine Partnerschaft. Du könntest ihre Besuche nutzen, um das Weite zu suchen, oder deinen Liebsten niemals zu ihr begleiten. Das gäbe ihr allerdings noch mehr Anlass, um sich über dich zu beklagen. Besser: Akzeptier die Rolle als kritisch beäugte Schwiegertochter. So oft siehst du Schwiegermama ja nun auch wieder nicht.

→ Sie meint, du seiest eine schlechte Mutter? Lass sie denken, was sie will. Hauptsache ist, dass du und dein Mann euch einig seid in Erziehungsfragen. Bist du dir unsicher im Umgang mit deinem Kind, bitte sie nicht um Rat. Beratschlage dich mit befreundeten Müttern, den Erziehern oder Lehrern, suche eine Beratungsstelle auf, investier Geld in einen Erziehungsratgeber oder tausch dich anonym mit anderen Müttern im Internet aus.

GRUND NR. 10

Weil du Kind und Karriere prima unter einen Hut kriegst

Es gibt diese Frauen, bei denen alles läuft: Kind, Karriere, glückliche Ehe. Ich bewundere diese Frauen und frage mich immer wieder: Wie schaffen die das bloß?

»Alles eine Frage der Organisation«, sagte mir eine Mutter, die anonym bleiben möchte und die ich einfach mal Petra nenne. Petra ist bescheiden und es ist ihr peinlich, wie sehr ich sie für etwas bewundere, das sie völlig normal findet.

Petra hat ihr Leben im Griff. Die Kinder kamen – beide geplant und im Abstand von 23 Monaten – am Ende des Biologie-Studiums und der anschließenden Promotion. »Damit beide aus dem Gröbsten raus sind, wenn ich arbeite«, so Petra. Geplant, getan. Ihre Jungs gehen inzwischen beide in die Grundschule und Mutti erklimmt in Windeseile die Karriereleiter.

Das alles schafft sie, weil Petra sich ein Netzwerk aus diversen Leihomis, den beiden Großmüttern, anderen berufstätigen Frauen und Babysittern geschaffen hat. Und weil ihr Schatzi es nicht so mit dem Karrieremachen hat und damit zufrieden ist, dass die Ehefrau für das finanzielle Wohl der Familie sorgt, und er morgens gern die Jungs zur Schule bringt. Damit schenkt er seiner Liebsten die Zeit, die sie braucht, um sich in Ruhe in Schale zu werfen und auf den Tag vorbereiten zu können.

Da muss es einen Haken geben? Die beiden haben garantiert keinen Sex! Oder er eine Affäre? Nein! Ich kann euch beruhigen. Petra und Schatzi sind das einzige Paar in meinem Umfeld, das nur noch zehn Jahre bis zur silbernen Hochzeit braucht. Die beiden leben schlicht eines der möglichen Paarmodelle im 21. Jahrhundert. Und solange beide zufrieden sind, ist doch alles in Butter.

Viele Väter wünschen sich, wie Petras Mann einen aktiven Part bei der Kinderbetreuung übernehmen zu können. Im Sommer 2010 untersuchte die Gesellschaft für Konsumforschung im Auftrag der Kindermarke Rotbäckchen, wie viel Zeit Väter tatsächlich mit ihren Kindern verbringen. Das Ergebnis: 97 Prozent der Väter würden gern mehr Zeit für ihren Nachwuchs haben. Die Arbeit sei für 89 Prozent der Hauptverhinderungsgrund. Laut der Studie verbringen 26 Prozent der Väter weniger als drei Stunden pro Woche allein mit ihrem Kind, vierzig Prozent nehmen sich bis zu acht Stunden und neun Prozent einen ganzen Tag Zeit für den Nachwuchs. (Quelle: vaeter-zeit.de)

KAPITEL ZWEI

Die ganz besonderen Mutterfreuden

GRUND NR. 11

Weil du schon während der Schwangerschaft einen Bund fürs Leben schließt

Ich hatte Glück. Die Schwangerschaft mit meinem Sohn ist mir als die schönste, intensivste Zeit meines Lebens in Erinnerung geblieben. Ich frönte den Gaumenfreuden ohne Rücksicht auf die Kalorientabelle und aß mindestens für dreieinviertel. In der U-Bahn bekamen meine Kugel und ich immer einen Sitzplatz und dass mich mein Chef mehr ignorierte als forderte, nachdem ich meine Schwangerschaft verkündet hatte, empfand ich irgendwann als Segen. So konnte ich mich mit Freuden auf das bevorstehende Großereignis vorbereiten. Ich vertrieb mir meine Zeit in Mama-Foren, setzte mich ausgiebig mit für mich essentiellen Fragen nach dem besten Kinderwagen auseinander und verdrückte mich in der Mittagspause ins Babyfachgeschäft, um mir dort die allerliebsten kleinen Flügelhemdchen, Strampler, Mützen, Söckchen, Rasseln, Beißringe, Babytragesitze, Wickeltücher, Schnuller, Fläschchen – eben all die Dinge, die ein glückliches Baby »braucht« – anzuschauen.

An die erste Kontaktaufnahme meines Mäuschens erinnere ich mich genau. Dem ersten Tritt waren etwa zwei Wochen der Vorfreude vorausgegangen. Es hatte gegurgelt und gegluckert und manchmal fühlte es sich so an, als flögen viele kleine Schmetterlinge durch meinen Bauch. Schmetterlinge, die sich nicht wie diese Verliebtheitsflugzeuge anfühlten. Nein, es war so ein leichtes Flattern, gemischt mit dem Wunsch, ständig aufs Klo zu rennen, um der heißen Luft Freiheit zu schenken.

»Alles völlig normal«, hatte meine Gynäkologin gesagt. »Das sind die ersten Zeichen für den ersten Tritt. Und dafür, dass sich der Fötus prächtig entwickelt.«

Am 3. April war es dann so weit. Zaghaft bohrte sich etwas durch meinen Bauch. Dieser Tag veränderte mich und zauberte mir für die restlichen zwanzig Schwangerschaftswochen ein debilfreudiges Grinsen ins Gesicht. Viele freie Minuten nutzte ich nun, um mich mit dem Inhalt meiner Kugel zu beschäftigen. Auf einen Tritt aus der Kugel antwortete ich mit einem leichten Drücken auf die Bauchdecke. Im Laufe der weiteren Monate nahm mein Bauch die Form eines extragroßen Medizinballes an – und die Tritte wurden kräftiger.

In unbeobachteten Momenten, wenn ich meine Riesenkugel beispielsweise mit Schwangerschaftsöl liebkoste, unterhielt ich mich mit meinem Bauch. Ich erzählte dem Mäuschen durch die Bauchdecke von meinem Tag, von all den Dingen, die ich dem Baby zeigen wollte, von meinen Freundinnen, von den Büchern, die ich las. Eines Nachmittags saß ich mit einem Stethoskop auf dem Sofa und horchte in meinen Bauch hinein. Nicht, dass ich erwartet hätte, eine Antwort zu bekommen. Ich bin ja nicht blöd! Aber ich wollte hören, was dort in den Tiefen meines unfassbar großen Bauches vor sich ging.

Frauen, die über die Investition eines Stethoskopes nachdenken, möchte ich die Freude auf eine erste Unterhaltung mit Amelie, Lara, Fynn oder Tim nicht vermiesen. Aber Mädels, ihr hört nichts – außer einer großen Gluckerei. Vielleicht! Und die hört ihr doch auch bei den Vorsorgeuntersuchungen bei eurer Gyn.

Für Frauen, die wie ich zur Hysterie neigen und in Panik geraten, wenn sich in der Bauchgegend mal vier Stunden gar nichts rührt, sollte das Stethoskop ein ständiger Begleiter sein. Einmal reingehorcht, Glucker-Kontrolle – und Bald-Mamis Herz schlägt nicht länger auf 180.

Kurz vor der Geburt meines Sohnes, im Sommer vor sieben Jahren – der Bauch hatte erschreckende, ich möchte fast sagen bedrohliche Ausmaße angenommen und jeder Schritt war mit Schweißausbrüchen am ganzen Körper verbunden –, sagte eine Frau im Supermarkt zu mir: »Bald haben Sie's geschafft.«

»Ja!«, japste ich.

»Auch wenn Sie mir das jetzt nicht glauben: Sie werden Ihren Bauch vermissen. Genießen Sie die letzten Tage.«

Ich glaubte dieser Frau tatsächlich nicht. Sie sollte aber recht behalten. In den ersten Tagen nach der Entbindung fehlten mir der Inhalt meines leeren Schwabbelbauches, dieses versonnene Streicheln und das Warten auf den nächsten Tritt.

GRUND NR. 12

Weil du mit der Geburt deines Kindes ein Zeichen setzt: Du glaubst an die Zukunft

Und wie du an die Zukunft glaubst! Trotz düsterer Umweltprognosen und apokalyptischer Szenarien wie in Japan, auch du glaubst – wie alle Mütter zu allen Zeiten – an ein erfülltes Leben und daran, dass dein Kind eine Chance hat, glücklich und zufrieden zu sein.

Zweifel hast auch du! Ist es wirklich sinnvoll, ein Kind in eine Welt zu setzen, in der die Lebenshaltungskosten immer mehr steigen, es an Kinderbetreuungsplätzen und flexiblen Arbeitszeitmodellen für berufstätige Mütter mangelt, sich Naturkatastrophen häufen und Politiker uns die unglaublichsten Geschichten auftischen, um ihre Unehrlichkeit zu rechtfertigen? Können wir es vor uns selbst verantworten, einem neuen Erdenbürger Leben zu schenken, obwohl wir nicht gewährleisten können, dass dieser kleine Mensch eines Tages die Freuden eigener Kinder erleben wird?

Ja, wir können! Wir glauben an die Zukunft und daran, dass die Menschen sich nicht länger vom Mammon beeinflussen lassen und aktiv etwas für den Erhalt unseres blauen Planeten tun.

Wir können im Kleinen beginnen und unsere Kinder für den Umweltschutz sensibilisieren. Das geht ganz einfach, indem wir

Müll trennen, ausgediente Batterien und alte Elektrogeräte nicht in den Tiefen des Müllcontainers verschwinden lassen, das Schulbrot in Butterbrotdosen legen statt in Zellophantüten; oder indem wir das Fahrrad und öffentliche Verkehrsmittel dem Auto vorziehen und nach einem Picknick im Park unseren Abfall nicht im Gebüsch, sondern in den vorhandenen Mülleimern entsorgen; oder indem wir unsere Kleinen zu der einen oder anderen Demo mitschleppen.

Und wer weiß? Vielleicht hegst und pflegst du ja eine kleine Aktivistin bei dir daheim, einen Menschen, der für mehr Glückseligkeit, weniger Kriege, ein friedlicheres Miteinander ohne Hunger und Armut sorgen wird. Es liegt an dir, dein Kind zu erziehen.

Doch Vorsicht: Zwänge deinem Kind – trotz allen Hoffens und Glaubens an eine bessere Zeit – nicht deine Werte und die Wünsche auf, die du selbst nicht aus deiner Traumwelt in deine Realität bringen konntest. Eine orientalische Weisheit besagt: »Du kannst deinen Kindern deine Liebe geben, nicht aber deine Gedanken. Sie haben ihre eigenen.«

Auch der libanesisch-amerikanische Philosoph Khalil Gibran schrieb in seinem wohl bekanntesten Werk *Der Prophet* sehr weise Worte: »Eure Kinder sind nicht eure Kinder. Sie sind Söhne und Töchter der Sehnsucht des Lebens nach sich selber.«

GRUND NR. 13

Weil sich Sorgen in Luft auflösen

Es gibt diese Tage. Tage, an denen scheinbar alles schiefläuft und man sich selbst, sein Lebensmodell und bereits getroffene Entscheidungen infrage stellt. Das sind die Tage kurz vor Vollmond, an denen man sich am liebsten im Bett verkrümeln und den Wecker aus dem Fenster schmeißen möchte.

Als Mutter hast du keine Zeit, dich deiner Lethargie hinzugeben, dich selbst zu bemitleiden und deinen trübsinnigen Gedankenspaziergängen nachzugehen oder dich mit einer Karaffe mit gefährlicher Viel-Aperol-mit-ein-bisschen-Sekt-Mischung auf den Balkon zu setzen, um dich morgens beim Zwitschern der Frühlingsvögel in Rosabrillen-Laune zu trinken.

Spätestens, wenn dein Kind die Uhrzeit lesen kann, wird dein Mäusepüpschen grinsend vor deinem Bett stehen und »Mama, hast du etwa verschlafen? Ich muss doch in die Schule!« sagen.

Und schon haben die Gewitterwolken der lächelnden Sonne Platz gemacht. Du siehst dein fröhliches, argloses Kind mit Zahnpastaresten um den Mund und einer recht eigenwilligen Klamottenzusammenstellung – und freust dich, weil es sich bei dem Kind in orangefarbenem Star Wars-Pulli mit brauner Karohose und quietschebunten Socken um deinen Nachwuchs handelt.

Du stehst also auf, bist ganz verzückt und stellst nichts mehr in deinem Leben infrage. Oder tust zumindest so. Deinem Kind entgeht nämlich gar nichts!

»Mama, bist du in Gedanken? Oder was ist mit dir los?«, pflegt mich mein Sohn an Tagen wie diesen zu fragen. Ihm kann ich nichts vormachen, er kennt mich besser als ich mich selbst. Er nimmt dann meinen Kopf in beide Hände, wiegt ihn nach links, dann nach rechts, nach vorn und nach hinten. »So, Mama, jetzt sind deine Gedanken sortiert und du musst über nichts mehr nachdenken.«

Und wenn ich dann immer noch nicht von Herzen lachen kann, singt mein Sohn für mich: »Eins, zwei, drei, vier, fünf, sechs, sieben – in der Schule wird geschrieben. In der Schule wird radiert, bis der Lehrer explodiert. Lehrer muss ins Krankenhaus, streckt den Arsch zum Fenster raus. Unten steht die Bundeswehr, kriegt die Kacke ins Gewehr.«

Ich singe lauthals meinen selbst komponierten Nonsens-Song *Läben isse wie Leberwurst und wenn man drauftritt, macht es Platsch ...*

Danach geht es hüpfend und unter dem Gejohle meines Sohnes (»Weißt du, wo ich wohne, in der Schießkanone! Weißt du, in welchem Stock? Unter Omas Rock! Weißt du, wo ich spiele? In der Waschmaschine! Weißt du, wo ich bade? In der Marmelade! Weißt du, wer du bist? Ein nackter Polizist!«) doch noch aus dem Bett, zur Schule und mit zuversichtlichem Grinsen ins Büro.

GRUND NR. 14

**Weil du vor Glück ohnmächtig wirst,
wenn dein Kind ein Blockflötenkonzert gibt**

Zu Beginn deiner Mama-Kind-Zeit waren es noch die kleinen Dinge, die dein Mutterherz zum Hüpfen brachten. Du freutest dich über feste Konsistenz in der Windel, ein beherztes Bäuerchen nach dem Stillen, die erste Drehung, den ersten tollpatschigen Gehversuch und das erste »Mama«, das Wochen später um »Papa« ergänzt wurde und der Beginn vieler Zweiwortsätze wie »Da ... Auto!«, »Da ... Wauwau!«, »Da ... Baum!« war.

Die Zeit fließt dahin und plötzlich ist dein Mäuschen in der Lage, Weihnachtsgedichte auswendig zu lernen, steht als »Peter« in der Kindergartenaufführung *Peter und der Wolf* auf der Bühne, hat ein Goldkehlchen und rockt den Schulchor mit einem *Frère Jacques*-Solo oder ist, wie die Tochter einer Freundin, eine begnadete Blockflötenspielerin.

Wenn Sophie zur Flöte greift, werden die Augen ihrer Mama glasig vor Stolz. Als ich erstmals in den Genuss von *Alle meine Entchen* und *Hänschen klein ging allein* kam, war ich ernsthaft besorgt um das Wohl von Sophies Mutter. Ihre Lippen zitterten, die Finger spielten jeden Ton mit, der Kopf wippte im Takt, in den Augenwinkeln bildeten sich Tränen und der Blick ging ins Leere.

Die Szene war rührend und doch besorgniserregend. Vorsichtshalber versuchte ich, mir meine Wiederbelebungs-Kenntnisse ins Gedächtnis zu rufen. Ja, diese Mutter war stolz auf die patzerfreie Darbietung ihrer Tochter und drohte, im Klassenzimmer der Lerngruppe »Goldfisch« zu kollabieren.

Als Mutter bist du über jeden noch so kleinen Erfolg deiner Knutschbacke unbeschreiblich stolz. Manchmal möchtest du vor Glückseligkeit platzen und in die Welt hinausschreien: »Schaut mal her, was mein Kind alles kann!«

Das ist gut so. Denn deine Freude spornt dein Kind an, motiviert es zum Weitermachen, zum Über-sich-Hinauswachsen.

Doch Vorsicht: Es gibt auch Mütter, die es mit dem Ehrgeiz und dem Stolz auf ihren Nachwuchs übertreiben. Wenn das Klavierspielen zur Qual und das Judo-Training zur Belastung wird, knallharte Disziplin und der Mama-Wille das Kind zum Weitermachen antreiben, dann hat das wohl kaum noch etwas mit gesundem Stolz und einer verantwortungsvollen Erziehung zu tun. Dann müssen wir uns fragen, wessen Bedürfnisse das Kind zu erfüllen hat. Soll es das erreichen, was wir selbst nicht geschafft haben? Für welche Defizite in meinem Leben muss mein Kind die Freude am Kindsein opfern?

Seid stolze Mamas! Fördert und inspiriert eure Kinder. Aber bitte schenkt ihnen auch die Möglichkeit, ihre kleine Welt spielerisch und auf ihre eigene, arglose Art zu entdecken und zu erforschen. Das fällt nicht immer leicht, weil wir in einer Leistungsgesellschaft leben und Disziplin, Ehrgeiz und fundiertes Wissen die Basis eines erfolgreichen Daseins sind. Aber muss ein Kind mit fünf Jahren wirklich schon einen straffen Terminplan einhalten und mehr Zeit mit Lehrern und Trainern verbringen als beim Spielen? Der Ernst des Lebens beginnt doch früh genug. Und mit Zucht, Ordnung, Disziplin und Drill magst du aus deinem Kind vielleicht einen funktionstüchtigen Roboter machen, dessen Ziel es ist, möglichst viel zu erreichen. Aber diese Marionette tut es ganz bestimmt nicht für sich, sondern für die Mama. Und dann ist der Motivator keine Leidenschaft für das, was dein Kind liebt, sondern die Anerkennung der Mutter. Eine wackelige Ausgangsbasis für ein glückliches Leben auf der Erfolgsspur.

GRUND NR. 15

Weil du weise und gelassen wirst

In der Ruhe liegt die Kraft.« Über dieses Sprichwort konnte ich früher nur müde lächeln. Ruhe? Kraft? Witzig, im Leben einer berufstätigen Mutter klingt das nach einer Farce, weil für Ruhe und damit für diese »Kraft« gar keine Zeit bleibt.

Doch als Mutter kannst du irgendwann gar nicht anders: Du wirst ruhig und gelassen. Mit der Ruhe und einem gewissen Maß an Urvertrauen darauf, dass sich alles so fügen wird, wie es nun einmal sein soll, wirst du zwangsläufig weise(r).

Kinder kennen noch keinen Terminstress. Ihnen ist das gehetzte Arbeitsleben völlig fremd. Sie leben im Hier und Jetzt und genießen es in vollen Zügen. Und so können sich diese kleinen Wesen der jeweiligen Situation hingeben. Kaum ein Kind lässt sich von seinem Vorhaben, beispielsweise einer Schatzsuche auf dem Spielplatz, abbringen. Das Kind findet seinen »Schatz«, weil es so lange sucht, bis es etwas gefunden hat, das die Bezeichnung »Schatz« verdient. Das kann eine grüne Glasscherbe sein, die in der Sonne glitzert und funkelt und für ein Kind aussieht wie ein wirklich kostbarer Edelstein, oder ein mit Dreck verkrusteter Kiesel, der nicht einfach ein Stein, sondern ein Vogel- oder Dinoei ist, das es nun »auszubrüten« gilt. Oder ein Stock, den ein Zauberer im Gebüsch des Spielplatzes verloren hat und mit dem man sich nun alles Erdenkliche herbeiwünschen kann.

Was das alles mit deiner Weisheit und Gelassenheit zu tun hat? Nun, ganz einfach: Die verträumte Versonnenheit, die arglose Abenteuer- und Entdeckerlust färben auf dich als Mutter ab, sofern du all deine Verunsicherung über Bord wirfst und nicht zu den Müttern gehörst, die voller Angst auf der Spielplatzbank sitzen und in jedem Spielgerät eine potenzielle Unfallgefahr sehen. Entspann dich. Sei davon überzeugt, dass dein Kind mehr kann, als du ihm zutraust, und wenn dir der Gedanke an Schutzengel gefällt, bitte schön. Glaub an was du willst, leg nur bitte deine Panik ab, auch wenn dein Kind dann mal mit gebrochenem Fuß im Krankenhaus landet. Das gehört alles zum Großwerden und Erfahrungensammeln dazu. Kein Kind bricht sich zweimal den Fuß beim Versuch, mit einem Vampirumhang von der Schaukel zu springen, um allen Naturgesetzen zum Trotz zu »fliegen«.

Mit deiner Gelassenheit macht sich um die Herzgegend eine gewisse Weisheit breit. Glaubst du alles nicht? Na, dann erinnere dich doch mal an deine Großmutter oder die Großmutter einer Freundin. Die Frau, die so friedlich wirkte und auf jede Frage eine Antwort voller Lebenserfahrung ergo Weisheit hatte.

Wenn du es möchtest, kannst du im Laufe deiner Mutterschaft auch so eine weise Dame werden.

GRUND NR. 16

Weil du für dein Kind auch ohne Krone eine Königin bist

Manchmal verbarrikadiere ich mich abends im Badezimmer. Zeit für die Schönheit. Beziehungsweise: Zeit, dem Alterungsprozess entgegenzuwirken. Ich halte nichts von selbst gemachten Gurkenmasken und greife lieber auf bewährte Anti-Falten-Cremes und Anti-Augenringe-Masken in Tüten zurück. Seit Vollendung meines dreißigsten Lebensjahres hat mein Kinn einen Pakt mit unerwünschten Härchen geschlossen und fungiert als eine Art »Wildwucher-Plantage«. Es ist kein schöner Anblick, wenn ich meine Kontaktlinsen bereits gegen die Brille eingetauscht habe – die so unvorteilhaft ist, dass ich sie vor meinem Mann verstecke –, im Badezimmer stehe und versuche zu retten, was zu retten ist.

In so einer beschämenden Situation überraschte mich eines Abends mein Sohn. Mit seinem Teddybär unterm Arm stand er plötzlich neben mir und sagte: »Mama, ich kann nicht schlafen.«

Ich fühlte mich ertappt und entgegnete: »Mäuschen, ich habe jetzt keine Zeit«, und war besorgt über die möglichen Folgen, die mein kläglicher Anblick auf künftige Beziehungen meines Sohnes zu Frauen auslösen würde.

»Mama, ich wollte dir nur noch mal sagen, wie lieb ich dich habe. Und dass ich dich heiraten möchte, wenn ich groß bin.«

Er meinte dann noch, ich sei die schönste Mama der Welt. Schwabbel-Po, Liebestöterbrille und dunkelgrün verschmiertes Maskengesicht – als Mama bist du für dein Kind in jeder noch so ungünstigen Situation eine Königin!

Bist du ebenfalls Mama eines Sohnes, wirst auch du im Laufe deines Lebens viele Heiratsanträge bekommen ... Egal, ob der Platz des Ehemannes durch Papa oder einen neuen Partner »besetzt« ist.

Natürlich ist es herzallerliebst, wenn man als Mutter vom Sohn geheiratet werden möchte. Aber das geht natürlich nicht und so erklärte ich meinem Sohn, warum sein Vorhaben unmöglich sei. Es kullerten die Tränen. Er meinte, das sei ungerecht, gemein und fies von mir. Ich würde ihn nicht so lieben wie er mich, und er liebe mich immerhin von hier bis zu den Sternen und wieder zurück. Und wenn ich ihn nicht mehr wolle, dann könne er ja gleich ins Heim ziehen.

Da war er etwa vier. Zwei Jahre später sah die Sache dann schon wieder anders aus. Ich musste den Platz für ein kleines Mädchen mit braunem Haar und rosa Glitzerschleifen freimachen. »Mama, es tut mir sehr leid, aber ich kann dich doch nicht heiraten. Ich möchte lieber Marie heiraten.« Ich trug es mit Fassung, zumal mir mein Sohn lebenslanges Wohnrecht in dem Haus seiner Familie versprach.

»Das besprechen wir dann noch mal mit der Marie«, sagte ich.

»Du musst bei mir wohnen. Für immer. Ohne dich will ich nicht leben!«, wimmerte mein Mäuschen. Ich unterbreitete ihm einen Gegenvorschlag: Ich bot an, die beiden, Maries Einverständnis vorausgesetzt, regelmäßig zu besuchen, um dann auf deren Kinder aufzupassen.

»Aber Mama, das geht nicht! Ich will doch selbst mit meinen Kindern spielen. Du kannst dann auf die Frau aufpassen ...«

GRUND NR. 17

Weil du siehst, wie ein kleiner Mensch zu einer Persönlichkeit heranwächst

Sehe ich ein Baby, könnte ich vor Glück weinen. Es liegt so viel Hoffnung, Liebe und Freude im Kinderwagen, so viele Chancen, Möglichkeiten, so viel Unschuld, Arglosigkeit.

Ich könnte Stunden auf dem Spielplatz verbringen und Kinder beobachten. Es hat etwas Friedliches, diese kleinen Wesen dabei zu beobachten, mit welcher Wonne sie ihre Umwelt entdecken, mit welcher Unbedarftheit sie Stöckchen in Hundehaufen bohren und sich dann darüber freuen, wie prima das Stöckchen steht.

Auf wackeligen Beinen verfolgen die Kleinen fliegende Hummeln, beobachten fasziniert und voller Bewunderung größere Kinder, die Fangen spielen oder mit Schwertern um die Eroberung des Holzturms kämpfen.

Die Jahre vergehen schnell. Gerade noch der Hummel hinterhergeschaut, philosophiert das Kind schon. Beklagt sich über zu langweiligen Schulunterricht, eine Lehrerin, die ihre Lieblingsschüler vorzieht, den Jungen aus der Parallelklasse, der in einer Pflegefamilie wohnt und auf dem Pausenhof ständig für Stunk sorgt und den Mädchen unter den Rock guckt.

»Weißt du, Mama. Ich werde später Lehrer. Und dann bevorzuge ich keine Schüler. Alle sollen die gleiche Chance haben. Und ich unterrichte Sachen, die wirklich interessant sind. Zum Beispiel etwas über das Universum, die Sterne und viel mehr über Gott«, erklärte mein Sohn nach einem Schultag, den er nicht mochte.

»Oder ich arbeite als jemand, der sich um Kinder kümmert, die keine Eltern haben. Dieser Junge, der immer alle ärgert. Das ist doch klar, warum er so ist. Er hat doch niemanden, der ihn lieb hat. Der verhält sich doch nur so, weil er auch jemanden zum Spielen haben möchte.« Wenn ich meinen Sohn so sehe, frage ich mich, wo die Zeit geblieben ist. Ich sehe ihn noch ganz genau vor mir, wie er sich mit einer Pusteblume die Nase gekitzelt hat und sich anschließend lachend im Kreis drehte. Ich sehe ihn, wie er, kurz nachdem er laufen konnte, seine Karre durch das Hamburger Alstertal schob und drohte, in den Alsterlauf zu fallen, weil er zu klein war, um den Weg im Auge zu behalten. Ich sehe ihn, wie er sich auf den Fußboden eines Discounters warf, weil ich ihm keine Pommes, Überraschungseier, Chips und Kaugummis kaufen wollte, und wie er dabei einen hochroten Kopf bekam, wild mit den Füßen strampelte und »du bist die döööhfste Mama von der Welt« brüllte. Ich erinnere mich an seinen ersten Geburtstag, den Tag, an dem sich auch das erste Milchzähnchen durchs Zahnfleisch gebohrt hatte. Inzwischen freut sich mein Sohn über jeden Wackelzahn und die Ankunft seiner »richtigen« Zähne.

Mein Sohn ist fast 1,40 Meter groß. Wenn er glücklich ist, strahlt er die pure Lust am Leben aus. Und wenn er nachdenklich ist, dann stellt er Fragen. Er macht sich Gedanken über ältere

Herrschaften, die allein im Park spazieren gehen, und über unsere Nachbarin, die ihre Nachmittage allein beim Bäcker verbringt. Er versteht nicht, warum pubertierende Jungen mit einer Alkopopflasche im U-Bahnschacht stehen und einige Erwachsene rauchen. »Das gefährdet die Gesundheit«, mahnt mein Sohn unaufgefordert Fremde auf der Straße.

Jedes Kind ist anders und jedes Kind ist eine absolute Bereicherung für dein Leben. Du wirst Zeugin, wie ein einst giggelndes Mäuschen mit süßem Windelpo dir im Laufe der Jahre mit seinen Augen eine Welt zeigt, die du vergessen hast. Aus einem kleinen Menschen wird eine eigene Persönlichkeit und du darfst daran teilhaben!

GRUND NR. 18

Weil du mit deinem Lächeln Kinderaugen zum Leuchten bringen kannst

Manchmal ist mein Sohn wütend auf mich. Hier die häufigsten Gründe:
→ Mein Sohn will ins Spielzeuggeschäft, ich nicht.
→ Mein Sohn möchte ein viertes Wassereis, ich kaufe es nicht.
→ Mein Sohn möchte testen, wie viel Schokolade er essen muss, bis ihm übel ist. Ich möchte das nicht.
→ Meinem Sohn fällt um 22.30 Uhr ein, dass er zu wenig zu Abend gegessen hat, und möchte dies nun nachholen. »Mama, du kannst dein Kind doch nicht hungrig einschlafen lassen.« Auch wenn es hart klingt: Doch! Ich kann mein Kind hungrig ins Bett gehen lassen, weil ich meinen Sohn schon länger kenne und weiß, dass er mit diesem Trick nur das Einschlafen hinauszögern will.
→ Mein Sohn soll sein Kinderzimmer aufräumen – ihm fällt ein, dass er Oma dringend einen Brief schreiben müsse, tut so, als

hinge ihr Seelenheil von seinem Brief ab. Ich: »Erst aufräumen, dann Oma schreiben.« Er: »Du bist die blödeste Mama auf der Welt!«

→ Mein Sohn räumt sein Zimmer auf, ich assistiere ihm und bitte höflichst darum, dass er seine »Schatztruhe« – ein Sammelsurium aus Stöckchen, Steinchen, Muscheln, Ritterkostümen, mehreren Plastikflaschen, die eines Tages mal als Flaschenpost verschickt werden sollen, kaputten Ferngläsern und Sonnenbrillen ohne Gläser, leeren Smarties-Schachteln und Schnüren – ausmistet. Ich mache Vorschläge, was entsorgt werden könne. Mein Sohn bockt, kämpft um jedes kaputte Teil, als hinge sein Leben davon ab. Ich hole trotzdem eine Mülltüte, mein Sohn tobt, wir diskutieren, am Ende verlasse ich den Ort der Verwüstung und frage mich, was ich falsch gemacht habe und wieso mein Sohn nicht so ordentlich werden konnte wie sein Vater.

→ Mein Sohn möchte mit seinen neuen Schuhen (warum kosten ordentliche Kindertreter mit vernünftigem Fußbett eigentlich unverschämt teure achtzig Euro?) durch die Pfützen springen, um zu testen, ob diese wasserundurchlässig sind. Ich sage: »Nein!«

→ Mein Sohn möchte drei Wochen nach Fasching ein weiteres Mal als Skelett mit bleichem Gesicht und schwarzen Augenhöhlen in die Schule gehen, um seiner Lehrerin einen Schrecken einzujagen. Ich erlaube es nicht! Wobei mir die Vorstellung gefällt, und dafür schäme ich mich jetzt fast ein bisschen. Als Mutter muss ich auch meinen Pflichten als Vorbild und Grenzensetzerin nachkommen. Außerdem will ich es mir mit der Klassenlehrerin nicht verscherzen.

→ Mein Sohn weigert sich, den Esstisch abzuräumen. »Mama, ich bin nicht dein Diener.« Ich beginne eine Grundsatzdiskussion über Rechte und Pflichten von Kindern. Widerwillig und unter lautem Gepolter wandern die Teller in die Küche.

→ Mein Sohn entdeckt einen verendeten Igel. Zwecks Sezierungsexperimenten möchte er das tote Tier mit nach Hause nehmen. Ich verbiete es, er: »Du bist gemein. Ich möchte Tierarzt werden und muss schließlich üben.«

Ihr seht also, es gibt viele Anlässe im Leben meines Sohnes, mich als Mutter zum Teufel zu schicken. Ist mein Sohn stinkig, hat er es sich zur Gewohnheit gemacht, sich im Lotussitz in die Mitte seines Zimmers zu setzen. Er verzieht seine Schnute zu einem Schmollmund, verschränkt die Arme vor der Brust und »sauert« aus. Nach gefühlten dreißig Minuten ruft mich mein Sohn. »Maaamaaa?«

Ich betrete dann sein Zimmer, sehe den kleinen Jungen mit der großen Wut und lächle. Mein Herz wird bei diesem Anblick, mit dem ich glücklicherweise nicht allzu oft konfrontiert werde, warm. Mein Kleiner ist so süß, wenn er sich aufregt ... Und dann lächle ich. Und er lächelt. Und seine Augen strahlen. Manchmal sagt er dann auch noch so etwas wie »Entschuldigung« und »Mama, ich wollte ja auch gar nicht wirklich ins Spielzeuggeschäft, um da schon wieder etwas einzukaufen. Ich wollte mich nur über neue Spielsachen informieren.« Dann gibt er mir einen Kuss, strahlt mich mit seinen leuchtenden Augen an und sagt: »Ich habe dich ganz doll lieb.«

GRUND NR. 19

Weil du ein Zentrum der Liebe bist

Ich bin das Zentrum der Liebe«, sagte *Tatort*-Kommissarin Andrea Sawatzki in einem Interview mit der *Bild* im Mai 2010. Die Schauspielerin ist mit ihrem Kollegen Christian Berkel seit mehr als elf Jahren liiert. Die beiden haben zwei Söhne. Ihr Satz hat mich sehr berührt. »Zentrum der Liebe« – das klingt nach Geborgenheit,

Vertrauen, Optimismus, Angenommensein, nach einem sicheren Ort, an dem Kummer und Sorgen genauso erlaubt sind wie Freude. Einem Ort, an dem du du selbst sein darfst mit allen Macken und Unzulänglichkeiten, an dem du dich so zeigen kannst, wie du bist.

Auch du kannst dieses »Zentrum der Liebe« für dein Kind sein. Der sichere Hafen, in den dein Kind immer wieder einläuft, um dort vor Anker zu liegen. Dort nimmst du dein Kind bedingungslos an, erlaubst ihm in Phasen der Krise den imaginären »Reset-Knopf« zu drücken. Natürlich bist auch du – trotz deiner Liebe und Lebenserfahrung – nicht in der Lage, allen Kummer ungeschehen zu machen, aber du kannst deinem Kind die Sicherheit geben, an der es ihm in dem Moment mangelt. Du bist ein Auffangbecken für Verunsicherungen, Enttäuschungen, Missgeschicke. Eine Vertraute, ja, eine Verbündete, der Mensch, an den sich dein Kind mit all seinem Seelenschmerz und seinen Ängsten wenden kann.

Verwechsle deine Funktion als »Zentrum der Liebe« nicht mit Alle-Probleme-meines-Kindes-Löserin. Nein, um ein authentisches Ich zu entwickeln, kommt dein Kind nicht umhin, seine eigenen Erfahrungen zu machen, mit den Folgen seiner Entscheidungen umzugehen, sich seinen Gefühlen zu stellen und diese auszuhalten. Deine Aufgabe ist es, für dein Kind da zu sein, ihm die Gewissheit zu geben, dass es ohne Wenn und Aber geliebt wird.

GRUND NR. 20

Weil du als Mutter einfach etwas ganz Besonderes bist

Lange bevor ich selbst Mutter wurde, haben mich Mütter fasziniert. Mütter, das waren und sind für mich ganz besondere Menschen, weil sie so viel leisten und so erhaben scheinen. Weil sie von einer Aura aus Liebe, Fürsorge, Hingabe, Anteilnahme, Güte,

Power und Tatendrang umgeben sind. Sicher, das Muttersein hat uns Augenringe beschert und konfrontiert uns täglich mit neuen Lektionen. Nicht zu vergessen die körperlichen Veränderungen: Nach dem Stillen wurde aus manch einem prächtigen Apfelbusen eine dellige Birnenbrust.

Manchmal bis oft gehen uns unsere Kleinen auf den Keks und wir sehnen uns danach, zumindest mal am Wochenende wieder bis in die Puppen zu schlafen – und zwar ohne menschliches Kuscheltier im Ehebett. »Wie lange dauert es noch?«-Fragen im Zwei-Minuten-Takt während der Autofahrt machen uns wuschig und die Nahrungsaufnahme des krüschen Kindes ist eine tägliche Herausforderung an den Einfallsreichtum, wie man Obst und Gemüse schmackhaft präsentiert.

Mütter halten das alles aus. Mütter sind gedanklich flexibel. Mütter sind Menschen voller Sanftmut und mit strapazierfähigen Nerven. Mütter sind voller Liebe für ihr Kind und schützen es wie ihren eigenen Augapfel. Mütter haben ein imaginäres Band zu ihrem Kind, verstehen es auch ohne Worte. Mütter sind Organisationstalente: In den Tiefen der Buggytaschen beherbergen sie Survival-Packs, um im Falle des Falles ein Pflaster, Gummibärchen, Dinkelkräcker, Anti-Schock-Globulis oder Kühlpacks hervorzaubern zu können. Mütter haben stets ein tröstendes, aufmunterndes Wort parat. Mütter erfahren mit der Geburt ihres Kindes eine neue Art der Liebe und ein neues Verständnis fürs Leben und seine Vergänglichkeit. Schon manch eine Mutter, die lange bevor sie Mutter wurde, mit Ellenbogenmentalität und ohne Rücksicht auf die Gefühle anderer den Weg für ihre Karriere freiräumte, wurde mit ihrem Kind zu einem neuen, edelmütigen Menschen.

Ein Kind verändert dich! Und wenn du es dir selbst erlaubst, befreit es dich am Ende sogar aus deinem selbst erschaffenen Gefängnis aus Selbstbeherrschung und Ehrgeiz.

KAPITEL DREI

Bedingungslose Liebe

GRUND NR. 21

Weil du durch Kinder lernst, was Liebe ist

Was ist Liebe? Ein Gefühl? Eine Lebenseinstellung? Eine Erfindung allzu romantisch veranlagter Hollywood-Regisseure?

Was Liebe ist und welche Bedeutung die Liebe in der Paarbeziehung hat, muss jeder für sich selbst herausfinden.

Eines ist sicher: Die Liebe zwischen Mutter und Kind ist eine völlig andere als die Liebe in einer Partnerschaft. Als Mutter lernst du, was Liebe wirklich ist.

Die Liebe wächst während der Schwangerschaft. Spätestens in dem Moment, wo du dein Kind erstmals spürst, beginnt dieses Mutter-Kind-Band. Du spürst das Leben in dir, stellst dir vor, wie dein Kleines aussehen wird. Du machst dir Gedanken, ob du für dein Kind sorgen kannst, ob du es schaffst, deinem Kind das zu geben, was es braucht: Sicherheit, geordnete Verhältnisse, Fürsorge. Vielleicht empfindest du auch Dankbarkeit und tiefe Demut für dieses Wunder der Natur.

In den letzten Wochen vor dem errechneten Geburtstermin wird die Freude zur Sehnsucht. Du fieberst dem Moment entgegen, in dem du dein Kind das erste Mal in den Armen hältst. Du möchtest es an dich drücken, küssen, halten, lieb haben.

Ist das Baby da, bist du verantwortlich für ein zerbrechliches Bündelchen. Die Zukunft, das Wohl des Mäuschens, auf dessen Ankunft du so sehnsüchtig gewartet hast, liegt in deinen Händen.

Du schnupperst an deinem Baby, schaust es ganz genau an, bist fasziniert von den Härchen, die auf den Fingerchen wachsen, von dem Haarflaum, vom Näschen, den Äuglein, dem Mündchen, den Öhrchen. Du erkennst dich in deinem Baby wieder. Du erkennst den Vater in eurem Baby wieder. Du bist ohnmächtig vor Entzücken.

Dein Kind wächst heran. Nach dem ersten Geburtstag endet deine Elternzeit. Dein Innenleben ist ein Gefühlscocktail. Du freust dich einerseits auf deine Kollegen, andererseits weinst du bei dem Gedanken daran, dein Kind in den Kindergarten geben zu müssen. Du bist in Sorge, ob die Erzieherinnen den Bedürfnissen deines Kindes gerecht werden, ob sie dein Schmerz-lass-nach-Ritual übernehmen und dein Mäuschen auch die Rutsche auf dem Spielplatz verhauen lassen, wenn es sich daran das Knie aufgeschlagen hat. Im Büro beteiligst du dich nicht mehr am Tratsch der Kolleginnen, weil dir Schluderei sinnfrei erscheint. Du bist, was dein Chef nicht wissen darf, aber freilich ahnt, weil er auch nicht auf den Kopf gefallen ist und Mütter nach dem Erziehungsurlaub nun einmal andere Menschen sind, gedanklich bei deinem Kind und fragst dich, ob das Mittagessen in der Kita schmeckt und der Krawallbolzen Max dein Spätzelchen endlich in Ruhe lässt.

Dein Kind spricht die ersten Worte und beim Klang seiner Stimme wird dir mollig warm ums Herz. Dein Kind lernt laufen, braust einige Monate später mit dem Laufrad durch euren Stadtteil. Ein Jahr später fährt es Fahrrad ohne Stützräder. Dritter Geburtstag, vierter Geburtstag, fünfter Geburtstag – der Ernst des Lebens beginnt: Einschulung. Du möchtest dich am liebsten in den Pausen auf dem Schulhof verstecken, um dein Kind vor den Rüpeln zu beschützen, legst dich mit der Lehrerin an, die die Talente deines Kindes nicht erkennt und meint, es sei frech und könne sich nicht anpassen.

Du bekommst Liebesbriefe »Füa Mama«, in denen »Liede Mama, Du Bist die Beste Mama auf der Wellt. Ich hp Dich üder alles lied« steht. Dein Kind stibitzt für dich Krokusse im Park und sammelt Glitzerherzen vom Fußboden im Hort ein, um sie dir zu schenken.

Wenn dein Kind krank ist, verwöhnst du es nach Strich und Faden, servierst Coca-Cola, was du deinen Mama-Freundinnen niemals stecken würdest, weil für sie alles »bio« sein muss und Cola ein absolutes No-go ist.

Als Mutter wirst du zu einer anderen, fürsorglichen Frau. Du stellst deine eigenen Bedürfnisse und die deines Partners hinter die deines Kindes. Doch Vorsicht: Sei geschickt und vernachlässige deinen Partner nicht, er könnte eifersüchtig auf die Zuwendung für euer Liebesfrüchtchen werden. Achte darauf, dass du ihn immer mit einbeziehst. (Darauf gehe ich in Grund Nr. 91 näher ein.) Dennoch: Für dein Kind würdest du alles tun, weil du es über alles liebst. Weil du in den Jahren eurer Zweisamkeit festgestellt hast, wie wichtig es ist, dass die Mutter da ist, sich für das Kind interessiert, es annimmt, wie es ist, und es nicht mit anderen Kindern vergleicht, weil es eben einmalig ist.

Mach alles für dein Kind – aber mach es, weil du es liebst! Verwechsle Liebe nicht mit Manipulation und erwarte auch keine Gegenleistung. Noch etwas: Mutterliebe hat nichts mit absoluter Selbstaufgabe zu tun. Was du für dein Kind machst, machst du ohne Bedingungen und ohne dich selbst dabei zu vergessen. Ja, du bist eine Mama. Du bist aber auch weiterhin eine begehrenswerte Frau und Partnerin. Es wird der Tag kommen, an dem dein Mäuschen den Abflug aus dem Schoß der Geborgenheit macht. Und dann solltest du nicht klammern, sondern »Guten Flug, mein Knutschäffchen« sagen.

GRUND NR. 22

Weil du bedingungslos geliebt wirst

Komme, was wolle: Dein Kind liebt dich – bedingungslos. Ich persönlich bin weit davon entfernt, eine perfekte Mutter zu sein. Früher war ich oft gereizt und habe fürs bevorstehende Wochenende Ausflüge angekündigt, die ich dann aus Mangel an Lust oder Zeit nicht umgesetzt habe. Mein Sohn ist auch schon einige Male mit leerer Getränkeflasche zur Schule gegangen, weil ich vergessen hatte, sie morgens aufzufüllen. Junior wartete häufig als Letzter Uno spielend mit seiner Erzieherin im Hort auf mich, da ich mal wieder die Zeit bei der Arbeit vergessen hatte. Ich habe laut geschimpft, wenn er ein Glas umgeworfen oder das Badezimmer unter Wasser gesetzt hat, weil Sohnemann beim Tauchenüben in der Badewanne meinte, die große Welle machen zu müssen.

Wenn ich das Gefühl hatte, in einen Machtkampf mit meinem renitenten Kleinen verwickelt zu sein, wurde ich wütend und mein Blick böse. Er weinte dann und ich ärgerte mich über mich selbst und meine Überforderung. Ich musste meiner eigenen Schwäche begegnen, um der starken Mama den Weg freizumachen. Einer Mutter, die konsequent ist und sich nicht länger ihrer eigenen Ohnmacht geschlagen gibt. Aber das Gute ist: Wir können mit unserer Rolle wachsen, denn Kinder sind geduldig und verzeihen *alles,* weil ihre Liebe eben nicht an Bedingungen geknüpft ist.

GRUND NR. 23

Weil du täglich im Rausch der Gefühle bist

Gute Laune, schlechte Laune. Das Gefühls-Barometer deines Kindes steht niemals still. In der einen Sekunde himmelhoch jauchzend, kann dein Kind schon eine Minute später zu Tode betrübt sein.

Häufig sind die Gründe banal: Da plumpst das leckere himmelblaue Schlumpfeis auf die Straße, der neue Flummi mit dem leuchtenden Monstergesicht verselbstständigt sich beim Hüpfen, landet zunächst an einem Gullideckel, tänzelt dort übermütig auf den Rillen herum und verschwindet dann in den unendlichen Weiten der Kanalisation. Oder der Kioskbetreiber hat, entgegen seines

Versprechens, die zwei Tüten mit den *Star Wars*-Sammelkarten nicht aufgehoben, auf dem Spielplatz »besetzen« größere Kinder alle Schaukeln oder Mama erlaubt nach einer Handvoll Gummibärchen keine weitere Ration.

Kinder sind uns gegenüber ganz klar im Vorteil, wenn Gehorsam und Bravsein nicht die wichtigsten Aspekte unserer Erziehung sind: Wut wie Freude – sie leben beides gnadenlos aus, ohne sich darüber Gedanken zu machen, was andere von ihnen denken. Im einen Moment hüpfen sie wie aufgezogene Hampelmännner über einen Rasen und freuen sich über ihren wild fliegenden Drachen. Im nächsten heult das Kind, weil der Drache im Sturzflug die Wiese anpeilt.

Das Ausleben der Gefühle kann für dich als Mutter anstrengend sein. Denn freut sich das Kind, ist die Mama natürlich auch heilfroh. Mosert das Kind, ist es wütend, verärgert oder anscheinend grundlos traurig, wird auch der Mama mulmig ums Herz.

Alle paar Minuten kann sich das Gefühlsbarometer gen Null senken – und dann wieder hochschießen. In dem Moment heißt es für dich als Mama: Lass dich von der guten Laune deines Kindes anstecken. Nimm diesen Glücksrausch der Freude in dir auf. Vergiss, dass du eigentlich keine Zeit hast, weil du nicht einmal die Hälfte deiner aktuellen To-do-Liste abgearbeitet hast. Tanze im Zimmer deines Kindes zu Rolf Zuckowskis *Kinder sind das Größte*. Oder mach mit deinem Kind den Popo-Pogo. Geht so: Rock-Musik an (mein Sohn liebt »Jungsmusik« wie *In this light and on this evening* von den Editors), stellt euch Rücken an Rücken, schlackert mit den Schultern, geht runter in die Knie und macht dann Popo an Popo. Ergötze dich an der Ekstase, die schnell vorbei sein kann. Sollte die CD einen Kratzer haben, könnte die Musik abrupt stoppen und damit Anlass für einen Tiefpunkt auf dem Gefühlsbarometer sein. Schnell eine neue CD suchen, selbst singen, Luftgitarre spielen – und irgendwann mal einen iPod anschaffen.

In jedem Fall lässt sich das Gefühlsbarometer durch Ablenkung und Spontaneität beeinflussen. Lass dir der gemeinsamen Freude wegen was einfallen.

GRUND NR. 24

Weil kein Tag wie der andere ist

Alltagsroutine gehört zum Leben einer gut organisierten Mutter dazu: Der Wecker klingelt, du kuschelst dich noch mal schnell an deinen Liebsten, stehst auf, verschwindest im Bad, wirfst dich in Schale. Anschließend weckst du dein Kind, ziehst es an und bereitest das Frühstück vor. Ihr verlasst das Haus. Du bringst dein Kind zum Kindergarten oder in die Schule und gehst deiner Arbeit nach.

Die ersten acht bis zehn Stunden deines täglichen Mama-Lebens sind demnach plan- und absehbar und muten zumindest von Montag bis Freitag ein wenig routiniert an. Natürlich wirkt dein Leben als Mutter für eine Frau ohne Kind vorhersehbar und ziemlich bis äußerst eintönig. Du hast feste Zeiten, spontanes After-work-drinking ist mit dir nur nach langer Planung und Wegorganisation deines Kindes möglich und verliert damit seinen Reiz, weil es ja nicht mehr spontan ist …

Trotz des Alltagstrotts ist bei dir kein Tag wie der andere. Das beginnt schon beim Guten-Morgen-Kuss deines Mäuschens. Hat er gut geschlafen, steht er fröhlich auf, erzählt dir euphorisch von seinem Traum, frühstückt, zieht die zurechtgelegten Klamotten ohne Murren an und überschüttet dich zum Abschied mit Luftküssen.

Steht aber »Morgenmuffeling« auf dem Programm, sind deine Stahlnerven und deine neue Fähigkeit, das Leben gelassen zu leben und den Moment so anzunehmen, wie er ist, weil du ihn eh nicht ändern kannst, gefragt.

»Kindergarten ist dooooooooooooof.«

»Ich war die ganze Nacht wach und konnte nicht einschlafen.«

»Ich hatte einen Albtraum. Ich war ein Regenbogenfisch und wurde von einer Seeschlange verfolgt. Ich bin erschöpft und kann wirklich nicht in den Kindergarten.«

»Ich bin müde.«

»Warum musst du arbeiten gehen?«

»Wenn ich später Kinder habe, lass ich die immer ausschlafen. Frühes Aufstehen ist Kinderquälerei. Und Kinder haben auch Rechte. Zum Beispiel auf genug Schlaf.«

Mein Tipp: Lass dich nicht auf diese Diskussionen ein! Behalte dein Ziel und deine Zeit vor Augen: Du musst pünktlich ins Büro. Selbst wenn du dein Kind miesepetrig im Kindergarten abgibst oder es sich fluchend auf den Weg zur Schule gemacht hat – eines ist so sicher wie das Amen in der Kirche: Am Nachmittag sieht die Kinderwelt schon wieder ganz anders aus. Freudestrahlend läuft dir dein Spätzelchen entgegen, als sei nichts gewesen ...

Auf der anderen Seite kann dich dein Kind, das morgens bester Laune mit den Worten: »Habe ich dir eigentlich schon gesagt, wie lieb ich dich habe?« aufgestanden ist, dein Kind, auf das du dich schon den ganzen Tag gefreut hast, weil es das beste, schönste, pfiffigste Kind der Welt ist, dich mit den Worten »Ich will nicht nach Hause, ich will im Kindergarten bleiben – für immer« überraschen.

Während du noch darüber sinnierst, wie du aus der Nummer vor all den Zeugen in Form von empathisch guckenden Müttern oder allwissenden Erzieherinnen herauskommst, ist es gut möglich, dass sich bei deinem Kind innerhalb von einer Zehntelsekunde wieder ein Sinneswandel vollzieht, es dich anstrahlt und dir seine neueste Bastelei mit den Worten »Schau mal, das habe ich extra für dich gemacht« vorführt.

Kinder sind nicht nachtragend. Sei du es auch nicht! Verinnerliche dir einfach Folgendes: Kein Tag gleicht dem anderen. In jeder Minute ist alles möglich. Und das sorgt trotz optimal ausgetüftelter Mutter-Kind-Tagesplanung für stetige Überraschungen und damit für Abwechslung in deiner eingespielten Alltagsroutine.

GRUND NR. 25

Weil dir täglich eine Umarmung sicher ist

Bevor mein Sohn in die Schule geht, tankt er »Energie« und das geht so: Ich setze mich auf seinen kleinen Kinderrattanstuhl und er kommt in meine Arme. Dann halten wir uns ganz fest, schweigen und konzentrieren uns auf das wohlige Gefühl, das sich nach wenigen Sekunden einstellt. Wenn mein Sohn genug »Energie« getankt hat, gibt er mir einen Kuss, strahlt und sagt: »So Mama, jetzt kann ich zur Schule gehen …«

Diese Umarmung tut nicht nur meinem Kleinen gut. Auch ich fühle mich nach unserem morgendlichen Ritual vital, ein bisschen unbesiegbar und vor allem glücklich. Mit breitem Grinsen starte ich in den Tag und freue mich, weil mein Sohn meine Liebe annimmt und mir seine schenkt. Und ich bin ein bisschen stolz, weil bei uns die Umarmung zu einer Art Geheimwaffe gegen schlechte Laune geworden ist.

Mein Sohn ist ein äußerst emotionaler kleiner Junge. Er kann sich maßlos über seiner Meinung nach doofe Ü-Ei-Überraschungen aufregen, und wenn er beim *Mensch ärgere dich nicht* trotz seiner ausgefuchsten Art, mich zu beschummeln (wenn man die eins des Würfels anleckt, würfelt man unentwegt Sechser), doch noch verliert, flucht und pöbelt er. Bis er in meine Arme kommt und »Energie« tankt.

Kleinkinder sind von Natur aus kuschel- und schmusebedürftig. Und so kommst auch du in den Genuss einer täglichen Dosis Liebhaben. »Genieß euer Ritual bloß. Spätestens wenn Kinder in die Pubertät kommen, haben sie keine Lust mehr, Mama in den Arm zu nehmen«, sagte eine Nachbarin, dessen Sohn sich seit gefühlten hundert Jahren in der Pubertät befindet und dem es peinlich ist, wenn seine Mutter ihm auf offener Straße ein Küsschen zur Begrüßung geben möchte.

Vielleicht missfällt dir der Gedanke, dein Kind bei jeder Kleinigkeit in den Arm zu nehmen, ihm den Kopf zu streicheln und dich auf diese Nähe einzulassen. Möglicherweise hast du Angst, dein Kind zu verweichlichen, denkst, schmusen mit der Tochter ist gut und schön, mein Sohn könnte jedoch zum Weichei mutieren ...

Vor einiger Zeit beobachtete ich eine Mutter mit ihrer kleinen Tochter. Die etwa Dreijährige stellte Sandkuchen her, nahm eine Hälfte auf ihre rosa Schaufel, ging zu ihrer Mama und sagte: »Da, Kuchen. Da ...« Die Mutter schickte ihre Tochter zurück in die Sandkiste, um den Sand zurückzubringen. Die Kleine folgte der Anweisung, kam zurück und sagte: »Mama, Arm nehmen.« Die Mutter: »Wir haben vorhin schon gekuschelt. Das reicht für heute. Geh wieder spielen.« Die Kleine weinte.

GRUND NR. 26

Weil du die schönsten Geschenke bekommst

Als Mutter wirst du täglich beschenkt. Mit einem Lächeln, einer Umarmung oder einer Liebesbeteuerung wie »Du bist die zuckersüßeste Mami«. Und dann gibt es noch die ganz besonderen Überraschungen: ein getrocknetes Kaugummi (»Mama, das ist ein Dino-Ei. Du musst das gut ausbrüten, dann schlüpft ein Tyrannosaurus oder ein Diplodocus, das kann ich nicht so genau sagen. Lassen wir uns überraschen!«), ein angebissenes Stück Schokolade (»Für dich, das habe ich übergelassen.«), eine Glasscherbe, (»Das ist ein Diamant, der ist ganz wertvoll.«), ein paar Kronkorken, die im Sommer wie kleine Schätze auf der Parkwiese in der Sonne glitzern (»Daraus kannst du dir ein schönes Armband machen.«), ein Stöckchen (»Mama, das ist ein Zauberstab. Wenn du ordentlich übst, kannst du damit richtige Sachen zaubern: ein Flugzeug, ganz viel Geld, eine Fee, die die Wohnung aufräumt. Was du willst. Du musst nur hübsch üben, okay?«), eine Glasmurmel (»Das ist ein Glücksbringer.«) oder eine Feder (»Die hat ein Engel verloren, damit kannst du dich kitzeln.«).

Zu speziellen Anlässen kann es auch mal sein, dass Kinder ihr aktuell allerliebstes Lieblingsspielzeug verschenken. Eine Freundin wurde an ihrem vergangenen Geburtstag reich beschenkt: Ihr Sohn vermachte ihr sein Laserschwert (»Aber Vorsicht, das hat magische Kräfte. Du kannst damit Menschen weglasern.«) und ihre Tochter überreichte ihr freudestrahlend ihren »Pupsi«, eine Art Glibberschleim, der in einer kleinen Plastikdose aufbewahrt und gedrückt wird und dann unglaubliche Furzgeräusche von sich gibt. »Damit kannst du bei der Arbeit ganz laut pupsen – ohne dass es stinkt, Mami«, erklärte die Kleine.

Kinder geben von Herzen gern – und es ist an der Mutter, sich von der Fantasie ihrer Kinder verzaubern zu lassen.

GRUND NR. 27

Weil du ein neues Verständnis für Gerechtigkeit entwickelst

Mama, ich bin bestohlen worden«, sagte mein Sohn eines Nachmittags, als ich ihn vom Hort abholte. »Jemand ist an meinen Schulranzen gegangen und hat mir meine beiden Beyblades geklaut. Aber der Dieb war ziemlich dusselig. Er hat die Schnüre vergessen, mit denen sie aufgezogen werden. Mama, jetzt kann ich in der Pause nicht mehr mit meinen Freunden spielen. Ich bin jetzt mies uncool und alles nur, weil dieser Vollpennerarsch mir meine Du-weißt-schon geklaut hat.«

An dieser Stelle könnte ich mich für die Ausdrucksweise meines Sohnes entschuldigen, mich rechtfertigen und erklären, dass er das Wort »Vollpennerarsch« nicht aus meinem Mund kennt, sondern auf dem Schulhof aufgeschnappt hat und es noch einer der harmloseren »Ausdrücke« ist.

Aber es geht um ein neues Verständnis für Gerechtigkeit und um die Tatsache, dass auch an einer Grundschule in einem gutbürgerlichen Berliner Bezirk Kinder lange Finger machen.

Du als Mutter wirst mich verstehen. Ohne Rücksicht auf die mehr oder weniger gut kalkulierte Haushaltskasse fuhr ich natürlich mit meinem verheulten Kind ins nächste Spielzeuggeschäft, um einen neuen dieser Plastik-Kreisel mit Metallring und Aufziehschnur zu besorgen. Ausverkauft! So die Hiobsbotschaft, die Auslöser für weitere Tränen und Beschimpfungen gegen den unbekannten »Klaupennervolloberarsch« war. Zur Besänftigung spendierte ich eine Kleinigkeit von Lego.

»Mama, ich kann mir gut vorstellen, dass der Typ, der mir meine Blayes geklaut hat, mir die wieder zurückgibt. Ich denke mal, der ist sehr arm und seine Eltern konnten ihm keine eigenen kaufen.«

»Aber Mäuschen, das ist kein Grund, ein anderes Kind zu bestehlen«, unterbrach ich meinen Sohn, als er mir einige Tage nach dem »Verbrechen« seine Gedanken auf dem Weg zur Schule mitteilte.

»Ja schon, Mama. Aber er kann doch nichts dafür. Ich habe mir jedenfalls überlegt, dass ich ihm, wenn er mir meine Blayes zurückgibt, einen davon schenke. Damit er auch einen zum Spielen hat. Das ist dann eine Belohnung für seine Ehrlichkeit. Und ich finde das gerecht.«

Dieser Großmut machte mich sprachlos. Mein Sohn lächelte und schien mit seinem Entschluss absolut zufrieden zu sein.

Der Dieb ging nicht demütig auf meinen Sohn zu, um seine Beute dem rechtmäßigen Besitzer zurückzugeben. Das Thema war erledigt, die Großeltern und sämtliche Onkel und Tanten wurden instruiert, Ausschau nach Beyblades zu halten. Ich selbst stattete dem Spielzeuggeschäft regelmäßig Besuche ab, um gegebenenfalls für Ersatz-Beyblades zu sorgen.

Die Wochen vergingen und mein Sohn schien den schweren Verlust verkraftet zu haben. Auch seine Sozialkompetenz hatte nicht unter diesem einschneidenden Erlebnis gelitten.

»Mama, ich habe auf dem Pausenhof zwei Euro gefunden«, berichtete mein Sohn freudestrahlend.

»Toll, dann steck die mal schnell in deinen Spartopf«, sagte ich.

»Das geht nicht. Ich habe das Geld der Erzieherin gegeben. Das Kind, das die zwei Euro verloren hat, wird das Geld sicher vermissen.«

»Oh ...«

»Aber weißt du was?«, erzählte mein Sohn weiter. »Wenn das Kind das Geld nicht vermisst, bekomme ich es als Finderlohn. Das hat mir die Erzieherin gesagt.«

Mein Sohn war beklaut worden und seiner Ehrlichkeit hatte das keinen Abbruch getan. Ich war stolz auf meinen Kleinen und musste mir eines eingestehen: Ich hätte das Geld eingesteckt.

GRUND NR. 28

Weil du auf der Haben-Seite deines Gutmenschen-Kontos ein riesiges Plus ansammelst

An einem Morgen im März fragte mich mein Sohn »Mama, was würdest du dir eigentlich wünschen, wenn dir eine Fee drei Wünsche *sofort* erfüllen würde?«

In mir ratterte es. In einer kleinen Boutique hatte ich einen Tag zuvor ein süßes Sommerkleid gesehen und bereute es noch immer, es nicht gekauft zu haben. Neue Schuhe wären auch super. Ich müsste mal wieder zum Friseur und da die inzwischen ganz schön zulangen, wäre ich der Fee zu sehr, sehr großem Dank verpflichtet gewesen, wenn sie diese Ausgabe übernommen hätte. Die Schuhe doch lieber streichen! Sechs Richtige im Lotto. Ich wollte auch schon immer mal in Argentinien Urlaub machen. Oder ein Haus im Grünen. Oder doch endlich eine schweineteure Handtasche? Die drei letzten Wünsche würden sich allerdings erübrigen, wenn mir die Fee die richtigen Lottozahlen verraten würde.

»Woher kommt dieser Egoismus?«, stichelte meine innere Stimme und ich schämte mich für meine gierigen, selbstsüchtigen Gedanken.

»Drei Wünsche?«, fragte ich meinen Sohn noch einmal.

»Ja, Mama. Drei. Also ich weiß, was ich mir wünschen würde.«

»Ich auch«, kam es spontan aus mir heraus. »Ich wünsche mir, dass es dir immer gut geht und du gesund bleibst. Zweitens wünsche ich mir, dass unser Leben so schön bleibt, wie es ist, und wir nächsten Sommer einen Schrebergarten bekommen. Drittens wünsche ich mir, dass du immer glücklich bist und dir die Schule doch irgendwann noch Spaß macht.«

»Mama, die Fee erfüllt nur drei Wünsche und du hast sechs genannt«, entgegnete mein Sohn. »Aber egal. Ich wünsche mir jedenfalls Gesundheit für alle Menschen, dass es auf der Erde nie wieder Streit und Krieg gibt und nie wieder so etwas Schlimmes wie in England ... äh, Japan geschieht«, sagte mein Sohn.

Kinder sind ganz erstaunliche kleine Persönlichkeiten.

Lilli, die Tochter einer Freundin, schmierte morgens vor dem Kindergarten immer Brote für einen Obdachlosen. Der Mann saß in einem kalten Dezember auf den Treppen im Hauseingang des Kindergartens. »Ich kann mein Frühstück nicht genießen, wenn ich an den alten Mann denke, der dort sitzt«, erklärte Lilli ihrer Mutter. Lilli unterhielt sich jeden Morgen mit dem Mann. Ihre Nase schien seinen unangenehmen Alkohol- und Straßengeruch nicht wahrzunehmen. Sie lächelte ihn stets an, wünschte guten Appetit sowie einen schönen Tag und lud ihn schließlich zu Weihnachten zu sich nach Hause ein. Kurz vor Weihnachten saß der ältere Herr nicht mehr im Hauseingang. Lilli hatte einen Freund verloren und meine Freundin musste nicht länger erklären, warum Weihnachten ein Fest für die Familie sei und man Fremde nicht mit einlade ...

Kinder ver- und beurteilen noch nicht. Sie machen keine Unterschiede zwischen Menschen, die auf der Straße leben, und solchen, die in pittoresken Villen hausen. Kinder sehen den Menschen. Für dich als Mama ist das eine Chance, dein Gutmenschen-Konto auf der Haben-Seite aufzufüllen, indem du dich von der Sichtweise deines Kindes inspirieren lässt.

GRUND NR. 29

Weil du Expertin im Kindertränenwegküssen bist

Es gibt verschiedene Kindertränen: Die kleinen, die mittelgroßen und die riesengroßen. Die kleinen Tränen schießen aus den Kinderaugen, wenn unsere Lieblinge ihren Willen nicht bekommen und beispielsweise an der Supermarktkasse das ganz dringende Bedürfnis nach einem Schokoriegel, einem XXL-Lolli oder einem Eis verspüren und du ihnen diesen Wunsch abschlägst.

Die mittelgroßen Tränen schießen meist aus den Kinderaugen, wenn der Klassenkamerad deines Kindes fünfzig Euro oder einen Gameboy und dein Liebling nur einen Euro oder ein Päckchen rundes Esspapier mit Zungentattoo von der Zahnfee bekommen hat. Dein Schatz möchte aber ganz dringend auch einen Gameboy haben, weil ansonsten die Freundschaft mit anderen gefährdet sei. »Mama, wenn ich so einen Gameboy nicht habe, dann spielen die nicht mehr mit mir.« Zur Unterstreichung der Wichtigkeit und dass es um den Erhalt von Freundschaften und Zugehörigkeiten geht und dein Herz als Mutter erweichen soll, kullern die mittelgroßen Kindertränen.

Kleine und große Kindertränen sind demnach leicht zu handhaben und nur eine Herausforderung an deine Stahlnerven als Mama und deinen Erfindungsreichtum, mit dem du dein Kind besänftigst.

Die riesengroßen Tränen sind die schlimmen. Sie kullern aus den Augen der Kinder, wenn diese unglücklich mit dem Fahrrad gestürzt sind, zu übermütig auf dem Spielplatz herumgetobt haben, sich erst im Kletternetz verfangen und dann heruntergestürzt sind, wenn sie den Fußball gegen den Kopf geschossen bekommen oder beim Fangenspielen kurz rückwärts gelaufen sind und euphorisch »Du kriegst mich nicht, du kriegst mich nicht« gejohlt haben und dann beim Umdrehen frontal gegen den Schaukelpfosten gelaufen sind.

Ich komme aus einer Familie, in der in so einem Fall ein Trostpflaster in Form von einer Süßigkeit oder einer anderen Schleckerei gereicht wurde. Das hatte zur Folge, dass ich gern nasche. Mein Rat: Stattdessen Kindertränen wegküssen. Als wahre Kindertränen-Expertin wirst du übrigens auch feststellen, dass notfalls die kleinen und mittelgroßen Tränen von allein verschwinden. Sei's durch deine Küsse auf die Augen oder die Tatsache, dass es deinem Kind unangenehm ist, im Supermarkt – vor allen Leuten – abgeknutscht zu werden.

GRUND NR. 30

Weil du dein Kind auch ohne Worte verstehst

Telepathie ist ein spannendes Thema. Bis ich Mutter wurde, hielt ich Gedankenübertragung und dieses imaginäre Band zwischen Mutter und Kind für fragwürdige Konzepte.

Das änderte sich mit der Geburt meines Sohnes. Er und ich verstehen uns seit jeher auch ohne Worte. Ein Blick reicht und ich weiß, was im Kopf meines Mäuschens vor sich geht. Ich spüre, wenn es ihm gut geht und auch, wenn ihn etwas beschäftigt.

Diese Verbindung ist so intensiv, dass ich nachts wenige Sekunden vor meinem Sohn aufwache, wenn dieser in einem seiner Träume wieder als Drachenreiter und mit rotem Schwert in Alagaësia unterwegs ist – und dabei von den bösen Mächten am Schlafittchen gepackt wird. Meist reichen ein zärtliches Streicheln über den verschwitzten Kopf, ein Küsschen und beruhigende Worte.

Gespenstisch, ich möchte es als mystisch bezeichnen, war ein Vorfall kurz nach der Einschulung: Ich hatte einen freien Tag und wollte den Vormittag in einem Café vertrödeln. Kurz nach der Kaffeebestellung bekam ich entsetzliche Kopfschmerzen. Direkt auf der Stirn schmerzte es so, als hätte ich meinen Kopf auf die Theke geknallt.

Wenige Sekunden später klingelte mein Handy.

»Bleiben Sie jetzt ganz ruhig«, sagte die Schulsekretärin in viel zu sanfter Tonlage. Mir wurde schwindelig. »Ihr Sohn hatte einen Unfall. Es ist aber nichts Schlimmes. Er ist beim Schulsport mit dem Kopf gegen die Wand gelaufen. Der Rettungswagen ist alarmiert. Können Sie vorbeikommen?«

Wie von der Tarantel gestochen und ein bisschen kopflos strampelte ich auf meinem Fahrrad zur Schule. Meine innere Stimme befahl mir, mich vorher nach Hause zu begeben, um Callilöttchen, das Zauberbärchen meines Sohnes, und einen Apfel zu holen.

Mit Callilöttchen und dem Apfel in der Handtasche fuhr ich weiter zur Schule. Dort stand der rote Rettungswagen zur Abfahrt bereit. »Waaaarten Sie!«, rief ich. »Ich bin die Mutter!«

Die hintere Tür ging auf, ich sah meinen Sohn mit dem größten Verband, den ich je zuvor an einem Kinderkopf gesehen hatte, verweinten Augen und einer blutig verkrusteten Nase. Er hielt die Hand seiner Lieblingserzieherin (und ich war einen kurzen Moment eifersüchtig. Egoistisch, ich weiß ...). Mein Sohn lächelte und sagte: »Callilöttchen, wie schön, dich zu sehen ...« Und an mich gewandt: »Mama, ich hätte jetzt wahnsinnig Appetit auf einen Apfel.«

Die Erzieherin nahm mir das Fahrrad ab und verabschiedete sich. Der Rettungswagen fuhr los und ich war zutiefst erleichtert, weil ich bei meinem Sohn sein und diesen Apfel aus den Tiefen meiner Handtasche hervorzaubern konnte. Meine Vorbehalte, dieses innere Band zwischen Mutter und Kind betreffend, habe ich nicht mehr. Alle Zweifel, die ich hatte, mussten der Demut vor dieser Kraft weichen. Mich hat das Leben als Mutter gelehrt: Folge deiner Intuition! Irgendwie hat immer alles einen Sinn.

KAPITEL VIER

Von großen und kleinen Wundern

GRUND NR. 31

Weil dir sprechende Teddybären und unsichtbare Freunde vorgestellt werden

Mein Sohn hat zwei beste Freunde: Earl und Callilöttchen. Earl ist unsichtbar und Callilöttchen eine Teddybärdame. Earl habe ich noch nie gesehen. Laut den Beschreibungen meines Sohnes ist Earl so alt wie er, hat eine Vorliebe für Süßigkeiten und spielt gern das »Kugelspiel« auf meinem Handy. Earl geht nicht zur Schule und darf den ganzen Tag spielen. Earl ist auch derjenige, der das Kinderzimmer immer wieder verwüstet und der nicht da ist, wenn mein Sohn aufräumen muss. Das führte schon häufiger zu kleinen Disputen: Sohnemann ist der Meinung, er müsse das Chaos, das Earl verursacht hat, nicht beseitigen.

Callilöttchen ist ein Teddybär mit blauem Zauberanzug und Zaubermütze. Callilöttchen ist so alt wie mein Sohn, sieht aber eher so aus, als befände sie sich in meinem Alter. Callilöttchen kann sprechen, was ich nicht hören kann und mein Sohn mir – stellvertretend für Callilöttchen – mitteilt: »Sag deiner Mami mal, dass du heute nicht um halb acht ins Bett musst. Ich erlaube dir das«, »Fernsehen macht gar nicht blöd«, »Zauberbäreltern spielen gern mit ihren Zauberbärkindern Ritter, Lego und Playmobil«, »Bei uns Zauberbären werden die Kinder erst eingeschult, wenn sie keine Lust mehr zum Spielen haben«.

Ohne sein Zauberbärchen schläft mein Junior nicht ein. Wenn er sich am Knie verletzt hat, benötigt auch Callilöttchen ein Pflaster. Callilöttchen wurde mehrfach geflickt und manchmal darf ich auch mit dem Zauberbärchen schmusen.

»Sei aber vorsichtig mit Callilöttchens Kopf«, bittet mich mein Sohn stets mit besorgter Miene. Der Kopf sitzt nicht mehr so fest und hängt an ein paar braunen Teddybärfäden.

Es gab eine Zeit, da musste ich für Earl den Tisch mit decken.

»Als unser Gast darf sich Earl natürlich aussuchen, was es zu essen gibt, Mama. Oder?«

Logo, kleine Gäste werden bei uns immer verwöhnt …

Earl hielt nichts von ausgewogener, gesunder Ernährung und bestellte meist die Leibspeisen meines Kindes: Pudding mit Gummibärchen und Schokolinsen; Hotdogs ohne Senf und saure Gurken, dafür aber mit viel Ketchup und Röstzwiebeln; Mini-Pizza, Chili-Chips und Wassereis.

Earl besucht uns mittlerweile nicht mehr so häufig. Manchmal vermisse ich diesen unsichtbaren Frechdachs. Laut Aussage meines Sohnes gehe Earl nun doch auch in die Schule und müsse viel lernen. Außerdem habe er jetzt andere Freunde, mit denen er Fußball spielt und die mehr Fernsehen gucken dürfen, ein Nintendo DS haben und selbst entscheiden, wann es ins Bett geht.

Callilöttchen lebt nach wie vor auf dem Hochbett. Das Zauberbärmädchen sieht tüchtig verknuddelt aus. Als ich meinem Mäuschen eine Freude machen wollte, indem ich vorschlug, das in Mitleidenschaft geratene Kuscheltier einrahmen zu lassen, um es dann im Kinderzimmer an einen Ehrenplatz zu hängen, flossen die Tränen. »Mama, dann machst du Callilöttchen tot. Das ist mein Zauberbärchen. Das darf nicht aufgenagelt werden wie Jesus. Das tut meinem Callilöttchen weh.«

Nach meiner Idee verbündeten sich alle Kuscheltiere gegen mich und beschützten das Callilöttchen vor der bösen Teddybär-Mörder-Mama. Mein Sohn und seine Stofftiere berieten, wie sie Callilöttchen retten könnten, und ein paar Tage wurde das Zauberbärmädchen hinter dem Mamaelefanten und ihrem Kind, dem Elch, der gelben Ente und dem rosa Schwein von Lotta (aus der Krachmacherstraße) versteckt.

Inzwischen scheint sich Callilöttchen wieder in Sicherheit zu wiegen. Bevor mein Sohn zur Schule geht, deckt er sein Zauberbärchen zu, damit es noch ein bisschen schlummern kann, und sagt: »Ich muss jetzt los. Nachher spielen wir noch ein bisschen.«

PS: Unsichtbare Freunde und sprechende Teddybären?! Ich war skeptisch und sehr besorgt, als ich erstmals für Earl den Abendbrottisch mit deckte und er angeblich »Aua« schrie, nachdem ich mich auf ihn gesetzt hatte, um meinem Sohn vorm Zubettgehen vorzulesen. Mich überkam ein schlechtes Gewissen, ich dachte, ich würde vielleicht zu viel Zeit im Büro und zu wenig mit meinem Sohn verbringen.

In dem Buch *Von der Liebe, die Halt gibt – Erziehungsweisheiten* von Jirina Prekop heißt es: »Es ist ein großer Vertrauensbeweis, wenn Kinder dem Erwachsenen von ihren unsichtbaren Freunden erzählen, ob es nun Zwerge sind, irgendwelche Geisterchen, Schutzengel oder Prinzen und Prinzessinnen oder ganz einfach verwandte und nah empfundene Seelen. [...] Wer nicht verstanden wird, fühlt sich einsam und ungeliebt.«

GRUND NR. 32

Weil du wieder von einer besseren Welt träumst

Schon richtig: So schlecht ist unsere Welt nun auch wieder nicht. Wir Mitteleuropäerinnen sind privilegiert. Uns Frauen stehen alle Türen offen. Wer mag, studiert, eignet sich viel Wissen, Fachkompetenz und eine Ellbogenmentalität an, steht als Frau in der Führungsetage seinen Mann und wenn die biologische Uhr lauter tickt, wird an Nachwuchs gearbeitet. Die Frau von heute kann sich ihren Weg genau so gestalten, wie es ihr gefällt. Eigentlich eine großartige Voraussetzung für ein erfülltes Leben ...

Dennoch spiegelt sich in den Gesichtern vieler Mütter Unzufriedenheit wider. Und Babyblues ist auch kein Einzelphänomen. Spätestens während der Elternzeit wirst du nicht umhin kommen, über dich und dein Leben nachzudenken. Zwischen Stillen,

Windelnwechseln, Kinderwagen-durch-den-Park-Schieben, PEKiP-Gruppe und Nachmittagen mit neuen Mama-Freundinnen auf der Krabbeldecke rumort es in deinem Kopf. Du ziehst Bilanz. Ist *das* das Leben, das du führen wolltest? Du hinterfragst dich, deinen Weg, deine Entscheidungen.

So ein Mäuschen macht mehr Arbeit als gedacht. Es lässt sich nicht herumkommandieren wie fügsame Mitarbeiter. Es hat sein eigenes Köpfchen, hält sich nicht an deinen schon während der Schwangerschaft ausgetüftelten Schlaf-Wach-Phasen-Tagesablauf. Es hat seine eigene Uhr und seinen eigenen Willen.

Und da wären wir dann auch bei dem Träumen von einer besseren Welt. Einer Welt, in der Träume wahr werden, es möglich ist, Unmögliches zu erreichen. In der Hindernisse nicht als Bedrohung, sondern als Geschenk betrachtet werden, um über sich selbst hinauszuwachsen.

Dein Kind lässt dich wieder träumen! Denn dein Kind lehrt dich: Nach einer Schlappe geht es weiter: aufstehen, Staub abputzen, weitermachen! Und nicht: aufrappeln, alles verfluchen, weiterleiden. Dein Kind lässt sich von einem Plumps auf den Windelpo doch auch nicht von seinem Vorhaben abbringen, künftig aufrecht seiner Wege zu gehen. Im Gegenteil: Viele Kinder lächeln nach Bodenkontakt, pressen fest die Lippen aufeinander und stehen schließlich stolz und breit grinsend wieder auf den Speckbeinchen.

Marc Aurel wird immer wieder gern mit diesen Worten zitiert: »Das Glück deines Lebens hängt von der Beschaffenheit deiner Gedanken ab.« Ja, die Gedanken machen unsere Realität. Und wenn du als Mama mal dein Kind ganz genau beobachtest, dann kannst du dir von der Arglosigkeit, der unvoreingenommenen Naivität und der Freude über kleine Erfolge, dem Akzeptieren und nicht weiter Beachtung schenken der Misserfolge etwas abgucken. Wie auch von der Ausdauer, der Entschlusskraft und der Fähigkeit, sich von einer Sache nicht abbringen zu lassen.

In den Augen der Kinder gibt es kein Scheitern. Sie behindern sich nicht selbst, indem sie an sich und ihren Fortschritten zweifeln (was sich leider bei vielen Kindern im Grundschulalter ändert).

Wenn auch du dich auf die Grenzenlosigkeit deines Kindes einlässt, betrittst du eine völlig neue Welt. Dann ist nichts unmöglich. Ich wiederhole: nichts!

Du kannst von einem besseren Leben für dich und deine Lieben träumen und wenn du mutig bist, folgst du dieser Sehnsucht. Bevor du das tust, solltest du für dich herausgefunden haben, was deine persönliche Definition eines besseren Lebens eigentlich ist … Denn andernfalls wirst du an der Seite deines Kindes zur Tagträumerin und nicht zur Traumfängerin.

GRUND NR. 33

Weil du entdeckst, dass ein zermatschter Hundehaufen nicht stinkt, sondern Glück bringt

Es gibt nichts Widerlicheres, als vor der Badewanne zu knien und mit Wattestäbchen verkrustete Hundekacke aus einem Kinderschuh mit Profil zu pulen.

Sicher, Fiffi kann unheimlich süß gucken und allerliebst mit dem Schwanz wedeln, Bernhardiner spüren verschüttete Skifahrer auf, Chihuahuas machen sich gut in Louis-Vuitton-Handtaschen und Schäferhunde sollen ganz besonders vorsichtig mit Kindern umgehen. Im Fernsehen gibt es gar Hunde, die morgens zum Brötchen- und Zeitungsholen geschickt werden (Ich habe mich schon immer gefragt, ob die Brötchen dann eigentlich angesabbert sind?). Einige Tölen sind auch gut erzogen und entledigen sich ihrer Notdurft nicht mitten auf dem Gehweg, in der Sandkiste oder haben zumindest ein an die Mitmenschen denkendes Frauchen, das den Mist ordnungsgemäß in einem Doggybag – oder wie diese Hundekottüte-to-go auch immer heißen mag – aufsammelt und ordnungsgemäß entsorgt ...

Es liegt mir fern, mich mit den Freunden der Vierbeiner anzulegen. Ich bin keine Hundehasserin. Wirklich nicht. Loulou, der Labrador einer Nachbarin einer Freundin beispielsweise, ist ganz reizend. Die betagte Hundedame ist allerdings kein gewöhnlicher Hauptstadt-Köter: Loulou soll ein Katzenklo haben. Darüber wird sich ein waschechter Hundefreund nun auch wieder scheckig lachen. Ich weiß. Man kann's eben nicht jedem recht machen und Loulou ist, wie sie ist.

Selbst ich könnte mir vorstellen, einen Hund zu haben. Auf dem Land. In einem Bauernhaus mit weitläufigem Garten. Da könnte das Tier dann seinen natürlichen Bewegungsdrang an der frischen Luft und zu jeder Zeit ausleben – und meinetwegen auch an Bäume pinkeln.

In der Stadt sieht die Sache anders aus: Die Tiere kommen kaum raus aus der Wohnung, winseln tagsüber traurig, wenn Frauchen arbeitet. Und wenn sie dann draußen sind, ist der Schließmuskel »out of control«.

Als Mutter eines Kindes, das auch gern mal im Gebüsch verschwindet, um nach Monstern, Außerirdischen, verletzten Tierkindern, Löwenzahn für die Meerschweinchen oder kleinen Schätzen zu suchen, bin ich entschieden gegen dieses wilde Rumgekacke.

Ich erinnere mich nicht mehr, wie oft ich in den vergangenen sieben Jahren vor meiner Badewanne knie und die Schuhe meines Sohnes (und ganz früher die Kinderwagenreifen) von bestialisch stinkendem Schiet befreien musste.

Vor ein paar Jahren verfluchte ich laut alle Hunde: »Diese Ekelviecher sollten verboten werden. Das stinkt!«, schimpfte ich.

»Aber Mama, Hunde-AA stinkt doch gar nicht!«, sagte mein Sohn.

»Waaaaaaas?«

»Na, also, ein bisschen schon. Aber es riecht nur ein bisschen. In Wirklichkeit bringt Hunde-AA doch Glück.«

»Dann bist du ein absolutes Glückskind – so oft, wie du da reintrittst.«

»Aber nein, Mama. Du bist eine Glücksmama, weil du die AA wegmachst, teile ich das Glück mit dir. Das mach ich gern«, strahlte mich mein Sohn an, gab mir einen Kuss und sprach: »Puuuuh. Das riecht aber wirklich nicht so angenehm. Das bringt dann bestimmt doppelt so viel Glück. Toll, oder?«

Ja. Toll! Seitdem sehe ich Hundehaufen mit anderen Augen. Was nicht bedeutet, dass ich vor wichtigen Terminen das Haus ohne Talisman verlasse und mit Absicht Hundekot plätte, um so dem Schicksal auf die Sprünge zu helfen.

Mein Sohn scheint übrigens nicht das einzige Kind zu sein, das in den Fäkalien der Hunde mehr sieht als einen übel müffelnden Haufen: Jüngst sah ich ein kleines Mädchen, das ein Deutschlandfähnchen von seinem Eis nahm und es in ein Häufchen steckte. Es lächelte, tanzte vor Freude und rief: »Da, Fahne. Steht! Schön.«

GRUND NR. 34

Weil du Mutter eines künftigen Perlentauchers, einer Einhornzüchterin, eines Raumfahrers oder einer Delfinflüsterin bist

Auf die Frage »Na, junger Mann, weißt du denn schon, was du später einmal beruflich machen möchtest, wenn du mit der Schule fertig bist?« antwortet mein Sohn stets: »Perlentaucher.« Damit ist das Gespräch mit älteren Damen im Supermarkt dann meist beendet, bevor es richtig begonnen hat.

Die Lebensaufgabe einer Mutter ist es, ihre Kinder auf ein selbstständiges, autarkes Leben vorzubereiten. Ich nehme diese Aufgabe ernst und weise meinen Sohn, der sich seit vier Jahren nicht von seinem Berufswunsch abbringen lässt, auf die finanziellen Schwierigkeiten hin, die der Beruf des Perlentauchers mit sich bringen kann. Er müsse auch daran denken, welche Kosten auf ihn zukommen: Miete, Versicherungen, Familienreisen. »Wie willst du das als Perlentaucher machen?

»Aus den Perlen mache ich Ketten. Und die verkaufe ich. Dir schenke ich aber die schönste«, erklärt mein Sohn stets mit ernster Miene.

Es sei nicht leicht, so viele Perlen zu finden, um davon dann auch eine Familie ernähren zu können, insistiere ich immerfort.

»Dann werde ich eben Architekt, Maurer und Baggerfahrer. So kann ich meiner Frau und mir unser Haus am Meer bauen. Und wenn ich dann Zeit habe, bin ich Perlentaucher.«

Manchmal möchte mein Sohn zudem Raumfahrer, Wissenschaftler, Dinoforscher oder Zeitreisender werden. Neulich hat er eine Zeitmaschine gebaut. Mit Akkubohrer, einer Menge Schrauben, dem Küchenbesen, seinem Rattanstuhl, ein paar Raketen, die von Silvester übrig geblieben waren, und Geschenkband, das er mit den Raketen verband und so zünden wollte.

Die Zeitmaschine stand mitten im Kinderzimmer auf seinem hellblauen Teppich mit Drachenkopf. Mein Sohn wollte in die Dinozeit reisen und hatte Angst, nicht wieder in seinem Kinderzimmer zu landen, weil er nicht sicher war, ob sich die Dinos über seinen Besuch freuen würden.

Ich durfte die Zeitmaschine nicht anfassen und musste den Besen ein paar Wochen entbehren. Derweil grübelte mein Sohn über eine Möglichkeit nach, wie er unsichtbar in der Zeit reisen könne. Soweit ich weiß, beschäftigt ihn das nach wie vor.

Mir tun die Lehrer und Berufsberater schon jetzt leid. Es wird sie einiges an Überredungskünsten kosten, meinen Sohn und seine

Freunde von einem »vernünftigen« Beruf wie Bankkaufmann, Maler und Lackierer, Steuerfachangestellter, Erzieher, Lehrer, Busfahrer oder Koch zu überzeugen.

Diese Berufe stehen bei den Freunden meines Sohnes hoch im Rennen: Einhornzüchterin oder Delfinflüsterin (Lilli, sieben), Dino-Forscher (Jannik, sechs), Wahrsagerin (Paula, acht), Zeitmaschinentester (Carl, fünf), Friedensmacherin (Merle, sechs), Zauberer (Theodor, sieben), Elfenzüchterin (Laura, vier) und Drachenreiter (Fynn, sechs).

GRUND NR. 35

Weil du den Glauben an das Gute im Menschen wiedergewinnst

Ich bin entschieden dagegen, Kinder vor dem Fernseher zu parken, um sich so Ruhe zu schenken. Man gucke sich nur mal die Kinder an: In sich zusammengesackt hocken sie auf dem Sofa. Lethargisch bis apathisch starren sie auf die Flimmerkiste, lassen sich von bunten Bildern berieseln und von den Werbefilmchen zu neuen Spielzeugwünschen inspirieren.

Ich bin nicht dagegen, gemeinsam mit Kindern und ihren Freunden vor dem Fernseher zu sitzen, um hin und wieder eine Kinder-DVD zu sehen. *Robin Hood, Mary Poppins, Peter Pan, Der Zauberer von Oz* – all diese Filme haben eines gemeinsam: Sie stecken voller Weisheit, schenken Zuversicht und machen Hoffnung. Hoffnung darauf, dass das Gute mächtiger ist als das Böse. Die Hoffnung, dass es immer jemanden gibt, der die Kranken, Armen und Schwachen beschützt und sie nicht im Stich lässt. Sie spornen an, für das zu kämpfen, was du dir erträumst. Sie motivieren, an Zielen festzuhalten, und deinem Kind vermitteln sie etwas Essentielles: Liebe ist stärker als Macht und Gier – und am Ende wird alles gut, weil du dich nicht von deinem Weg hast abbringen lassen, weil du an dich und deine Visionen, die Gerechtigkeit und das Gute im Menschen glaubst.

Wenn du dich also in einer Lebensphase befindest, in der dich ob einiger Enttäuschungen der Mut verlassen hat, für das geradezustehen, was du dir in deinem Herzen wünschst, oder du dich damit abgefunden hast, vom Leben gelebt zu werden, und davon überzeugt bist, es nicht selbst mitgestalten und beeinflussen zu können, weil du als zu gut und meinetwegen als zu naiv abgestempelt wirst, empfehle ich Verabredungen mit deinem DVD-Player. Der Funke springt über. Mit den Helden deiner Kindheit wirst du selbst zur Heldin, weil du den Glauben an das Gute zurückgewinnst.

Ist dir schon einmal aufgefallen, wie fürsorglich Kinder miteinander umgehen? Mädchen lieben es, sich um kleinere Kinder zu kümmern, sie zu bemuttern, ihnen etwas von dem beizubringen, was sie selbst schon können. Ich habe schon manch einen Jungen auf dem Spielplatz beobachtet, der wie eine Art Friedensstifter kleine Konflikte aus dem Weg geräumt hat. Kinder teilen Spielzeug, geben von ihren Süßigkeiten ab und fordern dafür nichts ein.

Wenn du also eine Flimmerkisten-Gegnerin bist und du schon vor Jahren den Glauben an das Gute verloren hast, beobachte spielende Kinder. So warst du auch mal – und all die Menschen, mit denen du gern ein Hühnchen rupfen würdest, ebenfalls. Wir waren alle unschuldige Kinder. Wir waren voll von verrückten Ideen, lebten in einer grenzenlosen Fantasiewelt und besaßen einen unerschöpflichen Glauben an diese wundervolle Welt. Dein Kind erinnert dich daran!

GRUND NR. 36

Weil du dich mit deinem Kind über Libellen, Schmetterlinge und fliegende Drachen freust

Wenn sich der Himmel zuzieht, sieht mein Sohn keine Wolken. Er erkennt »einen älteren Herrn mit Pfeife und Rauschebart«, »Elefanten«, »einen Engel, der auf einem Bein hüpft«, »Riesendinos«, »einen Engel, der gemütlich auf der Wolke schlummert und von einem größeren Engel weggeschoben wird, um der Sonne wieder Platz zu machen«, »Lokomotiven«, »einen winkenden kleinen Jungen« und ganz viel »Zuckerwatte«.

Bei Regen regnet es nicht. Bei Regen sind der liebe Gott und seine Engel traurig und der Regen sind die Tränen. Scheint die Sonne während eines Schauers, sieht mein Sohn Engel, die über den Regenbogen rutschen, vor Vergnügen jauchzen und ihre Freudentränen empfinden wir als Regen.

Bevor ich Mutter wurde, nahm ich den Himmel lediglich in verschiedenen blau-grauen Nuancen und mit oder ohne Wolken wahr. Bei Regen sah ich mit Sorge einem bevorstehenden Bad-hair-day im Büro entgegen: Meine Haare neigen bei zu hoher Luftfeuchtigkeit dazu, sich wegen meiner Naturkrause in eine unvorteilhafte Frisur im Stil eines Wischmopps zu verwandeln. An einem dieser Regentage fluchte ich auf dem Weg zum Kindergarten über das Schmuddelwetter. Mein Sohn kommentierte mein Wehklagen mit »Mama, sei bitte nicht betrübt. Der liebe Gott und seine Engel sind heute traurig. Deswegen weinen sie und du denkst, dass es Regentropfen sind. Dabei sind es Tränen aus dem Himmel.«

Bevor ich Mutter wurde, drang die Natur sowieso kaum in mein Bewusstsein vor. Ich hatte keine Zeit, mich über einen Regenbogen zu freuen. Je älter ich werde, desto mehr genieße ich es, mich an der frischen Luft aufzuhalten und mich von dem überraschen zu lassen, was das Leben bietet.

Mein Sohn hat mir die Augen für die Schönheit des Lebens geöffnet, mich mit seiner kindlichen Begeisterung in sein Reich mitgenommen. Entdeckt mein Sohn eine Libelle, strahlt er: »Schau mal, wie schön die Libelle doch ist. Schade, dass es nur noch so wenige davon gibt. Es ist ein großes Glück, in der heutigen Zeit Libellen zu sehen.«

Ja, ist es.

Und Schmetterlinge. Mein Sohn liebt Besuche in Schmetterlingsparks. Auf Usedom gibt es eine schöne Schmetterlingsfarm in Trassenheide. Stundenlang lief mein Sohn den königlichen Faltern mit ihren prächtigen Flügeln hinterher. Als sich ein Blauer Morpho auf seinen Kopf setzte, freute sich mein Sohn und bewegte sich erst wieder, als der Schmetterling sein Verschnaufpäuschen beendet hatte.

Die Herbstzeit liebt mein Sohn besonders: Zeit fürs Drachensteigen. Wenn es nach ihm ginge, würden wir Tage mit einer leichten Brise nur noch auf dem Teufelsberg in Berlin verbringen. Mit funkelnden Augen beobachtet mein Sohn seinen tänzelnden Krokodil-Drachen und konzentriert sich darauf, den Zauber am Himmel möglichst lange zu erhalten.

Wir Mütter dürfen unsere Kinder nicht für unser Glück verantwortlich machen. Das habe ich auch nie getan. Außerdem hatte ich meine eigene Definition von Glück: Schnäppchen, tolle Schuhe, ein neues Parfüm – und ich war ein paar Minuten durch einen künstlichen Glücksrausch beseelt.

Glück, das im Herzen einfach so aufkeimt, habe ich erst durch mein Kind kennengelernt. Mein Sohn war knapp zwei Jahre alt, konnte gut laufen und genoss jeden Schritt. Er war mehr damit beschäftigt, auf das zu achten, was unter seinen Füßen liegen könnte, als damit, sich fortzubewegen. Eines Nachmittags blieb er abrupt stehen. Vor seiner Sandale lag eine Hummel, die auf dem Kopfsteinpflaster spazieren ging und sich immer wieder im Kreis drehte. Mein Sohn kniete sich nieder, rief: »Mama, da! Pummel.«

Mir saß die Zeit im Nacken und mir war nicht nach Hummelngucken. Ich wollte meinen Sohn auf den Arm nehmen, um mich schneller fortbewegen zu können.

»Nenene. Mama! Pummel. Toll«, sagte mein Sohn und schüttelte seinen kleinen Kopf. Er nahm meine Hand: »Mama. Da! Pummel.« Ich hockte mich neben meinen Sohn und beobachtete ihn und die tänzelnde Hummel. Mein Herz wurde warm und ja, in dem Moment spürte ich ein tiefes, molliges Glück in mir. Ich war glücklich. Sehr, sehr glücklich, lachte, nahm meinen Sohn auf den Arm und wir eiferten der Hummel nach, drehten uns im Kreis. Mein Sohn streckte seine Arme gen Himmel, als wolle er fliegen …

GRUND NR. 37

Weil du dich in deinem Kind wiedererkennst

Die letzten Wochen vor dem errechneten Geburtstermin sind eine Geduldsprobe für die werdende Mutter. Du fieberst dem Moment entgegen, in dem du dein Kind endlich siehst. Du platzt förmlich vor Neugierde darauf, wie dein Kind aussieht.

Hat es deine Augen? Die Nase vom Vater oder doch deine? Welche Haarfarbe wird das Kleine haben? Hat es überhaupt einen Haarflaum oder kommt es mit kahlem Köpfchen zur Welt?

Mein Sohn hatte die hohe Denkerstirn – inklusive gekräuselter Denkerfalten – seines Vaters und ich war von dieser Ähnlichkeit verblüfft und zunächst ein wenig besorgt, weil die Männerstirn in der Regel erst nach dem dreißigsten Geburtstag ein wenig kahler wird …

Die Haare wuchsen und mein Sohn ist ein fairer Mix aus seinem Vater und mir. Es ist erstaunlich, wie ähnlich er seinem Vater und mir ist – ohne dabei irgendwie mutiert auszusehen.

Mein Sohn kann unglaublich klug gucken, was er von seinem Vater hat. Und wenn mein Sohn vor Freude auf einem Bein hüpft und sich im Kreis dreht und lacht, dann wird an seinem Kinn die Falte sichtbar, die auch ich habe.

Mein Sohn liebt es, sich Babyfotos von mir anzusehen, bei einigen glaubt er mir nicht, dass ich es bin, die da im Hochstuhl sitzt und an einem Keks lutscht. »Du siehst ja aus wie ich als Baby«, sagt er dann. Und es ist tatsächlich so. Wir sehen uns sehr ähnlich und wenn ich meinen Sohn beim Spielen beobachte, kommt es mir vor, als würde ich dort im Kinderzimmer sitzen. Wobei ich als Kind mehr damit beschäftigt war, meine Puppe Kina an- und wieder auszuziehen, und nicht damit, Raumschiffe und Kampfroboter aus Lego-Steinen zu bauen. Ich sehe mich dann selbst beim Spielen und kann gar nicht glauben, dass der Schuljunge mein Sohn ist. Stolz und ehrfürchtig stelle ich mir die berühmte Frage: »Wo ist bloß die Zeit geblieben?« Manchmal veräppele ich meinen Sohn, kneife ihm in die Wange und sage: »Gott, bist du groß geworden.«

»Lass das, Mama!«, sagt er dann – genau wie ich früher. Ich konnte es gar nicht leiden, wenn mir irgendwelche Tanten, die ich alle Jubeljahre zu Gesicht bekam, in die Wange kniffen und »Du bist aber groß geworden« kreischten.

GRUND NR. 38

Weil du Zeugin großer und kleiner Wunder wirst

Das erste Wunder ist die Geburt selbst und dass dein Kind kerngesund ist, es nicht Gelbfieber, sondern – wie viele andere Säuglinge auch – eine gesunde gelbe Hautfarbe hat, der Gelbsucht-Wert aber völlig unbedenklich ist.

Das zweite Wunder bist du! Du hattest den Mut, dich auf das Abenteuer des Mutterseins einzulassen.

Das dritte Wunder ist die Tatsache, dass an eurem Mäuschen alles dran und es zum Knuddeln süß ist.

Das vierte Wunder: Das Kleine kann über Nacht eine Kleidergröße wachsen. Passte abends noch der entzückende »I love Daddy«-Body (Größe 52) ist nach Sonnenaufgang »I love Mommy« (Größe 58) dran.

Wunder vier und fünf betreffen exklusiv dich und deinen Partner: Wer hätte gedacht, dass euch das Elternsein derart locker vom Händchen geht, dein Liebster bereitwillig die vollgeschissenen Windeln mit gelbem Curry wechselt, das Hascherl ganz allein baden kann, es anschließend trocken fönt, sodann den Haarflaum frisiert und pingelig genau auf den Bereich um die Fontanelle achtet? Natürlich liegen eure Nerven ob des Schlafentzugs auch mal blank und ihr, das Paar, das kaum miteinander stritt, kommt hin und wieder ins Streiten. Ein Wunder? Ja, denn ihr schaut euch trotzdem aus rot verquollenen kleinen Augen verliebt und innig an. Ihr seid Eltern. Wow!

Das sechste Wunder ist dein glückliches Händchen mit der wundervollsten, souveränsten, empathischsten, liebevollsten, immer erreichbaren Hebamme. Eigentlich hätte sie auch schon Wunder drei sein können, weil sie nichts verurteilt, dir damit Sicherheit in der anfänglich von Unsicherheiten gezeichneten Zeit gibt und niemals genervt ist. Auch nicht, wenn du (sehr verzweifelt, kurz vorm Heulen) sie um zwanzig nach vier aus den Träumen reißt, weil das Kleine seit vier Stunden am Stück schreit, der Nabelschnurstummel auf Halbacht hängt und du infolgedessen in Sorge um eine mögliche Blutvergiftung bist. Oder weil die Neugeborenenakne zwei Tage weg war und das Würmchen nun aussieht, als hätte es Masern und Röteln und Windpocken – und du erfährst, dass dein Süßes nun offensichtlich Babyakne hat.

Das siebte Wunder sind deine Wahnsinns-Brüste, die Milch produzieren, die deinem Baby offenbar köstlich schmeckt und es schön proper macht. (Probleme mit der Milchbildung? Probier es mal mit Milchbildungskugeln aus der *Hebammensprechstunde* von Ingeborg Stadelmann. Das Rezept findest du auch im Internet. Fünf bis sechs Kugeln pro Tag sollen bereits nach 24 Stunden die Milchbildung ankurbeln. Eine Wunderwaffe gegen Milchstau gibt es ebenfalls: ein Glas Rotwein. Wobei ich zu sehr vorsichtigem Konsum rate, da der Säugling natürlich mittrinkt.)

Das achte Wunder sind die Omas und Opas, die von außerhalb kommen und sich freiwillig im Hotel einquartieren, um dir nicht noch mehr Arbeit zu machen.

Das neunte Wunder sind mitdenkende Freunde, die zum Babybewundern vorbeischauen und über so viel Feingefühl verfügen, dass sie euch als Eltern eines Neugeborenen nicht mehr als zwei Stunden Unruhe in euren noch nicht ganz klar strukturierten Tagesablauf bringen und sich verabschieden, ohne dass ihr sie rausschmeißen müsst.

Das zehnte Wunder ist ein sehr großes: Dein Kind lächelt dich zum ersten Mal an! Und das kann bereits vier Wochen nach der Geburt sein.

Es werden weitere Wunder folgen. Sehr viele. Große und ganz kleine.

GRUND NR. 39

Weil du beim Stillen deinem Baby so nah bist

Für mich war klar: Ich werde mein Kind stillen! Dieses Vorhaben bereitete mir allerdings auch Unbehagen – genau wie die Angst vor der natürlichen Entbindung. Und so machten mir am Ende der

Schwangerschaft Angst I (Wie soll ich bloß die Geburtsschmerzen aushalten? Wäre ein geplanter Kaiserschnitt nicht doch die elegantere Lösung?) und Angst II (Was, wenn ich nicht stillen kann und ich damit mein Kind um die natürlichste und gesündeste Art, ernährt zu werden, bringe?) zu schaffen.

Kurz nach der Geburt half mir die Hebamme im Kreißsaal meinen Sohn erstmals anzulegen. Ein merkwürdiges Gefühl war das, als das winzige Mündlein meine Brustwarze einsog. Er nuckelte und machte sofort wieder schlapp. Ich sollte den Kleinen regelmäßig anlegen, damit die Muttermilchproduktion in die Gänge komme und die dickliche weiße Vormilch – in Fachkreisen »Kolostrum« genannt – ablösen würde. In der Regel geschieht das 24 bis 48 Stunden nach der Entbindung.

Zunächst empfand ich das Stillen als Tortur. Mein Baby biss mit seinen zahnlosen Kiefern in meine Brustwarze und mir kamen die ersten Tage die Tränen. Mit Nahsein hatte das wenig zu tun. Zum Glück beobachtete meine Wochenbetthebamme Uta mein fehlerhaftes Anlegen und riet zu einem Stillhütchen. Das erlöste mich von den Schmerzen und meinem Säugling erleichterte es das Saugen.

Nach etwa einer Woche lief es. Und wie es lief. Meine Brüste hatten riesige Ausmaße angenommen und der Vater meines Kindes witzelte darüber, dass manch eine Kuh neidisch auf meine Milchproduktion sein könne. Mir war nicht wirklich zum Lachen zumute, aber ich freute mich, weil ich auch Mütter kannte, die gern gestillt hätten, es aber leider nicht konnten und sehr darunter litten.

Wenn mein Baby schrie, holte ich die Brüste raus – zunächst ohne Rhythmus, nur nach Gutdünken meines hungrigen Babys. Ich legte das 52 Zentimeter kleine Mäuschen auf ein Stillkissen, achtete darauf, sein Bäuchlein an meinem zu spüren, weil ich gehört hatte, dass es so komfortabler für den Säugling sei.

Das Stillen war wundervoll und mir fehlen die Worte, um dieses Gefühl wirklich beschreiben zu können. Ich wünsche jeder Frau, die sich entscheidet, ihr Kind zu stillen, dass sie dieses Vorhaben umsetzen kann, weil es so intensiv und schmusig ist. Du hörst diese entzückenden Schmatzgeräusche, streichelst derweil das Köpfchen, die Händchen und bist ganz verzückt. Wenn dein Kleines satt ist, schaut es so zufrieden, so erschöpft.

Auch du wirst erschöpft sein, Stillen zehrt an dir. Umso wichtiger ist es, dass du dir gerade in den ersten Wochen immer wieder Auszeiten genehmigst. Lass den Haushalt Haushalt sein und lege dich auch mal aufs Ohr, wenn dein Mäuschen schläft. Achte auf deine Ernährung und verzichte auf Alkohol. Einige Mamis genehmigen sich in der Stillzeit mal ein Gläschen Prosecco; davon halte ich nicht so viel, weil das Kleine mittrinkt. Auf der anderen Seite raten viele Hebammen bei Milchstau zu einem Glas Rotwein … Du bist erwachsen genug, um diese Fragen für dich selbst beantworten zu können. Als stillende Mutter solltest du auf Zwiebeln, scharf gewürzte Speisen und Knoblauch verzichten. Dein Säugling wird es dir danken, weil du ihn so vor schmerzenden Blähungen bewahrst. Erdbeeren, Orangen und anderes Obst verursachen beim Baby häufig einen roten Windelpo. Trinke ausreichend, Malzbier unterstützt die Milchproduktion.

Einiges mochte ich nicht am Stillen: Jeden Morgen erwachte ich in einer monströsen Lache aus Muttermilch. Vor dem morgendlichen Stillen schmerzten die prallen Milchbrüste. Zur Beruhigung legte ich mir gekühlte Kohlblätter in den Still-BH, so, wie es meine Hebamme empfohlen hatte. Den Brüsten tat es gut, meinem Ego nicht – ich fühlte mich entsetzlich unattraktiv. Nach etwa sechs Wochen ließ die Faszination über das Wunder Muttermilch und das prächtige Gedeihen meines Mäuschens nach und ich fing erstmals an, über Flaschenmilch nachzudenken, und beschloss, auf keinen Fall sechs Monate voll durchzustillen. Alle drei bis vier Stunden musste ich die Brüste auspacken. Ich kam mir vor wie eine Milchkuh, wie eine Versorgungsstation für den Nachwuchs – und nicht wie eine Frau, was sicher auch an den vielen Schwangerschaftsrestpfunden lag …

Zudem machte mir meine Still-Demenz zu schaffen. Ich vergaß einfach zu viel und gewöhnte es mir an, auf Post-its all das zu notieren, was ich nicht vergessen durfte.

Als mein Sohn vier Monate alt war, erweiterten wir das Ernährungsangebot um einen leicht bekömmlichen Gute-Nacht-Brei ohne Zucker, den mir der Kleine aus seiner Wippe prompt ins Gesicht spuckte. Wir gaben nicht auf und hielten uns akribisch an die Tipps des Kinderarztes.

Wenn ich heute stillende Mütter sehe, beneide ich sie ein bisschen um das schöne Erlebnis. Genieß das Stillen, so lange du dich selbst dabei gut fühlst. Es gibt Still-Streberinnen. Das sind Mütter, die sich im Park von ihren einjährigen Kindern das T-Shirt hochziehen lassen, wenn diese Appetit bekommen. Jeder so, wie er mag – aber ich verbinde mit Stillen eher Säuglinge, also Babys …

GRUND NR. 40

Weil du erst »gefesselt« und dann »verführt« wirst

Vor einigen Jahren beobachtete ich am Elbstrand in Hamburg Wittenbergen eine Familie beim Piratenspielen. Mutter, Vater, ein etwa vier Jahre alter Junge und seine kleine Schwester bekriegten sich mit Säbeln und Holzschwertern. Die Mutter und ihre Tochter waren mit Goldketten und riesigen Kreolen behangen. Die Männer trugen Augenklappen, Schnurrbärte, zerrissene weiße Hemden und Pluderhosen, an deren Bünden die Plastikschwerter hingen. Solche, die es häufig beim Dosenwerfen und Entenangeln auf der Kirmes gibt.

Am Kopfende ihrer Picknickdecke hatten sie einen Stock, an dem eine St. Pauli-Fahne mit Piratenkopf im Wind flatterte, in den Sand gesteckt. Die Kinder johlten vergnügt, die Eltern hatten ebenfalls sichtlich ihren Spaß. Plötzlich rief der Kleine »Attacke« und rannte auf seine Mutter zu. Er nahm ein Springseil und rief mit tiefer gestellter Stimme: »So, Mama. Und jetzt wirst du gefesselt und dann verführ ich dich.« Die Mutter lachte, der Vater griente und sagte: »Du darfst die Mama gern fesseln. Aber verführen tu ich sie dann nachher ...«

»Nein. Das ist unfair«, schrie der Lütte. »Ich will sie auch verführen. Es war meine Idee, sie zu fesseln. Außerdem hat Mama meine Schatztruhe gestohlen und nicht deine. Sie ist meine Gefangene.«

»Das darf sie auch gern sein. Aber das Verführen ist Männersache«, entgegnete der Piraten-Papa.

»Ich bin auch ein Mann. Ich habe einen Bart und mehr Schwerter als du.« Der Piraten-Junge stellte sich demonstrativ aufrecht und mit ernstem Gesichtsausdruck vor seinen Vater.

»Na, meinetwegen ...« Der Kleine rannte freudestrahlend und höchst zufrieden auf seine Mutter zu, band ihre Hände am Rücken zusammen und bugsierte sie zu einem Baum. Dort wurde die Verführung vollendet und die Mutter rief kichernd: »Hilfe, so helft mir doch. Ich bin verführt worden ...«

Der große Piraten-Retter-Ritter focht mit dem kleinen Piraten-Mann, um so die Piraten-Frau vom Baumgefängnis zu befreien. Im Laufe des Nachmittags saßen die vier auf ihrer Decke, spielten »Ich kentere ein Piratenschiff und nehme hmhmhmhm mit« und Säbelweitwurf. Sie aßen mit den Händen und der Sohn trank wie Käpt'n-Sharky stets alles auf einen Zug aus, ließ dann ein »Hä!« verlauten und wischte sich vom Unterarm bis zum Handrücken über den Mund. Ich meine mich daran erinnern zu können, wie die vier Piraten darüber berieten, welchen der dicken vorbeifahrenden Pötte, die auf dem Weg in den Hamburger Hafen waren, sie kapern könnten. Verführt hat der Papa die Mama dann sicher im heimischen Hafen ...

GRUND NR. 41

Weil du Ausflüge in Spielzeuggeschäfte machen und dich an deine eigene Kindheit erinnern kannst

Über die Ankunft eines neuen Erdenbürgers im näheren Bekanntenkreis freue ich mich immer wieder riesig. Dann geht es nämlich ins Spielzeuggeschäft. Und zwar ohne meinen Sohn. Ich war es irgendwann leid, mich vor wildfremden Menschen als »voll blöde Fies-Mama« beschimpfen zu lassen, weil mein Junior sauer darüber war, dass ich dem Baby einer Freundin ein Willkommensgeschenk machen wollte und ihm nicht ebenfalls etwas kaufte. Natürlich bekam er häufig dennoch eine Kleinigkeit, was pädagogisch alles andere als richtig war. Aber ich bin auch nur eine normale Mutter und wenn ich nach einem stressigen Tag bei der Arbeit den Umweg übers Spielzeuggeschäft machte, hatte ich keine Muße, mit meinem Krawallmacher über Genügsamkeit zu diskutieren. Ganz abgesehen davon, dass ein fünf Jahre alter Junge in einem Spielzeuggeschäft nur Bahnhof verstünde, wenn ich ihm erläuterte, dass das Glück in den kleinen Dingen stecke und die Freude im Erwerb des Lego-Raumschiffs von *Star Wars* nur bis zur Fertigstellung des Aufbaus währen würde. In solchen Momenten hätte ich ihm gern erzählt, in welchen Verhältnissen sein Großvater mütterlicherseits nach dem Krieg aufgewachsen war und dass er sich sein Spielzeug aus Stöcken und ollen Blechdosen selbst bauen musste.

Ich gehe also allein und bin jedes Mal aufs Neue fasziniert von diesem Wahnsinns-Angebot. Wenn ich Schlumpfine sehe, fühle ich mich gleich selbst wie vier. Und Monchhichis gibt es ebenfalls wieder. Ich beneide die kleinen Kaufladen-Betreiberinnen heute um ihr umfangreiches Sortiment: Zu meiner Zeit gab es noch keine Frischfleischtheke mit Salamischeiben aus Stoff. Zumindest erinnere ich mich nicht an geschnittene Wurstwaren. Auch in der

Tinnef-Ecke mit den bunten Glitzerstiften, hübschen Metallic-Aufklebern, Anspitzern in Herzform und Erdbeer-Radiergummis springt mein Herz höher. Irgendwie bin ich dann wieder sieben Jahre alt und hadere mit mir selbst, ob ich mir nun ein Döschen, das muht, nachdem man es umgedreht hat, oder einen dieser magischen Aufsteckstifte mit den Mini-Buntstiften, die man unten rauszieht, um sie oben wieder reinzustecken, von meinem Taschengeld kaufen soll. Oder ob ich die zwei Mark besser in eine Naschtüte mit Muscheln zum Ausschleckern, grünen Fröschen und sauren Weingummigurken investieren sollte?

Ein Gedankenspaziergang, der spätestens durch »Darf ich Ihnen helfen?« seitens der Verkäuferin unterbrochen wird, weil ich wahrscheinlich mit offenem Mund und weit aufgerissenen Augen den ganzen Betrieb aufhalte. (Warum muss der Firlefanz auch immer im Kassenbereich stehen?) Aus meinen Fantastereien gerissen, konzentriere ich mich dann wieder auf mein Vorhaben, drehe mich um die eigene Achse und peile den Bereich mit den Produkten der Säuglingsbespaßung an.

Ich verschenke übrigens keine Holzspielsachen mehr, weil ich seinerzeit in anderen Umständen Unsummen für alles Mögliche aus naturbelassenem Holz – ökologisch wertvoll und mit völlig unbedenklichem Sonstwas-Öl oder -Lack gebeizt – ausgegeben habe und mein Sohn sich später lediglich mit der Holzeisenbahn und den Holzbauklötzen beschäftigt hat. Kurz vor seinem ersten Geburtstag entdeckte mein Sohn seine Leidenschaft für alles, was laut und aus Plastik ist. Viele Monate zog er eine gelbe Plastikente mit drei Knöpfen hinter sich her, die leider über keinen Lautstärkeregler verfügte, nach dem Drücken eines Knopfes *Alle meine Entchen* dudelte und dabei die Tasten zum Leuchten brachte. Oder er spielte mit seiner kleinen Plastikeisenbahn, die »duptiduptideldudidu« oder so ähnlich machte und die er gern während der Autofahrt mit in der Babyschale hatte, damit keine Langeweile aufkam.

Nein, ich verschenke keinen lauten Plastikkram – obwohl ich es mir damals fest vorgenommen habe, mich an all den kinderlosen Paaren für ihre geräuschvollen Plastiksachen zu rächen. Ich verschenke gern »Steiff«-Teddys für die Jungen und eine dieser entzückenden Puppen von HABA für die Mädchen, weil ich mir insgeheim erhoffe, damit einen Freund fürs Leben zu vermachen. So wie es seinerzeit ein Freund meines Exmannes mit dem Zauberbärchen meines Sohnes gemacht hat. Danke, Martin R.! Und dann gibt es noch ein Exemplar von *Bobo Siebenschläfer*, einem Buch, das mein Sohn einst ebenfalls geschenkt bekam und ihm sehr viel Freude bereitet hat.

GRUND NR. 42

Weil du Zeugin wirst, wie aus dem Kinderzimmer eine Experimentierwerkstatt wird

Als ich ein kleines Mädchen war, habe ich Marienkäfer gesammelt und in ein mit Blättern ausgelegtes Gurkenglas getan. Um ihrem Erstickungstod vorzubeugen, stach ich mit einem Dosenmilchöffner Löcher in den Deckel. Das Glas stand auf meinem Nachtschränkchen. Und wenn ich nicht einschlafen konnte, beobachtete ich die possierlichen Sechsbeiner. Nach zwei Tagen ließ ich die Tiere frei, weil sie sich vor lauter Traurigkeit kaum noch bewegten. Ich wusch das Glas aus und bereitete es auf neue Marienkäfergäste vor.

Mit Marienkäfern kann ich meinem Sohn nicht kommen.

»Mama, ich bin ein *Junge* und kein Määääädchen! Ich steh mehr so auf Triopse, Spinnen, Regenwürmer und Springmäuse.«

Damit war das Thema »Marienkäfersammeln« erledigt.

Ein paar Wochen später bestellte Junior bei mir Krepppapier in den Farben Grün, Blau, Braun, Gelb, Rot, Lila, Weiß und Schwarz.

Er wolle forschen und müsse seine Experimente vorbereiten. Als alles vorrätig war, wurde mir der Zutritt ins Kinderzimmer für einige Minuten verboten.

»Mama, darf ich dich in meine Experimentierwerkstatt einladen?«, fragte mich mein Sohn, dessen weißes Poloshirt nun bunt befleckt war, wenig später. Er hatte Mehl im Gesicht, in den Haaren klebte etwas, das wie Pudding aussah, und irgendwie roch er merkwürdig.

Ich freue mich über den Einfallsreichtum meines Sohnes. Aber manchmal frage ich mich, ob es ihn in seiner Entwicklung sehr behindern würde, wenn ich ihm Experimentierphasen ausreden könnte.

»Willkommen in meinem Labor!« Der Kleine strahlte und warf weißes Pulver über seinen Schreibtisch, auf dem etwa zwanzig Glasschälchen, Wasserflaschen sowie Marmeladen- und Gurkengläser mit buntem Wasser standen. Auf einer leeren Milchflasche mit durchsichtigem Wasser thronte ein Ei.

»Eigentlich müsste das alles dampfen, weil es bei einem echten Chemiker ja auch dampft und blubbert«, erklärte mein Sohn aufgeregt. »Du musst dir jetzt einfach mal vorstellen, dass das Mehl Dampf ist, Mama. Okay?«

»Und was machst du da mit dem Ei?«

»Das sollte demnächst in das Glas flutschen. Da ist nämlich Essig drin. Toll, oder? Ich liiiiiiiebe Experimente.«

Als ich meinte, er solle sein Labor nun aufräumen, protestierte mein Sohnemann: »Das Interessante an Experimenten ist, sie zu beobachten. Das muss hier stehen bleiben. Sagen wir mal für die nächsten 93 Jahre.«

KAPITEL FÜNF

Wie das Mutterglück unsere Kreativität anstachelt

GRUND NR. 43

Weil man sich an der Seite seiner Kinder so herrlich zum Affen machen kann

Sich zum Affen machen ist etwas anderes als sich zum Deppen machen.

Die Gegend um die Kastanienallee in Berlin-Prenzlauer Berg ist bei Touristen, Neu-Berlinern und hippen Eltern sehr beliebt. Beim Sonntagsspaziergang sahen wir in einer Nebenstraße ein paar Deppen, denen die eigene Coolness offenbar wichtiger war als die Sicherheit ihrer Kinder. An einen Bauzahn gelehnt, saß auf schicken und sicherlich teuren Krabbeldecken eine Gruppe Muttis. Ihre Kleinen – alle im Alter um die zwei, drei Jahre – buddelten hypnotisiert im Sand der abgesperrten Baustelle, der an einigen Stellen nass und an anderen mit einer Art Riesenrosine verziert war. Ich möchte mich nicht schon wieder über Hundekot auslassen. Viel schlimmer als die unhygienischen Zustände auf dieser Baustelle war aber die Tatsache, dass die Kinder neben echten Baggern mit scharfen Greifarmen spielten und sich leicht das Köpfchen hätten stoßen oder sich ihre Fingerchen böse hätten einklemmen können.

Die hippen Muttis genossen den Moment im Kreise anderer hipper Muttis und schienen sich ihre Freude nicht mit unschönen Gedanken an die Sicherheit ihrer gut gekleideten Muckelmäuschen trüben zu lassen. Außerdem strahlte die Sonne erstmals prächtig nach einem langen Winter und einem trüben Frühling. Und auf den normalen Spielplätzen spielen nun wirklich alle – wer will schon wie *alle* sein?! Unsere Individualität drücken wir durch demonstratives *Anders*sein aus.

Bitte schön, da bin ich absolut eine Freundin von, weil ich per se alles toll finde, was anders ist. Aber es geht hier nicht nur um uns, sondern primär um unsere Kinder. Und was ist so schlimm daran, sich auf einen ganz normalen Spielplatz zu begeben? Auch dort kann man herrlich anders sein. Ja, sich sogar zum Affen machen. Dann muss man sich allerdings von seiner Edel-Krabbeldecke erheben und mit den Kindern toben.

Auch das kann einige Überwindung kosten. Die meisten Mütter sitzen mit einem Buch und einer konkreten Vorstellung von der Zeit, die auf dem Spielplatz verbracht werden soll, unbeteiligt am Rand.

Ich aber sage: Hoch mit den Hintern! Ran an die Spielgeräte! Macht euch zum Affen, lacht mit euren Kindern, habt Spaß, spielt und vergesst alles um euch herum! Backt Sandkuchen und dekoriert ihn mit Steinchen, zerknülltem Bonbon-Papier (beim Nachhausegehen bitte ab damit in den Mülleimer) oder einem Taschentuch, das ein Sahnehäubchen ist! Backe-Backe-Kuchen kann nach einem stressigen Tag im Büro auch eine tolle Möglichkeit sein, um runterzukommen. Es entspannt! Und für dein Kind bist du die Heldin des Tages, weil du die schönsten Sandkuchen vom ganzen Spielplatz machst.

Ich mache mich gern zum Affen und noch lieber zum Vampir. Ich freue mich jedes Jahr mindestens genauso sehr auf Halloween wie mein Sohn. Vergangenes Jahr war er ein Skelett und hatte vor sich selbst Angst. Ich war ein Vampir mit blutbeschmiertem Mund und gruseligen Augen. Im Park wurden wir angesehen wie Bekloppte und mein Sohn meinte: »Mama, danke, dass du dich auch verkleidet hast. Die gucken alle so komisch.« Mir ist egal, was andere denken. Wir hatten unseren Spaß und als die Leute, bei denen wir um »Süßes oder Saures« baten, sahen, welche Mütter zu den Kindern gehörten – nämlich eine Hexe, ein Gespenst und ich, ein Vampir –, gab es noch eine Handvoll Bonbons obendrauf.

GRUND NR. 44

Weil du mit deinen Kindern auch noch mal Kind sein darfst

Bei vielen Erwachsenen kommt der Spaßfaktor im Alltag zu kurz. Routine, Sorgen, allgemeine Unzufriedenheit, Verpflichtungen, Verantwortung, Termindruck und seit der Sparfuchs die Firma regiert, ist das Klima in der Abteilung noch mal rauer geworden. Es gibt nicht viel zu lachen in der Welt langjähriger Angestellter. Geschmunzelt wird allemal über die Kollegin mit dem Faible für unvorteilhafte Kleidung und den Chef, der jeden Bezug zur Realität verloren hat. Oder beim Feierabenddrink mit Leidensgenossen. Aber auch dann lacht nicht das Herz, es ist der Zynismus, der sich mit der Verzweiflung zusammentut. Das Wochenende naht zwar, aber der Stress beginnt morgen von Neuem mit dem Bimmeln des Weckers. Und so wird es die kommenden zwanzig bis dreißig Jahre sein, wenn nicht der Lottojackpot geknackt wird oder ein anderes Wunder geschieht.

Als Mutter bist du in der privilegierten Lage, dich zumindest während der Elternzeit oder nach Feierabend von allen Zwängen und Enttäuschungen des Alltags frei machen zu können. Mit deinem Kind darfst du selbst auch wieder Kind sein und dich in sorgenfreier Spielerei verlieren.

Dir fallen keine Spiele ein? Das ist Kokolores. Auch du hast die Jahre nach der Kinderwagenzeit, bis du auf dem Stuhl im Hörsaal oder im Büro gelandet bist, spielerisch verbracht! Erinnere dich an all den Schabernack, den du als kleines Mädchen getrieben hast. Schlage deinem Kind vor, das zu tun, was du geliebt hast.

Hier ein paar Vorschläge zur Gedächtnisauffrischung: Seifenblasen machen, mit Murmeln spielen, einen Kaugummiriesenblasenwettbewerb veranstalten, eine Laterne basteln und dann damit laufen, Sandburgen bauen, Gurgellieder singen, Kastanienmännchen bauen, Ritterburgen schreinern, Herbstblätter sammeln, beschriften und in ein Album kleben, Gummitwisten, Schnick-Schnack-Schnuck spielen, angeln, Rollschuh laufen, Fahrrad fahren, schlittern, Trampolin springen, Tretboot fahren, im Wald auf Kaninchenjagd gehen, auf Bäume klettern, sich einen Hang hinabrollen, Nachtwanderungen mit Taschenlampen im Park oder auf dem Friedhof organisieren, Kinderbücher vorlesen, Drehbilder malen (ein Riesenspaß für dich und dein Kind: Ihr bemalt beide ein Blatt Papier, und wenn dein Kind »jetzt« ruft, tauscht ihr die Blätter und malt das Bild des anderen zu Ende), Papierflieger und -schiffchen basteln, zum Ponyhof fahren, Ostereier auspusten und bepinseln, »Ich sehe was, was du nicht siehst« oder »Ich packe meinen Koffer« spielen, Ahoi-Brause Waldmeistergeschmack mit Apfelsaftschorle mischen (Trinkhalm rein und losblubbern, bis das Glas überläuft), Fußball spielen, um den Baum tanzen, Kopfstand machen, sich zu Kinderliedern drehen (mit ausgestreckten Armen und dann auf den Rücken legen, das ist wie Karussellfahren) ...

Im Grunde ist es völlig egal, wie du dich vergnügst. Hauptsache ist, dass es dir Freude bereitet. Und dein Kind wird dich umso mehr lieben und dich als die fröhlichste Mutter von der ganzen Welt verehren.

GRUND NR. 45

Weil du – nicht nur als Mutter einer Tochter – auch wieder Prinzessin spielen darfst

Mütter von Stammhaltern kommen nicht umhin, sich in die Welt ihrer Jungs entführen zu lassen: Ritter, Dinos, Piraten, Wikinger, *Star Wars*-Krieger – sie alle gehören zum Abenteuer Buben-Mama dazu. Ob du nun willst oder nicht: Mit Prinzessinnen, rosafarbenen Tutus und Häkelliesen kannst du deinem Junior nicht kommen. Das Kinderzimmer deines Sohnes wird je nach Laune und Phase zur Ritterfestung oder einem Piraten-, Wikinger- oder Raumschiff – und wenn sich dein Sohn dann noch einen Freund in sein Reich eingeladen hat, kommen die Holz- oder Laserschwerter zum Einsatz. Während du in Sorge um die Kinderzimmermöbel bist, dich fragst, ob die Eltern des Freundes deines Sohnes haftpflichtversichert sind, und du wehmütig daran denkst, wie süß es wäre, deiner imaginären Tochter und ihren Prinzessinnenfreundinnen als Zofe behilflich zu sein, liegt dein Sohn schon mit der Holzklinge am Hals am Boden und sein Kumpel schreit: »Gibst du dich nun geschlagen, Ritter Gustav?« Es ist ein hartes Los, Mama eines Sohnes zu sein. In der Pubertät werden wir für das, was wir mit unseren Temperamentbolzen erleben, entschädigt: Töchter sollen wesentlich anstrengender als Söhne sein! Aber damit sollten wir uns erst auseinandersetzen, wenn unsere Mäuse meinen, den Abnabelungsprozess in die Wege leiten zu müssen …

Als mein Sohn abends anfing, selbst seine Vorlesebücher auszusuchen, musste ich mich schweren Herzens damit abfinden, Grimms Märchenbuch gegen Drachen- und Rittergeschichten und Bücher mit Informationen über Dinosaurier, denen irgendwelche Dinoforscher Zungenbrechernamen wie Euoplocephalus, Quetzalcoatlus, Tuojiangosaurus oder Pteranodon verpasst haben, einzutauschen. Vier Monate dauerte es, bis ich meinem Sohn Christopher Paolinis Fantasy-Wälzer Eragon – Das Vermächtnis der Drachenreiter vorgelesen hatte. 734 Seiten waren das!

Was tut man nicht alles als Mutter eines Sohnes …

Umso mehr freue ich mich, wenn mich die Freundin einer Tochter besucht und mit ihrer Handtasche und ihrem rosafarbenen Köfferchen auf der Fußmatte steht. Sie ist ein typisches

Mädchen, wenn es das denn gibt … Mehrmals am Tag wechselt sie ihrer Puppe Püppi und sich selbst die Kleider und Haarspängchen. Mit drei Jahren stand sie in meiner Küche, sagte »so«, suchte sich einen Putzlappen und begann, an meinen Fliesen herumzuwischen. Mit zusammengepressten Lippen sammelte sie Krümel auf, die für meine Augen nicht sichtbar waren.

»Das auch noch wegmachen«, flötete sie immer wieder. Als sie zufrieden war, verließ sie die Küche und öffnete ihren Kinderkoffer. Glitzernde Haarspangen, Ketten mit Blumen und bunten Glasperlen, Kinderlippenstift, Stofftiere, eine Puppe, eine Krone und ein mit güldener Spitze verziertes Prinzessinnenkleid. »Spielst du mit mir Prinzessin?«, fragte sie. Natürlich, mein Schätzchen! Ich wäre vor Verzücken fast ohnmächtig geworden. Nach fünf Jahren als grölender Dino, um ihr rosafarbenes Schwert kämpfendes Burgfräulein, Piratenbraut und Vampir konnte ich endlich mal eine Prinzessin sein. Da ich kein eigenes Krönchen hatte, bastelte mir Merle eines aus einer leeren Toilettenrolle und Alufolie. Anschließend zog sie ihr Kleid an und schminkte sich. »Prinzessinnen sind imma hübsch, nich!« Danach war ich an der Reihe. Gemeinsam suchten wir in meinem Schrank nach einem Kleid, das einer Prinzessin würdig war. Und dann wurde ich gestylt.

»Du bist gleich auch schön. Ich bin eine gute Schmink-Zofe«, sagte sie, während sie mit ihrer bunten Kinderschminke mein Gesicht bemalte. Bis meine Zofe mit dem Ergebnis zufrieden war, musste ich die Augen schließen. »So bist du hübsch« sagte sie. Rote Kreise auf den Wangen, rote Augenlider und auf meiner Stirn funkelten drei pinke Glitzersternchen – im Zirkus hätte ich als Tochter eines Clowns und einer Prinzessin für Furore sorgen können. Als sie mit dem Ergebnis zufrieden war, nahm das Prinzesschen meine Hand, ging mit mir an ihr Köfferchen und zauberte einen Märchenschatz hervor. »Vorlesen«, grinste sie und ich fühlte mich wie im Paradies, als ich ihr die Geschichte von der Prinzessin auf der Erbse vorlesen durfte.

GRUND NR. 46

Weil du auf die ulkigsten Ideen kommst, um deinem Kind den Schnuller abzugewöhnen

Schnuller gehörten nicht zu meiner Babygrundausstattung. Ich wollte meinen Säugling ohne Beruhigungssauger großziehen. Während der Schwangerschaft musterte ich Mütter, die ihre am Schnuller saugenden Kleinkinder in der Karre durchs Leben schoben mit strafenden Blicken. Schwangere, die im Babygeschäft vor den Regalen mit den Schnullern standen und sich zwischen Silikon- und Latex-Nuckeln entschieden, hielt ich für Rabenmütter, die sich vor der Aufgabe drücken wollten, ihr Kind ohne Hilfsmittel zu trösten oder in den Schlaf zu wiegen. Ich war felsenfest davon überzeugt, dass Schnuller-Kindern eine künftige Sucht mit in die Wiege gelegt wird. Außerdem hatte ich von negativer Beeinflussung der Sprachentwicklung, Pickeln um den Mund herum und einer Verformung des Kiefers gehört. Da ich meine Pubertät selbst pickelig und mit fester Zahnspange verbracht hatte, wollte ich meinen Kindern dieses schlimme Schicksal ersparen. Obendrein hielt ich Schnuller für ein überflüssiges Accessoire der westlichen Industriestaaten, um überforderten Neu-Müttern so künstlich Momente der Ruhe zu verschaffen. Ich betrachtete sie als Not-Stöpsel, um plärrende Kinder »abzustellen«, sie zum Schlafen zu bringen oder um ein Kind, das sich verletzt hat, bequem mit dem »Nulli« zu trösten, statt es in den Arm zu nehmen.

Zwei Wochen nach der Geburt hatte auch ich Stöpsel. Als mein Sohn erstmals genüsslich an seinem Beruhigungssauger sog, schien er »endlich hast du begriffen, was ich brauche« zu schmatzen und wirkte wie das seligste Baby der Welt. Babys haben nun einmal ein natürliches Saugbedürfnis und der Schnuller befriedigt dies optimal.

Zwei Jahre später nannte Junior seine Beruhigungssauger liebevoll »Lala« und stand nachts häufig verzweifelt weinend aufrecht in seinem Gitterbettchen und brüllte aus vollem Halse: »Laaalaaa weg!«

Um den dritten Geburtstag herum hatte ich es geschafft, meinem Sohn den Schnuller abzugewöhnen. Einige Erziehungsexperten sind der Meinung, Kinder könnten bereits mit sechs Monaten ohne ihren Schnuller leben. Mein Sohn konnte es nicht – allerdings habe ich es auch nicht wirklich versucht ... Zum Mittagsschlaf und zum abendlichen Zubettgehen gehörte der Schnuller einfach dazu. Und manchmal versüßte sich mein Kleiner auch die langweilige Autofahrt mit versonnenem Saugen.

Wie wir den Schnuller losgeworden sind? Ich habe meinem Sohn immer wieder erklärt, dass der Tag kommen werde, an dem er sich von seinem »Lala« verabschieden müsse, weil er kein Baby mehr sei. Zu Ausflügen habe ich bewusst den Schnuller vergessen und Tränen in Kauf genommen. Ich habe mich selbst nicht unter Druck gesetzt, aber an meinem Vorhaben, den Schnuller abzugewöhnen, festgehalten und meinem Sohn dies auch immer wieder gesagt. Außerdem köderte ich ihn mit einer Belohnung: freie Auswahl im Lieblingsspielzeuggeschäft. Nach etwa fünf Wochen überreichte mir mein Sohn entschlossen seinen Schnuller und sagte: »Den brauch' ich nicht mehr. Können wir jetzt zu Toys'R'Us?«

Es gibt Mütter, die sich die ulkigsten Sachen einfallen lassen, um ihrem Mäuschen den lästigen Beruhigungssauger abzugewöhnen. In Senf tunken ist beliebt oder einfach verschwinden lassen und behaupten, die Schnullerfee wäre gekommen und hätte die Sauger für kleine Babys abgeholt. Du solltest den Schnuller in ruhigen Lebenssituationen abgewöhnen und nicht, wenn dein Mäuschen gerade den Kindergarten gewechselt hat oder du mit einem Geschwisterchen schwanger bist. Du könntest auch ein Schnuller-Abschiedsfest veranstalten, an dem dir dein Goldspatz feierlich und vor allem freiwillig seine Sauger übergibt und du diese ins Nucki-Nirwana verschwinden lässt. Und zwar so, dass dein neu entwöhntes Kind nicht an den Mülleimer in der Küche gehen kann, um sich dort dann die verbannten Teile aus dem Abfall zu fischen. Ist die Schnullerzeit beendet, gibt es kein Zurück! Nicht vergessen: Lobe dein großes Mäuschen, weil es nun kein kleines Schnullerkind mehr ist.

PS: Laut wissenschaftlicher Studien soll der Beruhigungssauger übrigens dem plötzlichen Kindstod vorbeugen.

GRUND NR. 47

Weil es so viel Spaß macht, sich einen schönen Namen für sein Baby auszudenken

Herzlichen Glückwunsch, Sie sind schwanger«, in dem Moment, wo dir deine Frauenärztin das bestätigt, was du dir so lange gewünscht hattest, geht es los: die Suche nach dem ganz besonders schönen Namen für das wundervollste Kind der Welt – dein Kind!

Bei der Wahl eines Vornamens kann man gar nicht vorsichtig genug sein: Er sollte außergewöhnlich sein und gut klingen. Es sollte sich um einen Namen handeln, der dein Kind beim ersten Schreibenüben im Kindergarten nicht an seine Grenzen stoßen lässt, weil er zu viele Buchstaben enthält und damit zu lang ist. Und natürlich sollte er zum Nachnamen passen – und zu dir und deinem Mann.

Kleider machen Leute – und Namen eben auch: Sie geben Aufschluss über die Herkunft deines Kindes und leider bedienen sie auch Vorurteile. 2010 erforschte die Universität Oldenburg den Zusammenhang zwischen Vornamen und Schulnoten. Das Ergebnis: Mandy, Celina, Kevin oder Jaqueline bekamen von den Lehrern schlechtere Noten als Klassenkameraden mit Namen wie Alexander, Emma oder Charlotte. Kinder mit dem falschen Vornamen haben es in der Schule demnach einfach schwerer ...

Du kannst die Wahl eines Vornamens auch nutzen, um einem Menschen zu huldigen, der dir lieb und teuer ist und der einen ganz besonderen Platz in deinem Herzen innehat. Eine gütige Großmutter, eine Tante, ein Idol. Vielleicht ist es in eurer Familie üblich, dem Erstgeborenen den zweiten Vornamen zu vererben, mit dem sich schon viele Erstgeborene zuvor schmücken durften: Heinrich, Bernd, Siegfried, Donatus, Heinz, Horst – eine Herausforderung an den Einfallsreichtum, denn schließlich muss man dann noch einen wohlklingenden und passenden Erstnamen dazu finden … oder man entscheidet, dass es an der Zeit ist, mit dieser Tradition zu brechen und neue Zeichen zu setzen.

Wie dem auch sei – kurz nachdem deine Schwangerschaft bestätigt wurde, wirst du dich mit deinem Liebsten viele Abende mit der Suche nach einem fantastischen, klangvollen Vornamen beschäftigen. Ob im Internet auf Seiten wie beliebte-vornamen.de und vornamen.com oder mit Büchern. Es macht riesigen Spaß, über Namen zu sinnieren. Natürlich kann es auch zu Streit kommen, weil ihr unterschiedliche Geschmäcker habt. Ratsam ist es, eine Liste mit euren Ideen zu haben, um dann zum Ende der Schwangerschaft gemeinsam eine Entscheidung für den perfekten Namen zu treffen.

Individualität ist toll und wenn du dir die Promi-Kinder ansiehst (Apple Blythe Alison – Gwyneth Paltrows Tochter; Fifi Trixibelle, Pixi Frou-Frou, Peaches Honeyblossom und Heavenly Hiraani Tiger Lily – Bob Geldofs Töchter; Kingston James Rossdale und Zuma Nesta Rock – Gwen Stefanis Söhne), liebäugelst du eventuell auch mit einem besonders ausgefallenen Namen, den es so noch nie gegeben hat – zumindest in deinem näheren Bekanntenkreis: Sushi Pearl – weil du Sushi und Perlen liebst. Oder: Billy Silvester, weil es zum Jahreswechsel geschah …

Viele Eltern sind von ihren ungewöhnlichen Vornamensschöpfungen überzeugt und bekommen dann leider Probleme bei der Registrierung im Standesamt. In Deutschland haben Eltern bei der Namensfindung freie Wahl – es gibt kein Namensgesetz, aber es gibt die »Dienstanweisungen für Standesbeamten und ihre Aufsichtsbehörden«. Und an denen orientieren sich die Beamten. Daher kommt es immer wieder zu gerichtlichen Klagen von Eltern, die ihre brillanten Vornamensschöpfungen durchsetzen wollen. Grundsätzlich gilt: Namen sollten das Geschlecht des Kindes deutlich machen – wenn der erste neutral ist, muss der zweite für Klarheit sorgen. Adelstitel wie »Prinzessin«, Markenbezeichnungen, Hinweise auf Fußballvereine oder Ortsnamen sind hierzulande nicht erlaubt. Die Namen dürfen nicht lächerlich und anstößig sein. Die Anzahl der Vornamen liegt in der Hand des bearbeitenden Beamten, weil es hierfür auch keine klare Regelung gibt. In jedem Fall solltest du dich vor der Geburt bei deinem Standesamt informieren.

Als ich den Mutterfreuden entgegensah und nicht wusste, ob es ein Junge oder ein Mädchen wird, waren für mich folgende Aspekte bei der Namenssuche relevant: Es musste ein Name sein, mit dem ich nichts verband. Es sollte kein Name sein, von dem sich später auf dem Spielplatz zwanzig Kinder angesprochen fühlen, auch keiner, der für ein Kleinkind süß klingen mag, aber das Leben als Erwachsener erschwert: Fiene, Fanny, Zooey, Pelle, Lasse, Nepomuk – Männer und Frauen mit derartigen Vornamen kann man beim Vorstellen irgendwie gar nicht richtig ernst nehmen. »Guten Tag, mein Name ist Nepomuk Timmy Carl Schmitt« – da möchte man doch »Sie armer Kerl« sagen …

GRUND NR. 48

Weil du Dinge tust, für die andere in der Klapsmühle landen

Hier sind ein paar außergewöhnliche Tipps für das »verrückte« Leben mit fabelhaften Kindern:

»Iss-mich«-Äpfel
Dein Kind verschmäht saftige Baumfrüchtchen? Halte den Apfel an dein Ohr, tu so, als würde er dir etwas mitteilen. Dann sagst du verschwörerisch: »Mäuschen, der Apfel wünscht dir einen ganz schönen Tag und würde sich wahnsinnig freuen, von dir verspeist zu werden.«

»Bitte räum mich auf«
Sprechendes Spielzeug bringt Ordnung ins Kinderzimmer-Chaos. Das könnte in etwa so klingen: »Emilie, ich möchte zurück zu meinen Elfen ...« (Wunsch des Einhorns) Oder: »Merle, wenn ich weiter auf dem Fußboden herumliege, bekomme ich Rückenschmerzen. Bitte leg mich in den Kinderwagen.« (Wunsch der Puppe) Oder: »Theodor, in meiner Playmobil-Kiste fühle ich mich nicht so allein.« (Wunsch des Playmo-Ritters).

Das ist dir zu bekloppt? Wir leben ja in einem Land, in dem du denken kannst, was du willst, aber dieser Trick funktioniert nachweislich in vielen Kinderzimmern.

Agentenjagd auf der Autobahn
Verreisen kann mit Kind im Auto zu einer Tortur werden. Du könntest dein Kind außer Gefecht setzen, indem du es mit einem iPod inklusive 500-Kilometer-Hörspielbeduselung ausstattest. Oder du könntest einen dieser praktischen Sitz-Bildschirme kaufen, um dein Kind mit DVDs zu berieseln. Pädagogisch betrachtet ist diese Methode jedoch recht fragwürdig. Besser: Spielt Agentenjagd. Vom Kindersitz auf der Rückbank übernimmt dein Agent die Kontrolle des Fahrzeugs, ballert Sonntagsfahrer, ungeübte Fahrer beiden Geschlechts und ältere Autobahnschleicher, die kaum noch übers Lenkrad gucken können, auf der rechten Spur ab und befiehlt dir (beziehungsweise deinem Mann), wann du überholen und für mehr Speed sorgen sollst. Richtige Agenten haben natürlich ein Armaturenbrett mit Plastikschaltknüppel und Knöpfen,

das am Rücksitz des Beifahrers angebracht ist. Rumgeballert wird mit einer leeren Wasserpistole in Kinderrucksackformat. Eine gefüllte Pistole empfiehlt sich nur, wenn euer Elternmobil auch Indoor-Scheibenwischer hat.

Ihr könnt die Zeit natürlich auch ganz traditionell mit »Ich sehe was, was du nicht siehst« oder »Ich packe meinen Koffer«, Kinderliedern, dem Abfragen von Gedichten, dem Einmaleins oder kniffligen Rätselfragen überbrücken.

Vampire suchen auf dem örtlichen Friedhof

Mit Knoblauchkette, einem riesigen Kreuz um den Hals und einer Stabtaschenlampe ausstaffiert, schleichst du mit deinem Vampir über den Friedhof. So richtig gruselig ist das bei Vollmond, Nebel und Nieselregen. Viele Friedhöfe werden nachts vom strengen Friedhofswärter verriegelt. Aber klettert nicht über den Zaun! Das wäre zu viel des Guten. Außerdem könnte man euch dann wegen Friedhofsfriedensbruch belangen.

Wasserbomben vom Balkon schmeißen

Ein Heidenspaß bei unerträglicher Hitze. Problem: Das geht verständlicherweise nur, wenn du über ein Eigenheim und einen entsprechenden Garten verfügst, in dem du tun und lassen kannst, was du möchtest. Auch im öffentlichen Park kannst du zur Wasserbombenschlacht ein paar Freunde zusammentrommeln. Unter dem »Fahrräder verboten!«-Schild habe ich bisher nix von einem Wasserbombenverbot gelesen. Dass unbeteiligte Dritte nicht unaufgefordert in euer feucht-fröhliches Treiben mit einbezogen werden dürfen, versteht sich von selbst.

Tanz um die Weide

Als kleiner Junge fand mein Sohn es herrlich, um eine Weide zu hüpfen. Er streckte seine Handflächen den hängenden Ästen entgegen und ließ sich »kitzeln«. »Dieser Baum macht wirklich gute

Laune«, resümierte er seinerzeit. Oder er rief: »Komm Mama, wir tanken jetzt Energie von der Weide«, woraufhin er seine Arme um den majestätischen Baumstamm schlang. Mir war das anfangs alles nicht geheuer. Aber da ich im Sommer 2008 noch neu in der Hauptstadt war und sich meine Sozialkontakte auf die Kollegen und den Postboten beschränkten, tat ich, wie mir geheißen, und tanzte wahnsinnig berauscht um den Baum herum. Kinder lieben die Natur und bringen diese Liebe gern mit Ritualen zum Ausdruck.

Weihnachtsmann suchen

Eine sehr gute Sache, um Heiligabend ein wenig Zeit herauszuschinden. Schick Schatzi mit den hippeligen Kleinen vor die Tür. Ihre Aufgabe: Den Weihnachtsmann finden oder Spuren des Herrn mit dem prallen Jutesack entdecken. Während deine Liebsten emsig durch die Siedlung ziehen und den Boden nach Indizien absuchen, kannst du in Ruhe den Weihnachtsbaum schmücken und dich um das Festtagsessen und/oder die senile Verwandtschaft kümmern. Wenn es deine Weihnachtshäschen sehr ernst nehmen mit ihrer Aufgabe, bleibt dir sogar noch Zeit, um dich in Schale zu werfen, den Mistelzweig zu drapieren, auf dem verschneiten Balkon mit den Riesentretern deines Mannes ein paar Fußabtritte zu hinterlassen und, besonders wichtig, die Geschenke unter den Baum zu legen. Mit den Worten »Ach, wie schade, ihr habt den Weihnachtsmann um eine Minute verpasst« kannst du dann deiner aufgeregten Familie die Tür öffnen. Erweiterungsvorschlag: Engagiert einen Leih-Weihnachtsmann, verpflichtet Onkel Henner, der euch eh noch was schuldig ist, das Spielchen mitzuspielen.

Viele solcher leicht verrückten »Spielchen« können natürlich, obwohl sie sehr amüsant und effektiv sind, auch nach hinten losgehen. Jemand könnte sich veranlasst fühlen, das Jugendamt oder die Polizei einzuschalten. Also Vorsicht!

Eines Tages kam ich auf die glorreiche Idee, das Spiel »Kennen wir uns?« zu erfinden. Und das geht so: Mein Sohn und ich tun so, als litte ich unter Gedächtnisschwund und hätte vergessen, dass ich ein Kind habe. Wir machen uns noch immer einen Jux daraus. Meist spielen wir dieses Spiel nach der Schule, wenn mein Sohn an der Tür klingelt und ich das Fensterchen öffne, um zu sehen, wer auf der Matte steht. Ich: »Kennen wir uns?« Er (grinsend): »Ich bin doch dein Sohn!« Ich: »Ach ja, das hätte ich fast vergessen.«

Eine andere Variante war: »Ich habe dich im Krankenhaus geklaut, weil du so süß warst.« Für diese Geschichte könnte ich mir heute selbst noch in den Hintern treten. Nachdem ich meinen Sohn einmal aus dem Kindergarten abgeholt hatte, stand dieser nämlich mit mir am U-Bahnhof in der Nähe des Checkpoint Charlie und sah mich mit funkelnden Augen an. Er war kiebig und ich wegen der U-Bahnverspätung genervt. Dann rief er laut: »Ich will endlich zu meiner richtigen Mama.«

»Pssst«, zischte ich und spürte bereits die musternden Blicke in meinem Rücken.

»Du hast doch gesagt, dass du mich im Krankenhaus geklaut hast. Ich will endlich zu meiner richtigen Mama.«

»Hör auf«, flehte ich. »Das war ein Spiel und wenn du weiter so rumkrakeelst, habe ich ein Problem, weil die Leute hier am Ende tatsächlich glauben, ich hätte dich geklaut.«

»Hast du doch auch«, stichelte mein Junior. Mir sackte das Herz in die Hose und ich sah mich schon, wie ich in Handschellen aus dem U-Bahnhof geführt wurde.

»Mann ey, das war doch nur ein Scherz!« Ja, zum Totlachen.

GRUND NR. 49

Weil du dir die verrücktesten Geschichten ausdenken kannst und dich deine Kinder für deine Fantasie bewundern

Zu unserem Abendritual gehört das Vorlesen. Vor vier Jahren wollte mein Sohn nichts mehr vom frechen Michel, seiner Suppenschüssel und den vielen Holzmännchen hören. Auch nicht von Wickie (das ist dieser pfiffige kleine Wikinger mit dem dick-doofen Vater Halvar), Jim Knopf und seinem Kumpel Lukas, Käpt'n Sharky oder Peter Pan.

»Erzähl *du* mir eine Geschichte. Eine Geschichte aus deinem Kopf«, bat er mich.

Darauf war ich nicht vorbereitet. Ich war müde, wollte selbst früh schlafen gehen. Meine Fantasie hatte längst Feierabend und ich bot eine weitere Alternative, die bisher immer funktioniert hatte, wenn mir abends die Augen zufielen: »Wie wäre es mit einer *Lars, der kleine Eisbär*-CD zum Einschlummern?«

»Nein, bitte, denk *du* dir etwas aus.«

Widerspruch war bei dem erwartungsvollen Dackelblick meines Sohnes schlicht unmöglich. Das ermutigte mich. Ich hatte mich vor dieser Herausforderung drücken wollen, da ich insgeheim Angst hatte, ihn mit dem, was ich mir aus dem Hirn zu saugen vermochte, zu enttäuschen.

Ich öffnete meinen Mund und es sprudelte aus mir heraus. Ich erzählte von einer Karottenfamilie mit acht Karottenkindern, die mit den beiden Hunden Socke und Herr Müller, einem Papageienpärchen (Paul und Paula) und den Meerschweinchen Merli und Perli in einem roten windschiefen Haus mit weißen Punkten wohnt. An einigen Abenden lag ich neben meinem Sohn im Bett und berichtete von Nachmittagen im Unterwasserzirkus Blubber-Gluck, Besuchen im Zoo, Picknicken am Strand, einem Ausflug ins Gruselkabinett Blutauge & Abbesohr und Übernachtungswochenenden bei den SpongeBobs.

SpongeBob ist ein entfernter Vetter der Karottenkinder. Karla, Kurt, Knut, Karl, Katja, Klara, Kira und Konstanze spielen mit SpongeBob immer acht gegen einen fangen. Was natürlich unfair ist, aber zum eigentlichen Ziel der frechen Karöttchen führt: Hüpfen auf Vetter Spongie. Freiwillig legt der sich nämlich nicht flach auf den Rücken, um für Karla & Co. das Kitzel-Trampolin zu machen. Haben die acht ihren gelben unsportlichen Vetter also gefangen, wird er zu Boden geworfen und dann von 16 Karottenfüßen malträtiert, die sich krumm kichern, weil ihr Vetter so eine raue Kitzelhaut hat.

Mein Sohn liebt die Karottenfamilie und die Karottenkinder, weil die immer so viel Schabernack treiben: Kurt verpasste der Yuccapalme, die im Korridor steht und eine Edelzüchtung ist, mit der Nagelschere eine neue Frisur. Karla spielt gern Modenschau mit den feinen Kleidern von Mama Karotte, was ich gern ausschmücke, meinen Sohn allerdings weniger anspricht. »Es interessiert mich mehr, was Knut und Karl so machen, weil das ja auch Jungs sind.«

Als Mutter, die Geschichten erzählt, solltest du stets flexibel sein. Kurt und Karl haben also, während Karla auf Hannah Montana macht, das Wohnzimmer unter Wasser gesetzt, weil sie ihre Freunde zum Eishockeyspielen eingeladen haben; Nagelscheren-Kurt frisiert nicht länger Muttis Pflanzen, sondern die Barbiepuppen seiner Schwestern.

Die Geschichte um die Karottenfamilie ist eine unendliche. Manchmal schicke ich die Möhren in die Ferien und erzähle von der Möwe Manni. Möwe Manni hat ein Bein und drei Flügel und wird wegen seiner Besonderheit im Möwenschwarm böse gemobbt. Dafür kann er Zickzack-Loopings, worum ihn die anderen Möwen beneiden, was diese natürlich niemals zugeben würden. Möwe Manni wünscht sich manchmal, so zu sein wie die anderen. Und dann fragt mein Sohn: »Könnte er dann auch diese Spezial-Effekte in der Luft machen?« Das könnte er dann nicht, weil er so wäre wie alle. »Nee, Mama. Dann sag Manni mal, dass es so gut ist, wie er ist.«

Mich hat das Erzählen der erdachten Geschichten anfänglich einiges an Überwindung gekostet. Aber die Freude in den Augen meines Sohnes über Neuigkeiten aus dem Tulpenweg 6 (dort wohnen die Karotten) und aus der kleinen Bucht an der Bremer Förde (dort lebt Möwe Manni) ist immer wieder eine Quelle der Inspiration.

Was ich versäumt habe und jeder Mutter empfehle: Kauft euch ein hübsches Notizbuch, um die fabelhaften Geschichten eurer Kinder niederzuschreiben. Kinder lieben Anekdoten aus ihrem eigenen Leben und können gar nicht oft genug hören, wie schnuckelig sie aussahen, als sie das und das dann und dann taten. Es geht nicht um akribisches Festhalten des ersten Pupses, nur um die Highlights ...

GRUND NR. 50

Weil du den Freunden deiner Kinder zum Geburtstag Quatschkrams schenken kannst

Der Geburtstag ist der aufregendste Tag im Leben deines Kindes. Wer über das nötige Kleingeld verfügt, engagiere zu diesem Anlass eine Kindergeburtstagspartyorganisatorin und überlasse die Überraschungen dem Einfallsreichtum der Expertin. Wer weder Zeit noch Lust hat, seinem Mäuschen einen sensationellen Ehrentag zu bescheren, zitiere die kleinen Gäste in die Kinderecke gewisser Fastfood-Restaurants oder Kinderbespiel-Welten des nächstgelegenen Shoppingcenters und überlasse das Bespaßen dem Personal.

Vielleicht bist du aber auch eine Mutter, die es sich nicht nehmen lässt, deinem Geburtstagskind selbst einen grandiosen Tag zu bereiten. Gemeinsam mit deinem Knutschäffchen planst du schon Wochen im Voraus den Tag der Tage. Ihr einigt euch auf die Anzahl der Gäste. Eine bewährte Regel ist: pro Lebensjahr ein Kind! Anschließend gestaltet ihr die Einladungskarten oder geht gemeinsam in ein Schreibwarengeschäft, um vorgefertigte Karten zu kaufen.

Wir leben in einer Zeit, in der einige Eltern ihrem Nachwuchs keine Manieren mehr beibringen. Viele Kinder nehmen vieles als selbstverständlich hin und so bedanken sie sich selten oder gar nicht und wirken schon im Grundschulalter egoistisch. Kürzlich beobachtete ich ein paar etwa acht Jahre alte Mädchen auf der Straße. Ihnen kam auf der linken Seite ein älterer Herr mit Gehwagen entgegengeschlurft. Erst als die Lehrerin die Mädchen ermahnte, Platz zu machen, machten sie den Weg frei. »Wieso müssen wir immer ausweichen? Der Alte hätte es doch auch machen können!«, nölte eines der Mädchen. Ich habe seinerzeit gelernt, rechts auf dem Bürgersteig zu gehen, weil die Entgegenkommenden die linke Seite benutzen. Davon hatten diese Gören offenbar noch nie etwas gehört ...

Mir wurde auch schon als Kind beigebracht, mich für Einladungen zu bedanken oder abzusagen. Diese Selbstverständlichkeit ist heutzutage offenbar nicht mehr ganz so selbstverständlich. Und so kann es schon sein, dass dein Kind seine Freunde einlädt – und die Anzahl der Party-Gäste ungewiss bleibt, weil kaum ein Kind der Bitte auf der Einladungskarte nachkommt, sich telefonisch zu melden, um die Einladung anzunehmen.

Du grämst dich nicht, nimmst den Verlust der Verbindlichkeit und des respektvollen Miteinanders als gegeben hin und greifst selbst zum Telefonhörer. Immerhin gilt es, einiges vorzubereiten, und bei dir steht ein Besuch in der Firlefanz-Ecke des Spielzeuggeschäftes an, weil du ein paar Preise fürs Sackhüpfen, Topfschlagen und den Stopptanz einkaufen musst. Außerdem planst du eine Schnitzeljagd in der Abenddämmerung, die du mit anschließendem Nachhausebringen der Gäste deines Mäuschens verbindest.

Mit deinem Anruf bei den Eltern der eingeladen Kinder kannst du – ganz beiläufig – auch noch einen Geschenkewunsch äußern. So vermeidest du lästige Doppler und unnötige Tränen am Ehrentag deines Kindes. Als gut organisierte Mutter hast du dir eine Liste mit Geschenkideen um die acht bis zehn Euro gemacht. Mime nicht die bescheidene Gastgeberin, die sagt: »Ach, schenken Sie einfach eine Kleinigkeit. Hauptsache Ihr Kind kommt zur Feier.« Das führt nur zu Kleinigkeiten, auf die dein Kind vielleicht verzichten kann, oder dazu, dass du eine andere Mutter in Verlegenheit bringst, weil du sie um den Kassenbon bittest, um das Präsent umtauschen zu können.

Weißt du, wie viele Kinder kommen, beginnt der amüsante Teil: Quatschkrams kaufen. Es gibt so herrlichen Tinnef, den kein Mensch braucht und Kinder über alles lieben: Plastikpfeifen, in die ein kleiner Ball gelegt wird, den die Kinder dann durch Reinpusten zum Tanzen bringen, Glitzertattoos, Streichholzschachteln, in deren Papierfächern Kinder einen Miniatur-Zoo oder ein klitzekleines Theater vorfinden, Zauberwaschlappen in Herz-, Stern- oder Fischform, Seifenblasenplastikschwerter, Knickknack-Knallfrösche, Einmaleins-Schummelbleistifte, Mini-Furzkissen, Dosen mit Pups-Schleim – große Spielzeugketten verfügen über eine fantastische Ecke mit absolut unpädagogischem, aber lustigem Schnickschnack. Und wenn du in den Regalen mit dem Plastikzeugs stöberst, kannst du auch gleich einen Gang weitergehen: Du brauchst natürlich noch Süßigkeiten. Auch hier wird das Kinderherz hüpfen: Lollis in der Größe eines Tennisballs, Kaugummi aus der Tube, Knister-Kaugummi, viel zu saures Kaugummi, das so eklig schmeckt, dass es schon wieder köstlich ist, Glupschaugen mit süßer Glibber-Füllung – am Kindergeburtstag hat die gesunde Ernährung Hausverbot.

KAPITEL SECHS

Von den Dingen, die wirklich zählen

GRUND NR. 51

Weil du endlich Verantwortung für dein Leben übernehmen musst

Bei Problemen gibt es zwei Möglichkeiten. Man kann sie verdrängen und sich sagen: »Augen zu und durch.« Oder man sagt sich: »Augen zu« – und wünscht sich dabei mit aller Herzenskraft: »Verschwindet aus meinem Leben!«

Der zweite Weg birgt eine Schwierigkeit in sich: Nur, weil du dein Problem aus dem Leben verbannst, wegschaust und so tust, als existiere es nicht, heißt das noch lange nicht, dass es sich wie von selbst in Luft auflöst. Im Gegenteil: Es wird immer belastender, weil es sich immer wieder aus den Tiefen deines Unterbewusstseins einen Weg in die Realität verschafft. Es verfolgt dich.

Als Mutter kommst du nicht umhin, Verantwortung für dich und dein Leben zu übernehmen. Ein Kind zu erziehen heißt, verantwortungsvoll zu handeln. Du bist ein Vorbild für dein Kind, bereitest es auf ein eigenverantwortliches Dasein in unserer Kultur vor. Du bist quasi das Muttertier, das sein Junges für das Leben in freier Wildbahn ausbildet.

Viele Mütter verschließen vor den Problemen mit ihren Kindern die Augen. Sie finden immer wieder irgendwelche Erklärungen für die »Hilferufe« ihrer Kleinen: »Mein Sohn ist hochbegabt. Die Erzieher sind mit dem Intellekt meines Kindes überfordert«, »Sie hatte schon als Säugling ihren eigenen Willen«, »Ich sehe in meinem Kind eine Persönlichkeit und behandle es wie einen kleinen Erwachsenen«.

Mütter meinen, ihre Kinder bedingungslos zu lieben, und verwechseln Bedingungslosigkeit mit Nachlässigkeit. Gerade berufstätige Mütter sind manchmal in diesem Sinne »nachlässig«, weil sie sich ständig mit einem schlechten Gewissen herumplagen müssen. Es rumort tief in ihnen, weil sie zu viel arbeiten und sich kaum Zeit für ihr Kind nehmen können. Zum Ausgleich machen sie es ihnen daheim so angenehm wie möglich: Sie räumen das Kinderzimmer auf, machen das Bett, decken für ihr Kind den Tisch, um ihn anschließend wieder abzuräumen, und packen die Schultasche, die viele Mütter ihren Kindern selbst in der vierten Klasse noch zur Schule tragen!

So manch eine Mutter schlittert von der Mutterrolle in die einer Bediensteten. Und die Kinder sind meist noch nicht einmal mit der Dienstleistung zufrieden. Nein, ihre Forderungen werden immer unverschämter, weil sie das, was die Mutter tut, für selbstverständlich halten und damit nicht wertschätzen.

Als ich für mich erkannte, dass ich selbst zu einer dieser Mütter geworden war, wurde mir klar, dass ich etwas ändern musste. Die tollsten Regeln, Grenzen und Konsequenzen hatte ich mir für meinen Junior ausgedacht. Und wenn er dann tatsächlich frech war, ich ihn in sein Zimmer schickte, um über das nachzudenken, was er getan hatte, oder ich das ihm angedrohte Fernsehverbot tatsächlich vollzog, quälten mich erneut Schuldgefühle. Mein Sohn musste mich nur verschmitzt anlächeln und ich ließ mich erweichen.

Die Folge: Ein halbes Jahr nach der Einschulung hatte ich das Gefühl, mein Kind würde mir entgleiten. Wenn ich ihn aus dem Hort abholte, trat er mir manchmal gegen das Schienbein und schimpfte: »Bist du auch endlich da?« Er war meist der Letzte, der abgeholt wurde. Die Erzieherinnen sahen mich stets mitfühlend an. Ich rechtfertigte mich ungefragt: »Ich habe zu wenig Zeit für ihn. Aber ich muss arbeiten. Ich bin alleinerziehend und ich muss die Miete bezahlen.« Ich musste so leben. Dachte ich. Vor allem musste ich jedoch Verantwortung für das übernehmen, was sich bei uns eingeschlichen hatte.

Natürlich ist es nicht in Ordnung, wenn ein Kind seine Mutter tritt. Es ist mitnichten Boshaftigkeit. Es ist ein »Schrei nach Liebe«, der uns zum Nachdenken anregen sollte. Ich war eine Wischi-Waschi-Mutter, die zu viel erlaubte und so ihre eigene Handlungsunfähigkeit vor sich selbst versteckte. Eine Entscheidung musste getroffen werden. Keine Halbherzigkeiten mehr. Ich entschied mich, meine Festanstellung aufzugeben, um Verpasstes nachzuholen und um die Kraft zu haben, eine bessere Mutter zu werden.

Um Missverständnissen vorzubeugen: Ich sage nicht, dass jede Mutter dem Chef Adieu sagen sollte, um künftig nur noch Hausfrau und Mutter zu sein. Es obliegt jedem selbst, wie Kind und Karriere unter einen Hut gebracht werden. Und es gibt tolle Ehemänner, die ihrer Vaterrolle gern nachkommen und ihrer Partnerin unter die Arme greifen.

Ich plädiere jedoch für die längst überfällige Umsetzung flexiblerer Arbeitszeitmodelle für berufstätige Mütter. Und für Arbeitgeber, die mehr Verständnis für und Achtung vor ihren Mitarbeiterinnen haben, die nach Dienstschluss keinen Feierabend haben.

Nach meiner Entscheidung fürchtete ich mich vor meiner eigenen Entschlossenheit und davor, zu viel von mir und meinem Kind zu erwarten. Ich entwickelte daher ganz simple Regeln (1. 19.30 Uhr ins Bett, 2. Kein Fernsehen unter der Woche, 3. Erst wenn die Hausaufgaben erledigt sind, darf gespielt werden, 4. Zimmer vorm Schlafengehen aufräumen), hielt mich konsequent an deren Umsetzung und nach nicht einmal vier Wochen war mein Sohn wie ausgewechselt; ja, er wirkte sogar erleichtert, weil er nun die Orientierung hatte, die ich ihm lange nicht hatte geben können.

GRUND NR. 52

Weil du mit der Geburt deines Kindes lernst, Wichtiges von Unwichtigem zu unterscheiden

Ich, ich und nochmals ich! Wir haben wohl alle die Erfahrung gemacht, wie förderlich es ist, sich im Berufsleben mit einer gehörigen Portion Egoismus, dem gekonnten Einsetzen der Ellenbogen und einem klaren Ziel vor Augen durchzusetzen. Es gibt viele Frauen, denen schier jedes Mittel recht ist, um sich dort niederzulassen, wo sie sich in ihren kühnsten Träumen hinsehnen. Auch im privaten Bereich pflegen viele Freundschaften, bei denen man mehr den Eindruck hat, es handle sich um Interessengemeinschaften. Das Motiv scheint häufig nicht das Miteinander zu sein, das gegenseitige Unterstützen, sondern ganz simpel: der eigene Vorteil.

Gegen einen gesunden Egoismus ist gar nichts einzuwenden, gegen Ziele sowieso nicht. Gesunder Egoismus hat auch etwas mit Selbstliebe zu tun. Denn als angepasstes Mäuschen mag man zwar allseits beliebt sein – aber auf wessen Kosten? Meist ist es doch so, dass diese Menschen vor lauter Nicht-Aneckenwollen selbst auf der Strecke bleiben. Es ist nun einmal nicht möglich, jedem Menschen zu gefallen. Dafür sind wir doch alle viel zu individuell.

Mit dem Tag der Geburt deines Kindes beginnt ein Prozess in dir. Du nimmst dich und viele deiner Bedürfnisse plötzlich nicht mehr so wichtig. Das Bedeutendste in deinem Leben ist fortan ein kleines Menschenkind, das dir blind vertraut und das es zu versorgen gilt. Die Liebe, mit der dich dein Kind überschüttet, prallt nicht an dir ab. Dafür ist sie zu gütig, rein und intensiv. Sie verzaubert dich und hat Geduld, denn es kann durchaus sein, dass du dich gegen dieses Gefühl unbewusst wehrst. Liebe anzunehmen fällt nicht jedem leicht. Im Laufe der Zeit wird dein Herz weicher und es könnte sein, dass du über dich und das Leben, bevor du Mutter warst, den Kopf schüttelst. Vieles, was seinerzeit wichtig war, wirkt nun trivial. Es ist so, als hätte dich dein Kind wachgeküsst oder als wenn es mit einer Mission zu dir gekommen wäre. »Hallo Mama, ich zeige dir jetzt mal, worum es im Leben wirklich geht. Mach die Augen auf. Zeit zum Staunen!«

Deine Prioritäten verändern sich. Du machst dir über völlig andere Dinge Gedanken. Über Vergänglichkeit, darüber, welches Bild du deinem Kind von dir selbst vermitteln möchtest. Vielleicht keimt in dir auch der Wunsch auf, »nur« eine Vollzeit-Mama zu sein, um dich zumindest einige Zeit voll und ganz der Erziehung deines Kindes zu widmen. Möglicherweise erscheint dir dein bisheriges Leben als eine Art Farce, weil du immer nur funktioniert hast und du deine spärliche Freizeit damit verbracht hast, deine Energiereserven übers Wochenende auf dem Sofa wieder aufzuladen, um die kommende Woche von Neuem Vollgas zu geben. Du hast nicht wirklich gelebt, weil du zu erschöpft warst, das Leben zu genießen. Das Leben hat dich gelebt. Betrete die fabelhafte Welt deines Kindes. Lass dich von seiner Liebe einlullen.

GRUND NR. 53

Weil du dem Materialismus den Rücken zukehrst

Folgende Situation: Du musst zur Hochzeit deiner besten Freundin. Kurz vor der Trauung hast du dein Mäuschen schnell noch gestillt, um dich nicht während der Trauung davonstehlen zu müssen, und es hübsch herausgeputzt. Du nimmst dein Kleines auf den Arm, denkst: Gott, bist du süß. Dududu. Heute ist dein erster großer Auftritt! Du gibst deiner Prinzessin verliebt einen Nasenstüber. Sie lächelt – wenn auch gequält. »Jaja, du bist aufgeregt. So viele Menschen…«, säuselst du. In dem Moment macht sie ein weiteres Bäuerchen und weiße Restmilch landet auf deinem Bauch, rinnt den Rocksaum hinunter. Während du »Oh je« denkst, wird das Köpfchen deines Mäuschens tiefrot und wenige Sekunden später ist die Windel voll. Im Hintergrund läuten bereits die Glocken und du wechselst in neuer Rekordzeit Windel und Kleidchen. Um die Bäuerchenspur kümmerst du dich, während du auf deinen High Heels zur Kirche saust. Babys Feuchttücher zaubern zwar nicht alles weg, aber egal!

Die Hochzeit deiner besten Freundin – früher wäre dir nie im Leben eingefallen, mit beflecktem Kleid dem Tag der Tage beizuwohnen. Ganz abgesehen davon, dass die Zeit knapp war, ist das saubere Popöchen deines Knuddelpupses wichtiger als dein tadelloses Erscheinungsbild (du bist längst unter der Haube und nicht mehr auf der Suche nach einem potenziellen Papa für deine ungeborenen Kinder).

Es ist sowieso erstaunlich, wie locker du mit Dingen, die du eh nicht mehr ändern kannst, inzwischen umgehst. Früher ist bei dir fast täglich die Welt zusammengebrochen. Aber damals wärst du nicht einmal kurz ungeschminkt zum Bäcker gehuscht, um dir schnell ein Zimtbrötchen zu kaufen. Du hättest auch keinen Tag mit Ratzfatz-eine-Minute-Pferdeschwanz verbracht, weil dein Liebster es so mochte, wenn du dir aufwendig die Haare hochgesteckt hast. Du wärst auch in Tränen ausgebrochen, wenn deine Lieblingskette gerissen wäre; nun ist sie kaputt und du freust dich, weil dein Mäuschen so kräftig greifen kann. Einstmals hast du es geliebt, mit deinen Freundinnen über Gott und die Welt zu tratschen. Inzwischen wunderst du dich, wie töricht du damals warst. Bevor du Mutter wurdest, hast du andere Frauen mit dauerbimmelndem BlackBerry und geschäftigem, gestresstem Blick bewundert, sie für unheimlich erfolgreich und *so was von* wichtig gehalten. Inzwischen sorgst dich um ihre Gesundheit.

Du bist selbst völlig perplex, weißt nicht, was mit dir geschehen ist. Deine Prioritäten haben sich sehr verändert! Dinge, die dir wichtig erschienen und dir schlaflose Nächte bereiteten, kommen dir plötzlich völlig nebensächlich vor. Tja, du bist eben ein neuer Mensch – eine Mama!

GRUND NR. 54

Weil du zwar Sportwagen lässig findest, dir ein Familienkombi aber praktischer erscheint

Wenn sich bei euch alles um Flügelhemdchen, süße Strampler, ph-neutrales Waschmittel, die Suche nach einem schicken Kinderwagen (trendy Bugaboo, klassischer Emaljunga, robuster Hartan oder Teutonia oder vielleicht sogar dieser supernoble Hesba mit dem Pferdchenlogo?) und die Einrichtung des Kinderzimmers dreht, werdet ihr euch auch mit der kostspieligen Anschaffung eines optimalen Elternautos beschäftigen.

Es schaudert dir bei dem Gedanken, künftig mit einem spießigen Kombi-Schiff, einem sinnvollen Family-Van oder einem optisch eher unspektakulären, dafür aber sagenhaft zweckmäßigen Caddy durch die Gegend zu gurken? Keine Frage: Zweisitzer sind wesentlich lässiger und schinden nicht nur bei Freunden Eindruck. An der Ampel wurdest du mit deinem süßen MX-5 wahrscheinlich viele Jahre von anderen Frauen neidisch beäugt und Männer ließen ihre Motoren aufheulen, um dich mit Testosteron und PS zu beeindrucken. Flirten mit Muttis ist zwar kein absolutes Tabu, es wird dir aber im blutroten Caddy, einem silbernen Sharan, Touran, Ford Focus Turnier, Škoda Praktik oder Seat Córdoba mit Babyschale auf dem Rücksitz aller Wahrscheinlichkeit nach nicht mehr so häufig passieren.

Aber neidvolle Blicke hast du auch gar nicht mehr nötig. Du hast das zauberhafteste Kind der Welt! Freunde dich am besten schon mal mit dem Gedanken an, künftig nicht mehr auf lässig zu machen, sondern es vielmehr zu sein – in deiner Familienkutsche.

Diese Elternautos mögen zwar keine Hingucker sein, aber dafür sind sie äußerst praktisch. Wenn du damit den Wocheneinkauf zum ersten Mal erledigst, wirst du dich freuen, einen Kofferraum mit hoher Heckklappe gewählt zu haben. Neben dem Kinderwagen im Kofferraum ist ausreichend Platz für die Lebensmittel und die Kiste Malzbier. Und du stößt dir nicht den Kopf an der Kofferraumklappe. Toll! Auch die strapazierfähigen Sitze und die abwaschbare Innenverkleidung wirst du bald zu schätzen wissen. Spätestens nachdem dein Mäuschen erstmals seine Sanddorn-Fruchtschnitte oder einen Riesenpopel verträumt in die Innenverkleidung der Autotür einmassiert hat. (Ein Im-Auto-essen-Verbot halte ich übrigens für sehr sinnvoll.)

Berate dich mit deinem Liebsten über den passenden Pampersbomber und denke primär an all die Vorteile, die solch ein Elternmobil hat. Fünf-Sterne-Urlaube auf den Seychellen, Tempel abklappern in Thailand, Rucksacktouren über die Kapverdischen Inseln oder Safaris in Afrika – das sind die Reisen, die ihr in den nächsten Jahren sowieso nicht machen könnt. Stattdessen geht es mit eurem Vernunftmobil wohl eher in eine idyllische Blockhausanlage in Südfrankreich, ins Kinderhotel nach Österreich, zu Pippi Langstrumpf nach Schweden, ins beliebte Blåvand in Dänemark oder zum Sandburgenbauen auf Inseln wie Amrum, Föhr, Sylt, Usedom, dem Darß, zum Timmendorfer Strand, nach Sankt Peter-Ording oder Cuxhaven. Und diese Reisen sind mit Fußraum und einer festen Halterung für Flaschen wesentlich entspannter als die Touren, die unsere Eltern seinerzeit mit uns unternommen haben. Meine Schwester und ich sind viele Jahre auf der Rückbank eines niedlichen R5 durch Europa kutschiert worden ...

Tipps für den ersten (Kurz)urlaub mit Kind:
→ Fertige vor der Reise eine Liste mit den Dingen an, die ihr wirklich braucht: Schnuller, Teddybären, Windeln, Feuchttücher, Waschmittel in der Tube, abgekochtes Wasser für Mäuschens

Durst zwischendurch, eventuell Milchpulver, Gläschen, Milchpumpe und den Sterilisator, ausreichend Wechselkleidung, Molton-Tücher, Spieluhr. Bei unserer ersten Drei-Tage-Reise (Sohnemann war knapp acht Wochen alt) hatte ich alles genauestens geplant und dann sämtliche Kosmetikprodukte für meinen Mann und mich vergessen, dafür aber Windelvorräte für die kommenden drei Wochen dabei.

→ Größere Kinder langweilen sich schnell! Kartenspiele wie *Schwarzer Peter* oder *Uno* sollten genauso selbstverständlich sein wie Malblöcke, bunte Stifte und ein paar Hörspiele, die ihr gemeinsam hören könnt. Ich persönlich mag es nicht, Kinder mit einem MP3-Player und Endlos-Beduselung ruhigzustellen. Aber das müsst ihr selbst entscheiden!

→ Sehr wichtig! Fahrt nicht mit Hans und Franz am ersten Tag des verlängerten Wochenendes oder der Ferien los.

→ Auch bei Nachtfahrten bleibt es bei der Anschnallpflicht für alle Beteiligten. Gemütliches Auf-der-Rückbank-Gekuschele kann ein böses Ende nehmen.

→ Plant mehr Zeit für die Reise ein, als ihr es zu kinderlosen Zeiten gewohnt wart. Alle sechzig bis neunzig Minuten ist eine kleine Pause sinnvoll.

→ Sorgt für Sonnenschutz: Sonnenschilde mit Saugnapf und lustigen Comicfiguren oder schlichte Rollos – das obliegt eurem Geschmack.

→ Alle Trinkflaschen sollten tropfdicht und verschließbar sein. Reinigungstücher in Griffnähe sind ratsam und beugen bleibenden Flecken vor.

GRUND NR. 55

Weil du durch deine Kinder
neue Freundschaften fürs Leben schließt

Freunde kommen, Freunde gehen – eine weitere Lektion, die du als Mutter lernst. Das kann zu schmerzhaften Verlusten lieber Menschen führen, die dich viele Jahre begleitet haben und sich schlussendlich als Weggefährten der Kategorie »und ... tschüs« entpuppen. Ihr versteht einander nicht mehr, weil du nun Mutter bist und deine langjährige Freundin ihr Coming-out als Kinderhasserin hat. Loslassen ist das Zauberwort – man sollte sich keinesfalls mit Erinnerungen an vergangene, kinderlose, spaßige Augenblicke selbst malträtieren. Natürlich verbinden euch schöne Zeiten. Aber das Leben geht nun einmal weiter. Und einigen kinderlosen Frauen mit einer Affinität zu Trostpreiskerlen und sonstigen Liebesdramen oder auch solchen, die keinem blassen Schimmer davon haben, was sie mit ihrem Leben anfangen sollen, tut die Zufriedenheit, die du neuerdings ausstrahlst, möglicherweise weh. Dann sticheln sie bei einer eurer wenigen Verabredungen zum Kaffeetrinken in einem Café (selbstverständlich mit Kinderspielecke) und sagen kurz nach der Bestellung ihres Cappuccinos genervt Dinge wie: »Gott, ich weiß schon, warum ich auf keinen Fall Kinder haben will. Wie hältst du es nur aus, dich den ganzen Tag um so einen Quälgeist zu kümmern? Für mich wäre das nix. Niemals!«

Du kannst an dieser Freundschaft festhalten, sicher. Aber wenn du ehrlich zu dir selbst bist, passt das wohl alles nicht mehr. Es sei denn, du hast ein Helfersyndrom und siehst deine Bestimmung darin, anderen Menschen zu sagen, wie sie ihr Leben auf die Reihe kriegen. Das kostet jedoch viel Kraft und die benötigst du dringend für dich und deine kleine Familie.

Ist es egoistisch, seinen Freundeskreis neu zu sortieren und den Lebensverhältnissen anzupassen? Außerdem bringst du es nicht übers Herz, dieser Freundin Lebewohl zu sagen? Stell dir eine entscheidende Frage: Wer von euch beiden tut hier wem gut, wer verliert die bessere Freundin?

Du brauchst Freunde, die dich verstehen. Freunde, die dich motivieren, unterstützen, dir zur Seite stehen, wenn du mit deinen Kräften und deinem Erziehungs-Latein am Ende bist. Du brauchst Menschen, bei denen du die starke, weise, gelassene Mutter sein kannst und auch mal die schwache von Selbstzweifeln und trüben Gedanken geplagte überforderte Frau. Freunde, bei denen du du sein kannst. Freunde, die sich ebenfalls so zeigen, wie sie sind. Freunde, die aufmunternde Worte finden, wenn du sie unter Tränen anrufst, weil dein Baby ohne ersichtlichen Grund seit mehreren Stunden durchplärrt und sich dein Mann mit den Worten »ich halte das nicht mehr aus« für eine Runde um den Block verabschiedet hat. Freunde, die sich in so einem Fall trauen, die Hosen runterzulassen: »Sei froh, dass dein Mann nur einen Streifzug durch die Siedlung macht. Meiner ist damals zu seinem besten Kumpel gezogen und ich hatte Angst, er würde uns sitzen lassen.«

Spätestens durch deine Kinder wirst du Freundschaften fürs Leben schließen – und zwar mit anderen Müttern. Gleichgesinnte Frauen findest du überall. Als Kassenpatientin ohne Einzelzimmerzuschlag könnte durchaus deine Wochenbettnachbarin eine dieser Freundinnen fürs Leben werden. Auch im Kindergarten, auf Spielplätzen, im Sportverein oder später in der Schule wirst du auf Frauen treffen, die mehr sind als Lebensabschnittsbekannte.

Eine Nachbarin geht seit mehr als dreißig Jahren monatlich zum »Mama-Stammtisch«. Die vier betagten Damen lernten sich beim ersten Elternabend ihrer damaligen Erstklässler kennen und unterstützten sich gegenseitig in guten (die Jahre bis zur Pubertät) wie in Krisenzeiten (die Jahre während der Pubertät). Inzwischen sind die Kinder der vier Frauen erwachsen und die Mamas tagen nach wie vor alle vier Wochen. Einmal im Jahr packen sie ihre Koffer und gehen auf Städtereise.

Der Wunsch, sich auf ein Windelmäuschen tatsächlich einzulassen, wächst in Frauen häufig, wenn die erste Freundin aus der Clique in freudiger Erwartung ist. So Gott will, werden die Freundinnen gemeinsam die erste Kugelzeit ihres Lebens erleben und sich zu einem eingeschworenen Mama-Clan entwickeln. Und so die Kinder später wollen, werden die kleinen Linas und Paulchens die Freundschaft der Eltern zu schätzen wissen und bereits auf der Krabbeldecke Freunde fürs Leben werden.

Im Laufe deines Mamadaseins wirst du immer mal wieder die Feststellung machen müssen, dass dein Geschmack und der deines Mäuschens völlig konträr sind. Kinder können ja nichts für ihre Eltern. Aus Liebe zu deinem Kind beißt du in den sauren Apfel und verbringst zwei Stunden im fremden Wohnzimmer mit einer Unsympathin, während dein Süßes vor Vergnügen jauchzt. Immer dran denken: Eines Tages wird dein mütterlicher Spielbegleitservice nicht mehr benötigt. Unklug wäre es, dein Kind davon zu überzeugen, dass die Freundin, dessen Mutter du nicht ausstehen kannst, eine doofe Freundin ist. Wie ich in Grund 75 schreibe, solltest du als Mutter deine Zunge zügeln. Kinder sind gnadenlos ehrlich. Zudem können sie sehr gut zwischen den Zeilen hören; sie bringen gern Sachen auf den Punkt und dich damit in die Bredouille: »Meine Mutter findet deine Mutter blöd. Ich kann mich leider nicht mehr mit dir treffen.«

Die Chemie kann ja nicht zwischen allen Menschen stimmen und es ist dein gutes Recht, ein wenig Einfluss auf den Freundeskreis deines Hascherls zu nehmen. Der diplomatischste Weg ist in so einem Fall wohl, das Ganze einfach gar nicht erst bis ins Wohnzimmer kommen oder anschließend sofort auslaufen zu lassen, keine Zeit zu haben und darauf zu hoffen, dass die jeweilige Mutter nicht schwer von Begriff ist und dich künftig in Ruhe lässt.

Woran du nun diese ganz besonderen Freunde fürs Leben erkennst? Vertraue deinem ersten Eindruck! Selbst wenn sich der klitzekleinste Zweifel in dir breitmacht, ignoriere dein Bauchgefühl nicht! Deine innere Stimme möchte dir nicht die Freunde vermiesen, sie möchte dich vor unschönen Erfahrungen schützen. Aber wenn du ein gutes Gefühl hast, heiße eine neue Freundin mit Herz und Hand in deinem Leben willkommen.

GRUND NR. 56

Weil du dein Kind nicht mit anderen vergleichst

Du, dein Sohn kann ja irgendwie noch gar nicht laufen«, bemerkte eine Frau seinerzeit sehr richtig auf dem Spielplatz und blickte hochmütig auf ihr rosa Mäuschen, das schwerfällig, aber auf zwei Beinen durch die Sandkiste wankte.

Mein Sohn zog es vor, sich auf allen Vieren fortzubewegen, bis er anderthalb war. Natürlich fand ich das komisch, motorisch war er immer sehr weit gewesen, nur mit dem Laufen ließ er sich Zeit. Und natürlich fand ich die Bemerkung der anderen Mutter gemein und unsensibel. Ich hatte ja selbst Augen und konnte sehen, was ihre Tochter konnte und mein Sohn nicht. Gern hätte ich ihr gesagt, dass ihr Kind O-Beine habe, weil es meiner Meinung nach viel zu früh laufe; zudem habe es kaum Haare und einen Silberblick. Ich verkniff es mir, streckte ihr imaginär die Zunge raus und dachte: Du blöde Kuh, du!

Wer sich mit anderen vergleicht, zieht den Kürzeren. Vergleiche sind absolut destruktiv. Besonders, wenn es um dein Kind geht, solltest du von Vergleichen absehen. Jedes Kind ist einzigartig. Und jedes Kind hat unterschiedliche Talente. Vielleicht kann die Tochter deiner Freundin schon vor der Einschulung fließend lesen, während deine Süße auch im zweiten Halbjahr der ersten Klasse das »d« mit dem »b« verwechselt. Lass dich nicht von Prahlereien wie »Meine Anna hat schon ihr drittes Buch allein durchgelesen« verunsichern.

Zeig Größe und freu dich für die Tochter deiner Freundin und sage deinem Kind bloß nicht: »Soundso kann Dasunddas.« Damit setzt du es nicht nur unter Druck, es verliert auch den Glauben an sich selbst. Außerdem hat dein Nachwuchs in anderen Bereichen sicher die Nase vorn. Nicht jedes Kind kann alles können. Konzentriere dich auf die Fähigkeiten deines Spätzelchens, fördere und unterstütze es in seinen Talenten. Schwäche sein Selbstwertgefühl nicht, indem du es durch Vergleiche verunsicherst.

GRUND NR. 57

Weil du von Wildfremden Komplimente für dein süßes Kind bekommst

Viele Mütter beklagen sich darüber, von ihrem Partner zu wenig Anerkennung zu bekommen. Und so kann es auch dir passieren, dass du dich nach einem fürchterlich anstrengenden Tag mit Wutanfällen, viel Lärm um vermeintliches Nichts und noch viel mehr Tränen an deinen Liebsten kuschelst, »puh, das wäre für heute geschafft« säuselst und darauf hoffst, mit aufbauenden Komplimenten in den Erholungsschlaf geschmust zu werden.

Was du hören möchtest, ist vielleicht: »Du bist eine wundervolle Mutter und ich bewundere dich dafür, wie toll du mit unserem Kind umgehst. Ich liebe dich – und du bist wahnsinnig sexy. Träum süß!« Doch es kann dir auch passieren, dass Schatzi dein Komplimentebegehren als Vorspiel interpretiert und dann sitzt du in der Klemme, wenn es dir in dem Moment so gar nicht nach einem Liebesspiel gelüstet, du ein bisschen im Eimer bist und eigentlich nur ein paar Schmeicheleien für die Seele brauchst …

Gräme dich nicht! Kaum ein Mann kann tatsächlich nachvollziehen, was du alles wuppst. Es hat also nichts mit dir persönlich als Mama oder Frau zu tun, wenn der Vater deiner Kinder deine Leistung nicht regelmäßig würdigt. Nein, er ist kein gefühlskalter Garnichtsmerker. Männer sind einfach so. Irgendwie. Manche auf jeden Fall! Leider.

Die Lösung: Putz dein Mäuschen fein heraus und geh in den Supermarkt. Dort wirst du mit Komplimenten nur so überschüttet. Wildfremde Menschen werden dir im Laufe deines Mamadaseins begegnen und dich für dein Kind loben. Und genau so wie sich dein Kleines darüber freut, von dir gelobt zu werden, wenn es seine Guck-mal-was-ich-jetzt-auch-schon-kann-Liste um etwas neues Sensationelles erweitert, darfst auch du dich freuen. Komplimente geben Kraft und Auftrieb, motivieren, inspirieren, bauen auf, machen stark, glücklich und zufrieden. Du wirst wertgeschätzt!

So weit kommt es noch? Du lässt dich nicht von Wildfremden bewundern? Warum denn nicht? Es ist nichts verkehrt daran, sich in der Anerkennung zu sonnen, die du von Fremden bekommst. Genieße die Bauchpinselei – auch wenn es dir zunächst ein wenig unangenehm ist.

»Die ist aber süß«, wird etwa eine alte Dame sagen. Und ein älterer Herr könnte nach einem Blick in den Kinderwagen möglicherweise scherzen: »Goldig, in welcher Abteilung gibt es denn solch zauberhafte Wesen?« Und auch an der Wursttheke wird es eine Fleischereifachverkäuferin geben, die strahlt, wenn du dich mit deiner Prinzessin in der Karre oder deinem kleinen Buggy-Prinzen in die Reihe schiebst. Bist du dran, wird deinem Goldspatz zunächst eine Scheibe Lieblings-Mortadella oder ein Geflügelwürstchen spendiert. Nach einem verträumten »Ihr Kind ist sooooo süß« darfst du sagen, wie viel es wovon sein soll. (Ernährst du deine Mäuse vegetarisch, wird es in deinem Bio-Laden ganz bestimmt ebenfalls nicht mit leeren Händen im Wagen sitzen gelassen: ein Knacker aus Tofu, ein leckerer Schrumpel-Apfel oder eine süße Bio-Banane – irgendwas gibt's immer.)

Die Komplimente, die deinem Kind zuteil werden, sind auch für dich. Ohne dich wäre das Mäuschen nicht derart niedlich. Und deswegen darfst du mit vor Stolz geschwollener Brust deinen Nachwuchs vor dir herschieben.

Übrigens: Wenn es gut mit dir und deinem Windelmäuschen läuft, hören die Komplimente niemals auf. Sie sind nämlich nicht nur für Babys und tapsig laufende Putzigkeiten reserviert. Wenn du dein Kind gut erziehst, ihm beibringst, anderen die Tür aufzuhalten, älteren Menschen oder Schwangeren im Bus oder in der Bahn einen Sitzplatz anzubieten und Bonbon-Papier nicht auf den Gehweg zu werfen, und es auch lernt, »bitte« und »danke« zu sagen, wirst du später nicht nur dafür gelobt, wie bezaubernd dein Süßes aussieht.

Nein, auch dafür, wie höflich es ist. Und das geht dann nun wirklich auf dein Konto! Schließlich lebst du diese Manieren vor und bist mit deiner Erziehung, in der du auch traditionelle Werte nicht außer Acht lässt, ein ganz besonders schön strahlender Stern am funkelnden Mamahimmel.

GRUND NR. 58

Weil du über die Probleme kinderloser Frauen sanftmütig hinweglächelst

Gegen das Ticken der biologischen Uhr ist keine Frau gefeit. Und gegen die langsam Überhand nehmende Verbitterung, die irgendwann der Panik weicht, die manch eine kinderlose, alleinstehende Frau Ende dreißig heimsucht, auch nicht. Diese Frauen wettern manchmal gegen Kolleginnen, die in den Erziehungsurlaub gehen, sagen Dinge wie »Willst du deine Karriere wirklich für so einen Windelscheißer aufgeben?« und »Wenn du nach einem Jahr zurück in den Job willst, bist du weg vom Fenster – alles nur für so ein Kind«.

Diese Frauen neigen auch häufig dazu, die Frauen, die dann nach Beendigung der Elternzeit zurückkehren, mit Blicken auf die Armbanduhr und ihren Bissigkeiten (»Früher hast du doch auch nicht pünktlich Feierabend gemacht! Wo ist dein Ehrgeiz geblieben?«) zu quälen. Denn: Sie machen niemals pünktlich Feierabend und bleiben mindestens eine Stunde länger (… und tun so, als würden sie arbeiten. Schließlich könnten sie etwas verpassen, wie spontanes After-work-drinking mit dem Chef …)

Du bewahrst stets die Contenance, stehst über den Dingen. Auch wenn sie eine Rundmail verschicken und sie sich über dein Outfit die Zungen zerreißen, weil du es gewagt hast, casual im Büro zu erscheinen, weswegen du nun in der Kaffeeküche das Thema des Tages bist.

Du stehst drüber. Dir ist der von den kinderlosen Frauen auferlegte Dresscode piepegal, seit du Mutter bist. Du achtest auch auf die Optik, aber du stehst nicht länger in Konkurrenz mit deinen Kolleginnen. Zudem musst du mit deiner Zeit gut haushalten und da du nach der Arbeit noch eine Verabredung auf dem Spielplatz hast, bist du statt mit Pumps und nobler Handtasche in deinen Sneakern und mit Rucksack (in dem sich Proviant, euer aktuelles Lieblingskinderbuch und das Notfalltäschchen mit Feuchttüchern, Pflastern und Nähzeug befindet) erschienen. Du siehst in den Frauen etwas, das sie selbst nicht bereit sind, sich einzugestehen: Sie sticheln, weil sie dich unbewusst beneiden. Ihre vermeintliche Aversion gegen Kinder ist nicht selten ein Selbstschutz, weil ihnen sonst bewusst würde, wonach sie sich sehnen. Und bevor sie in Torschlusspanik geraten, weil der passende Mann fehlt oder Mister Right zwar da ist, aber bei der Erwähnung des Kinderwunsches zu einem Aufklärungsgespräch über die unschönen Seiten des Elternseins und einer Hommage aufs Nichterwachsenwerden ansetzt, greifen sie lieber die an, auf die sie insgeheim eifersüchtig sind.

Du weißt das, ich weiß das, wir alle wissen das. Warum sonst werden so viele Frauen mit Anfang vierzig doch noch schnell schwanger – obwohl sie stets beteuerten, Kinder abzulehnen?

Gern verwickeln dich diese kinderlosen Frauen in ein Gespräch über die Vorzüge des kinderlosen Lebens (mehr Freiheit, mehr Flexibilität, mehr Geld für Weltreisen, sprechende Mülleimer, durchgestylte Penthouse-Wohnungen, teure Schuhe und so weiter) oder ihre Probleme (»Mein Neuer fragt immer: ›Und, hattest du einen Orgasmus?‹ Das nervt total. Aber besser als der Freak vorher, der mich vor dem Sex ins Bett schickte, damit ich mich schon mal selbst einheizen kann, um sich so das Vorspiel zu schenken ...«, »Kaufe ich mir einen Mini Cooper oder doch lieber eine eierschalenfarbene Knutschkugel, also diesen schnuckeligen Fiat 500?«, »Ich schwanke zwischen Chillen auf Ibiza, einem Shoppingtrip nach New York oder einer Selbstfindungsreise nach Bali wie Julia Roberts in diesem Eat Pray Love-Film.«) Du hörst zu, lächelst und wirst einen Teufel tun, das zu enthüllen, was du wirklich denkst.

Es ist deren Angelegenheit, und jeder kann sich nur selbst helfen und für sich herausfinden, was fürs eigene Leben gut ist. Du lächelst also sanftmütig. Auch wenn es demnächst wieder einmal heißt: »Na, schon Feierabend? Dein Leben möchte ich haben!«

GRUND NR. 59

Weil du weißt, dass eine Louis-Vuitton-Tasche weniger Freude bereitet als die Haifischfestung von Lego

In vielen Großraumbüros wiederholt sich etwas, was wir vom Grundschulhof noch kennen: Hatte Klein-Steffi das schwarzsilberne Superjojo, hatten es am nächsten Tag auch Patricia und

Melanie und ein paar weitere Tage später die gesamte Clique. Bis das Jojo out war und Heike mit ihrem coolen Gummitwist beeindruckte. Bei erwachsenen Frauen geht es selbstverständlich nicht mehr um derartige Kinkerlitzchen. Es geht um Prestige, Ansehen und darum, besser auszusehen als die anderen.

Hat Kollegin X eine neue Handtasche, hat Kollegin B sie ein paar Tage später auch und Kollegin F wartet bis zur nächsten Lohntüte ab, um dann ihrerseits mit der neuen Errungenschaft das Büro bei Laune zu halten. Jede konkurriert mit jeder. Nimmt die eine ab, hungert sich die andere auch ein paar Pfunde runter. Neue Schuhe werden nicht einfach so hingenommen. Es werden höhere, schönere, teurere für den Auftritt im Großraumbüro angeschafft. Notfalls geht es dafür knietief in den Dispo oder an Schatzis Börse. Man ist jung, erbt später eh das Haus der Eltern, Geld ist zum Ausgeben da und die anderen können sich das ja auch leisten. Irgendwie. Wahrscheinlich.

In einigen Firmen übertreiben es die Damen. Sie stöckeln wie blondierte Klone über die Flure und behalten an ihrem Schreibtisch alles im Auge, sie sind genauestens im Bilde über den neuen Nagellack ihrer Kollegin von schräg gegenüber und verbringen ihr Lunch bei ihrer thailändischen Nagelstylistin. Wahre Individualität wird belächelt und mit einem Ausschluss aus der Also-wir-sind-die-wahren-Topmodels-Gang bestraft.

Womöglich warst auch du früher Mitglied dieses erlauchten Kreises. Nun bist du aber Mutter. Auch dir ist es wichtig, nicht nur mit deinen inneren Werten einen guten Eindruck zu hinterlassen. Doch dein Kind lässt dich deine Prioritäten überdenken. Mit einer Louis-Vuitton-Handtasche liebäugelst du vielleicht nach wie vor. Selbst wenn du über das nötige Kleingeld verfügst, siehst du von der Anschaffung dieser Nobel-Tasche ab, weil sie dir einfach nicht mehr wichtig ist. Hinzu kommt, dass du dein Geld inzwischen besser zusammenhältst, weil du als Mutter immer wieder mit unvorhergesehenen Ausgaben für deinen Nachwuchs rechnen musst.

Obendrein bereitet es dir eine größere Freude, deinem Kind einen Wunsch zu erfüllen als dir selbst. Mütter stellen ihre eigenen Bedürfnisse hinter die des Kindes. Du bist glücklich, wenn dein Mäuschen glücklich ist und sparst dein Geld, um zum nächsten Geburtstag in die Lego-Haifischfestung zu investieren.

GRUND NR. 60

Weil du dich wieder auf dich und dein Bauchgefühl verlässt

Wir haben alle eine innere Stimme, die uns leitet. Es ist ein Gefühl, das uns wachsam werden lässt. Dieses Gefühl warnt und motiviert uns. Es weist uns den Weg – und wenn es brenzlig wird, erschließt sich denen, die ihrer Stimme lauschen, ein neuer Trampelpfad. Wege entstehen nämlich, indem man sie geht.

Einige vertrauen ihrer Intuition, andere ignorieren sie, bringen ihre innere Stimme zum Schweigen, weil sie es vorziehen, sich auf ihren Verstand und nicht auf ihr Herz zu verlassen. Der Verstand verfolgt ein klares Ziel, das auf egoistischen Bedürfnissen basiert. Egomenschen spüren ihr Herz kaum, weil es sich hinter einem dicken Schutzschild verbirgt und es nur unnötig Unordnung ins geregelte Leben bringen würde.

Das Herz ist hartnäckig und macht sich immer mal wieder durch scheinbar unerklärliche Unzufriedenheit bemerkbar. Diejenigen, die keine Angst vor Selbstreflexion haben, zieht es dann in die Buchhandlung. Und in der Lebensfreude-Ecke werden sie fündig: »Öffne dein Herz« heißt es in vielen Ratgebern.

Ein fantastischer Vorschlag. Leider gibt es keinen Zehn-Schritte-Herzöffnen-Leitfaden. Demzufolge ist es kein leichtes Unterfangen, selbst – mal eben so zwischen Meeting und Sandwich – zum Panzerknacker seines verborgenen Herzens zu werden. Bedauerlicherweise geht das nicht, indem du dich mit Hammer und Meißel an deinem Brustkorb zu schaffen machst. Aber als Mutter hast du endlich eine große Chance, zur Panzerknackerin zu werden!

Wenn du dein Kind zum ersten Mal siehst, bist du nicht mehr die Frau, die du warst, bevor die Wehen einsetzten. Du bist Mutter. Du hast ein Kind. Du siehst diesen kleinen Menschen, von dem du selbstverständlich ganz genau weißt, wie er entstanden ist. Was im Laufe der Schwangerschaftswochen in dir selbst geschehen ist, hast du bereits während des Biologieunterrichts gelernt. Und doch kommt das Entstehen jedes neuen Menschen einem Wunder gleich.

Du bist Teil dieses Wunders. Und wenn du dein Mäuschen erstmals siehst, dieses zarte, unschuldige kleine Bündelchen, wird in dir eine Wärme aufsteigen, ein Gefühl, das an die Schmetterlinge erinnert, die du zu Beginn für deinen Partner empfunden hast. Das Gefühl für dein Baby ist jedoch eine völlig andere Form von Liebe. Diese Liebe ist rein, bedingungslos, endlos, durch nichts zu erschüttern. Diese Liebe scheint nicht von dieser Welt zu sein. Es ist so, als hätte der Himmel einen Boten gesandt, der unsichtbaren Sternenstaub voller Liebe über dir und deinem Mäuschen verstreut hat, um euch miteinander zu verbinden, um eure Verbindung mit einem unsichtbaren Kokon zu schützen. Das Zulassen dieses himmlischen Schutzes ist der erste wichtige Schritt für das Aktivieren deines Bauchgefühls.

Denn selbst, wenn du einen Panzer um dein Herz tragen würdest, der Himmelsbote mit dem Sternenstaub hat für harte Fälle seinen Werkzeugkasten mit den notwendigen Utensilien dabei: Er durchbricht dein Schutzschild, damit du dich und dein Herz spürst – und deine innere Stimme wahrnimmst. Verwehre dich nicht gegen dieses unbeschreibliche Gefühl. Genieße die Liebe. Erlaube Tränen der Glückseligkeit. Wirst du eine emotionale

Heulsuse geschimpft, schieb es meinetwegen auf die Hormone, den Vollmond oder den Brathering-Geruch aus dem Treppenhaus – aber lass nicht zu, dass dein Herz wieder hinter einem Panzer verschwindet.

Lausche deiner Stimme! Was diese Stimme ist?

Sie ist dein verlässlichster Ratgeber, dem du in jeder Situation vertrauen kannst. Wenn du dich nicht dagegen verwehrst, wirst du als Mutter beginnen, intuitiv das Richtige zu tun. Deine Stimme ist Beschützer und Assistentin zugleich.

Natürlich hörst du nicht wirklich eine Stimme. Du bist schließlich nicht mit der Geburt deines Kindes schizophren geworden. Diese Stimme lässt sich mehr als Geistesblitz beschreiben. Dich überkommt plötzlich so ein Gefühl – du beschließt, einen neuen Spielplatz zu besuchen, und triffst dort eine befreundete Mutter, die du schon längst hattest anrufen wollen ...

Oder du bereitest in der Küche das Abendessen vor und hast so ein Gefühl – es zieht dich ins Kinderzimmer. Und dort sitzt – tataratääaaa – dein Mäuschen mit Tuschkasten und mehreren Pinseln versonnen vor der Tapete und malt rote, gelbe und lilafarbene Striche an die ehemals weiße Wand.

Auch bei den Menschen, denen du begegnest, kannst du diesem Gefühl trauen. Wenn du nicht schon längst hinter dieses Geheimnis gekommen bist, wirst du als Mutter ergeben deiner Intuition folgen: Mit Menschen, bei denen du auf den ersten Blick so ein komisches Gefühl hattest, brauchst du deine Zeit gar nicht zu verschwenden. Es steckt immer etwas dahinter, wenn dein Bauch dir zur Vorsicht rät.

Beobachte dein Kind mal ganz genau: Es hat auch dieses Gefühl – und folgt ihm. Achte darauf: Dein Kind sagt höchstwahrscheinlich nicht mit Worten, sondern mit Gesten, ob es in gewissen Situationen ein gutes oder schlechtes Gefühl hat.

Kokolores hoch Hokuspokus? Da könntest du auch nach jeder Mahlzeit die Essensreste deines Mäuschens analysieren, um auf anstehende Freuden und Gefahren vorbereitet zu sein? Kaffeesatzleserei auf dem Kinderteller quasi? Gar keine schlechte Idee. Probier es aus und schreib ein zum Schreien komisches Buch darüber. Vielleicht wird es sogar verfilmt.

Spaß beiseite und Hand aufs Herz: Wann hast du zuletzt eine Entscheidung getroffen und durchgezogen, obwohl du ein schlechtes Gefühl dabei hattest? Siehst du! Verbuche es als Erfahrung auf deinem »Lerngeschenke«-Konto und folge künftig deinem Bauch.

Dieses Gefühl ist keineswegs dein Feind, der dich um Chancen betrügen möchte. Blödsinn. Es ist dein Verbündeter. Und das Schöne: Es hat niemals Urlaub und es ist nicht eifersüchtig, neidisch oder verfolgt egoistische Interessen. Dein Bauchgefühl möchte für dich da sein, dich unterstützen, ja, dich sogar beschützen.

Eine Übung für Skeptikerinnen: Achte heute mal den ganzen Tag auf Geistesblitze. Folge ihnen. Es bleibt unser Geheimnis, du läufst nicht Gefahr, dich lächerlich zu machen. Warte ab, was geschieht. Du wirst sehen: Alles hat einen Sinn. Immer – auch wenn dir während des Spaziergangs mit dem Kinderwagen aus unerklärlichen Gründen der Gedanke kommt, eine völlig neue Route auszuprobieren, und du magisch von etwas angezogen wirst. Möglicherweise zieht es dich vor ein Geschäft mit allerliebsten Kinderklamotten zu fairen Preisen, du rempelst einen Büchertisch um und dir plumpst ein Buch vor die Füße, das du schon immer lesen wolltest, du begegnest einer anderen Mama, die dir auf Anhieb sympathisch ist und findest eine Freundin fürs Leben. Was auch immer geschieht. Lass dich überraschen!

Erlaube deinem Bauchgefühl, die Führung zu übernehmen. Dann läuft dein weiteres Leben wie geschmiert – mit Schmieröl, das auf Intuition und Vertrauen basiert.

KAPITEL SIEBEN

Was man als Mutter alles lernen kann

GRUND NR. 61

Weil du mit deiner Zeit besser haushaltest

Spontaneität ist für viele ein Synonym für Freiheit. Es ist ein großer Luxus, sich an freien Wochenenden treiben zu lassen, in den Tag hinein zu leben, auszuschlafen und spontan zu entscheiden, ob und was unternommen wird.

Mit Kind kannst du so weitermachen wie früher als Single. Allerdings hat das dann mehr mit Chaos zu tun als mit Freiheit. Kinder brauchen geordnete Verhältnisse, feste Zeiten, Routine, verlässliche Tagesabläufe, nach denen sie ihre innere Uhr stellen können.

Und so kommst du als Mama nicht umhin, dir Gedanken über ein optimales Zeit-Management zu machen. Neben einem Familienplaner-Kalender ist es sinnvoll, die festen Zeiten zu notieren und sie zum Kalender zu legen oder an den Kühlschrank neben die Stundenpläne deiner Kinder zu hängen. Auf dem Familienplaner kannst du bereits Wochen im Voraus Ausflüge, feste Termine und die Ferien eintragen. Auf dem Zettel mit den festen Zeiten stehen eure täglich sich wiederholenden Zeiten. Und so könnte er aussehen:

7 Uhr: Aufstehen; 7.15 Uhr: Frühstück; 7.45 Uhr: Haus verlassen, um zur Schule/in den Kindergarten zu gehen; 15 Uhr: Kind aus dem Hort/Kindergarten abholen; 18.30 Uhr: Abendessen; 19.30 Uhr: Ab ins Bett (vorlesen, beten, Tag Revue passieren lassen); 20 Uhr: Licht aus.

Ja, das wirkt alles spießig, langweilig und alles andere als spontan und flexibel. Aber diese Pläne sind äußert praktisch. Spätestens, wenn dein Kind die Uhr selbst lesen kann, wird es sich gewissenhaft nach dem Tagesplan richten.

Das akribische Planen des Tages schließt selbstverständlich nicht aus, dass du dich weiterhin spontan mit deinen Freundinnen zum Quatschen im Café verabredest. Als Mutter solltest du deine

Zeit allerdings nicht einfach so verplempern – es würde deinen ganzen Tagesablauf durcheinanderbringen. Und den deines Kindes. Wenn es erst deutlich später als gewöhnlich ins Bett kommt, kann es leicht passieren, dass die Nacht zum Tag wird. Überlege dir vor Verabredungen, wie viel Zeit du dafür einplanen möchtest.

Spann auch die Großeltern mit ein in deinen Familienplaner. So schenkst du dir und deinem Schatz in regelmäßigen Abständen ein kinderfreies Wochenende. Dann könnt ihr so tun, als hättet ihr keine Verpflichtungen, und könnt das ganze Wochenende in Jogginghose auf dem Sofa verbringen, endlich mal wieder auf ein Konzert gehen oder auch mal hemmungslos und ungestört den Gelüsten Verliebter frönen. Denn das Liebesspiel kommt bei gestressten Eltern häufig leider viel zu kurz. Wer über die finanziellen Mittel verfügt, könnte Letzteres mit einem Wellness-Wochenende oder einem Städtetrip kombinieren.

Zeit ist ein kostbares Geschenk. Geh sinnvoll damit um und verzettel dich nicht, weil du es allen recht machen möchtest. Als Mama stehst du 24 Stunden unter Strom – und das für mindestens 15 Jahre. Gönne dir Auszeiten und nutze die Zeit dann möglichst intensiv für dich. Diese kleinen Pausen schenken dir wieder Energie und davon kannst du gar nicht genug haben.

Einmal im Jahr könntest du dich mit deinen Lieblingsfreundinnen zusammentun und mit ihnen ein kinder- und männerloses Wochenende verbringen. Hab bei diesem Gedanken nur kein schlechtes Gewissen. Es nimmt dir niemand übel, wenn du dir auch mal Spaß und Ruhe gönnst. Im Gegenteil: Deine Familie profitiert ebenfalls: Entspannte Mamas, die ab und zu mal allein etwas unternehmen, tragen mehr zum Gemeinwohl der Familie bei als Mütter, die immer da sind, sich ihre Überforderung nicht eingestehen und aufgrund ihrer inneren Rast- und Ratlosigkeit aggressiv, zynisch und übellaunig werden.

Sinnvoll mit der Zeit umzugehen bedeutet auch, sich jeden Tag eine kleine Auszeit zu gestatten. Als Mutter eines Säuglings sind die Schlafphasen ideal für eine Mamapause. Mütter von Kindern, die aus dem Mittagsschlafalter heraus sind, können ihrem Kind sagen, dass sie sich für eine viertel Stunde zurückziehen. Ja, richtig gelesen: 15 Minuten! Mehr nicht – selbst zehn Minuten reichen. Und dann setz dich bequem hin, schließ deine Augen, atme ruhig und bewusst. Du kannst dich auch hinlegen (Wichtig: Stell dir vorsichtshalber einen Wecker, falls du einschläfst!) und Löcher in die Decke starren.

Es gibt Frauen, die behaupten, sich bei der Hausarbeit, beim Unkrautjäten, Sockensortieren oder Hemdenbügeln entspannen zu können. Diese Frauen bewundere ich. Nehmt euch dennoch zehn Minuten täglich eine kleine Auszeit. Und dann tut ihr mal gar nichts. Von vorbeiflatternden Gedanken und all den unerledigten Dingen lässt du dir bitte nicht die Pause vermiesen! Nur sitzen, atmen, entspannen.

Geht nicht, weil sich dein Kind nicht selbst beschäftigen kann? Hast du deinem Kind je die Möglichkeit gegeben, allein zu spielen? Das kann nämlich jedes Kind! Wenn du in dir den Wunsch nach einer täglichen Pause für dich verspürst, wirst du deinem Kind dieses Bedürfnis auch authentisch und selbstbewusst vermitteln können. Also ohne Schuldzuweisungen. Vermeide Sätze wie »Mama, braucht jetzt zehn Minuten Ruhe, weil du so ein anstrengendes Kind bist« oder »Du machst mich heute fertig. Ich wünschte, ich hätte endlich mal Zeit für mich«. Mit solchen Zurechtweisungen verletzt du dein Kind, das nichts für dein unstrukturiertes Zeit-Management kann.

Sage von deinem Herzenswunsch überzeugt: »Mäuschen, Mama ist müde. Ich lege mich mal zehn Minuten hin. Danach spielen wir etwas zusammen« oder »Ich möchte mich zehn Minuten aufs Bett legen, um mich ein bisschen auszuruhen«.

Es ist auch nicht verwerflich, wenn du als berufstätige Mutter dein Kind an einem freien Tag in den Kindergarten gibst oder zur gewohnten Zeit aus dem Hort abholst, um dir Zeit zu schenken.

Sei gut zu dir und vergiss dich vor lauter Liebe zu deinem Kind nicht selbst!

GRUND NR. 62

Weil du endlich lernst, mit Geld umzugehen

Über Geld spricht man nicht! Auch ich gab lieber Geld aus, als mir über meine Finanzen Gedanken zu machen. Wenn mein Portemonnaie leer war, zückte ich meine Karte und zahlte bequem bargeldlos oder hob an einem Geldautomaten ein paar Scheinchen ab. Dank Dispo alles gar kein Problem. Meine Devise war lange: Ich arbeite viel, da darf ich mich auch immer mal wieder ein bisschen zwischendurch belohnen. Am Ende des Monats wird das Gehalt überwiesen und alles ist wieder in Butter. Sparen fand ich spießig und eine Spießerin wollte ich nun wirklich nie sein.

Mein laxer Umgang mit dem Geld änderte sich an dem Tag, als mein Sohn im Spielzeuggeschäft Radau machte, weil er die Ritterburg von Playmobil haben wollte und ich ihm sagte, ich hätte nicht genug Geld, um aus einer Laune heraus 100 Euro spontan auszugeben. »Du kannst mit deiner Karte bezahlen oder wir gehen zum Geldautomaten. Das machst du doch oft«, argumentierte mein Sohn. Ich fühlte mich ertappt und war erstaunt, wie aufmerksam mein Mäuschen mein Konsumverhalten beobachtet hatte. Erstmals keimte in mir der dringende Wunsch auf, doch eine Spießerin zu sein. Eine Bausparerin, die mit Geld umgehen kann und ein gutes Beispiel für ihren Sohn ist. Schließlich sollte ich ein Vorbild sein! Ich wurde mir meiner Verantwortung bewusst, meinem Sohn einen vernünftigen Umgang mit Geld beizubringen und folglich daher auch vorzuleben.

Ein korrekteres Kaufverhalten musste her. Nun verkneife ich mir mittlerweile Spontaneinkäufe und schreibe – ganz spießig (!) – Einkaufszettel, um mich auch im Supermarkt nicht verleiten zu lassen. Irgendwie lauert überall etwas, das ich erst zu brauchen scheine, nachdem ich es entdeckt habe ...

Die tägliche Verabredung mit meinem Haushaltsbuch ist eine Pflichtveranstaltung. Wenn ich mir so meine Ausgaben ansehe, frage ich mich immer wieder, wie alleinstehende Hartz-IV-Empfänger mit 364 Euro oder vierköpfige Familien mit knapp 2000 Euro netto im Monat auskommen.

GRUND NR. 63

Weil du lernst, deinem Kind nicht alle Wünsche zu erfüllen

Kinder müssen heutzutage kaum noch etwas entbehren. Während unsere Großeltern auf neue Schlittschuhe, ein größeres Fahrrad oder neue Kleidung häufig bis Weihnachten warten mussten, erfüllen wir unseren Kleinen meist jeden Herzenswunsch umgehend. Natürlich ist es ein Luxus, wenn wir über die finanziellen Mittel verfügen, Geschenke nicht nur zum Geburtstag und zu Weihnachten machen zu können. Aber: Wie sollen Kinder lernen, sich auf etwas zu freuen, wenn wir sie materiell vollstopfen? Wie sollen sie ein Bewusstsein dafür entwickeln, dass wir nicht in einem Schlaraffenland leben, in dem uns die gebratenen Hühnchen direkt in den Mund flattern und wir nur mit dem Finger schnippen müssen, um Inlineskates, eine neue Barbie-Puppe, Reiterstiefel oder ein Waveboard zu bekommen? Kinder müssen lernen, auf Wünsche zu warten. Als Mütter sind wir in der Verantwortung, uns nicht als Lieferantinnen für jeden Wunsch zu präsentieren. Auch wenn das Kind wütend wird und dich mit seinem niedlichsten Dackelblick flehend ansieht, solltest du standhaft bleiben.

Früher habe ich zu oft das Portemonnaie gezückt, um meinem Sohn auch außer der Reihe ein kleines Spielzeug zu kaufen. Selbst auf sein neues 20-Zoll-Fahrrad musste er nicht warten. Ich kaufte es, als das Vorgängermodell zu klein war und ich fand, er sähe aus wie ein Affe auf dem Schleifstein.

Noch heute versucht mein Sohn, mich immer mal wieder um den Finger zu wickeln und mir ein Lego-Monster oder eine andere Kleinigkeit abzuluchsen. Dazu lasse ich mich nicht mehr hinreißen. Ich habe meinem Sohn erklärt, dass es zu Weihnachten und zum Geburtstag Geschenke gibt – und etwas fürs Zeugnis. Wenn er meint, er bräuchte neues Spielzeug, diese Dringlichkeit mit Tränen untermalt, gehen wir tatsächlich ins Spielzeuggeschäft. Allerdings muss mein Sohn seinen Neuerwerb dann selbst bezahlen – von seinem Taschengeld, das er in einem Spartopf sammelt. Vor jedem Einkauf insistiere ich: »Wenn du das Geld nicht ausgibst, kannst du auf etwas Größeres sparen.« Das war meinem Sohn zunächst egal. Er verjubelte sein Geld, bis der Spartopf keine Ein-Euro-Münzen und Geldscheine seiner Großeltern mehr hergab. Daraufhin war er pleite und musste sich bis zum nächsten Geburtstag gedulden. Und wenn er moserte, konterte ich: »Du wolltest ja nicht hören ...«

GRUND NR. 64

Weil du lernst, konsequent zu sein

Viele Mütter meinen Nein, sagen aber Ja, um sich eine Diskussion mit ihrem Kind zu ersparen. Das Problem mit dem Ja, das eigentlich ein Nein sein sollte, ist: Kinder sind clever! Was einmal geklappt hat, werden sie wieder probieren – und so fordern sie immer mehr, weil sie für sich erkannt haben, in welchen Momenten die Mama gerade mit ihren Gedanken spazieren geht und sie die für sich günstige Gelegenheit nutzen können, um etwas zu erreichen, was sonst untersagt wurde.

»Du tanzt mir ganz schön auf der Nase herum!«, meinte ich einmal zu meinem Sohn, als ich mich in einer Situation befand, in der ich nicht die Muße hatte, ein unanfechtbares Nein von mir zu geben.

»Aber Mama. Das geht doch gar nicht. Ich bin viel zu groß, um dir auf der Nase herumzutanzen«, flachste mein Junior. Ich fragte mich, ob er frech oder einfach nur gewieft war. Letztlich war er beides und ich nicht konsequent genug. Das entschlossene Neinsagen fiel mir ja selbst im Umgang mit Erwachsenen schwer.

Inzwischen nimmt mein Sohn mein Nein an und hinterfragt es meist noch nicht einmal mehr. Ich gebe zu: Es hat mich einiges an Überwindung gekostet. Aber: Je überzeugter ich selbst von einem Nein war, desto leichter hat er es akzeptiert.

Das betrifft übrigens auch das Einhalten von Regeln. Viele Jahre habe ich mir die tollsten Regeln ausgedacht, ganze Regelkataloge waren das mit Belohnungspunkten und Fernsehminuten, die mein Sohn sich durch gutes Betragen verdienen konnte! Nach ein paar Tagen waren die Regeln in Ermangelung meiner Beharrlichkeit bereits vergessen.

Meine Erfahrung hat gezeigt: Kinder brauchen klare Ansagen und Mütter, die wissen, welches Erziehungsziel sie verfolgen. Ja, Kinder scheinen sich sogar über diesen Leitfaden, diese Orientierungshilfe zu freuen.

Eine unserer Regeln betrifft das Zubettgehen. Wie ich schon zuvor erwähnte, muss mein Sohn um halb acht im Bett liegen; schafft er es nicht, lese ich ihm nichts mehr vor. Früher habe ich ein Auge zugekniffen, ihm auch noch vorgelesen, wenn er erst um kurz vor acht meinte, ins Bett gehen zu müssen. Ich dachte: Lesen bildet schließlich auch und mein Sohn ist so süß und irgendwie wäre es fies und egoistisch, ihm seine geliebte Geschichte vorzuenthalten. Ob ich nun zwanzig Minuten früher oder später zum gemütlichen Teil meines Abends komme, ist nicht so wichtig – es geht doch auch darum, ihm zu zeigen, wie sehr ich ihn liebe. Nun: Nachdem ich einmal inkonsequent gewesen war, trödelte mein Sohn abends noch länger herum. Aber nachdem ich ihm erstmals wirklich nichts vorgelesen hatte, war er fortan jeden Abend pünktlich im Bett.

Ich bin selbst überrascht von den angenehmen Folgen meiner Konsequenz und der Wirkung eines selbstbewussten Neins! Natürlich gehorcht mein Sohn inzwischen nicht wie ein dressiertes Jungfohlen. Er hat nach wie vor seine drolligen Minuten, wenn es um seinen Konsum von Wassereis und um Tauchübungen in der Badewanne geht. Sage ich in ruhigem Ton »Nein!«, zieht er kurz einen Flunsch und pariert. Ich hätte mir viel Magengrummeln ersparen können, wenn ich schon eher an die positiven Begleiterscheinungen meiner Entschlusskraft geglaubt hätte ...

GRUND NR. 65

Weil du es erträgst, wenn dein Kind einen Wutanfall hat und du niemals mit Liebesentzug strafst

Kindliche Wutanfälle sind nicht vorhersehbar. Die Auslöser können ganz banal sein und für dich als Mama keinen nachvollziehbaren Grund haben. Vielleicht versucht dein Kind nur, seinen Willen durchzusetzen ...

Dein Mäuschen bettelt im Supermarkt nach Süßigkeiten, du bleibst konsequent beim Nein. Dein Kind schmeißt sich mit hochrotem Kopf auf den Boden, tobt vor Wut. Oder es wird wütend, weil du auf dem Jahrmarkt keine weitere Runde Entenangeln spendierst oder beim Aufbau der neuen Lego-Figur ein wichtiger Stein fehlt und der Hubschrauber nun nicht haargenau dem auf der Verpackung gleicht. In solchen Momenten heißt es: Ruhe bewahren! Aber das ist manchmal leichter gesagt als getan.

Die Gefahr bei Wutanfällen besteht darin, sich als Mutter von diesem wuchtigen Gefühl anstecken zu lassen. Es ist wahrlich nicht leicht, sein wütendes Kind zu bändigen, es in seiner Wut zu erreichen und vielleicht sogar abzuholen, um danach einfach dort weiterzumachen, wo ihr zwei aufgehört habt.

Wenn in meinem Sohn die Wut aufkeimt, überträgt sich dieser Zorn auch auf mich. Früher verunsicherten mich diese Situationen und ich wurde ebenfalls ein bisschen lauter. Dieses destruktive Verhalten führte dazu, dass wir uns gegenseitig hochschaukelten. Ich probierte es mit Umarmungen, was prima half, als mein Sohn drei Jahre alt war. Inzwischen ist er sieben und möchte, wenn er wütend ist, einfach wütend sein.

Da ich eine Verfechterin des Auslebens von Gefühlen bin, erlaube ich es meinem Sohn. Wut tut doch auch gut – mir zumindest. Und dir sicher auch! Es ist für dein eigenes Seelenheil wesentlich zuträglicher, dich deinen Emotionen zu stellen. Einfach mal eine Runde Kissen verkloppen und »Scheiße« schreien, ist völlig okay. Verlockend ist auch die Vorstellung, sich an einen einsamen Strand zu stellen und seine Wut aufs stürmische Meer hinauszubrüllen. Wenn du dir gestattest, über etwas wütend zu sein, gib dich dem Gefühl hin, sei sauer – und nach einigen Minuten fühlst du dich befreit und deine Wut ist nicht mehr ein Teil von dir.

Als Kleinkind schmiss sich mein Sohn im Supermarkt tatsächlich mal vor die Tiefkühltruhe, weil ich ihm keine Pommes kaufen wollte. Die Blicke der anderen Kunden waren mir seinerzeit zwar unangenehm und ich war kurz davor, doch den gelben Plastikbeutel mit den Fritten in unseren Einkaufswagen zu lagen. Ich blieb aber konsequent, ließ meinen wütenden Jungen dort seine

Rage ausleben, arbeitete meine Einkaufsliste ab und fuhr in regelmäßigen Abständen an dem heulenden Elend vorbei. Ich redete ruhig auf ihn ein, was ihn nicht weiter interessierte. Nach weiteren Runden durch die Regale informierte ich meinen Sohn darüber, dass der Einkauf zu Ende gehe und ich mich nun zur Kasse begebe. Er könne mitkommen oder weiter weinen. Er blieb liegen und ich vertraute und hoffte darauf, meinen Sohn spätestens beim Bezahlen wieder bei mir zu haben. Zweifel ließ ich nicht zu. Mein Bauch signalisierte: Dein Verhalten ist richtig! Als ich begann, die Lebensmittel aufs Band zu legen, stand mein Sohn plötzlich neben mir. Er guckte mich mit verweinten Augen an. Er wollte lächeln, wusste aber offenbar nicht, ob das in Ordnung sei. So lächelte ich ihn an, sagte: »Schön, dass du da bist. Hilfst du mir mit unseren Einkäufen?« Er lächelte und half. Später am Auto kam ein Mann auf mich zu. Er sagte: »Hut ab. Sie haben sich sehr gut verhalten. Dass Sie so ruhig bleiben konnten. Toll!« Ja, das war toll, allerdings frage ich mich bis heute, wie ich das geschafft habe.

Mein Sohn versucht nach wie vor, mir im Supermarkt seine spontanen Herzenswünsche abzuluchsen. Ich bleibe standhaft – und die Wut meines Sohnes verarbeitet er inzwischen auf verbaler Ebene: »Du bist die blödeste Mama der Welt« oder »Du bist voll gemein« – das ist leichter zu ertragen als diese unsäglichen So-kaufen-Sie-ihm-doch-das-Kaugummi-Päckchen-für-einen-Euro-damit-er-endlich-Ruhe-gibt-Blicke. Diese älteren Damen scheinen eines nicht verstanden zu haben: Es geht mitnichten um den einen Euro, sondern um die Einhaltung unserer Abmachung. Bevor wir gemeinsam einen Supermarkt betreten, habe ich es mir zur Gewohnheit gemacht, meinem Sohn zu sagen, dass es keine Süßigkeiten gibt. Nur beim Wochenendeinkauf darf er sich eine Nascherei aussuchen.

Für den Umgang mit heimischen Wutanfällen hat sich bei uns Folgendes bewährt: Ich lasse meinen Sohn schimpfend in seinem Zimmer – wenn er sich beruhigt hat, kommt er auf mich zu und möchte von mir in den Arm genommen werden. Wir lächeln uns an und unsere Blicke sagen einander: Alles ist in Ordnung, wir haben uns trotzdem lieb.

Nach einer Wutattacke im Supermarkt gehe ich häufig mit einem fluchenden Kind im Schlepptau wieder nach Hause. In solchen Momenten kommen mir gelegentlich Mütter entgegen, die ihr wütendes Mäuschen über die Schulter gelegt nach Hause tragen oder die einen Buggy vor sich herschieben, in dem ein Kind mit rotem Zorn-Gesicht randaliert. Wir schenken einander ein Lächeln. Das motiviert ungemein. Schließlich sind wir in solchen Momenten Verbündete, wir verstehen einander und wissen: Das Ende ist in Sicht.

»Wenn du nicht gleich ruhig bist, bin ich nicht mehr dein Freund«, habe ich schon andere Mütter sagen hören, was ich persönlich für falsch halte. Schließlich sind wir nicht die Freunde unserer Kinder, sondern die Mütter. Als Freund unseres Kindes würden wir uns mit unserem Nachwuchs auf eine Stufe stellen, was für die Erziehung nicht förderlich wäre. Unsere Kinder orientieren sich an unserem Verhalten. Sie brauchen eine souveräne Führungspersönlichkeit als Mutter, keinen Kumpel.

Eine Mutter führt, lobt, tadelt – und liebt bedingungslos. Das heißt: Reagiere auf einen Wutanfall niemals mit Liebesentzug. Einige Mütter stellen ihr tobendes Kind zur Strafe in die Ecke. Dort möge es dann runterkommen und über sein schlechtes Betragen nachdenken. Davon halte ich auch nicht viel. Für mich ist das ein Zeichen von Hilflosigkeit seitens der Mutter. Was kommt nach der Ecke? Ein Tag Hausarrest?

GRUND NR. 66

Weil du erkennst, dass das Glück in den kleinen Dingen steckt

Na, auch auf der Suche nach dem verlorenen Glück? Verschwende nicht länger deine Zeit. Hör auf zu suchen. Finde das Glück! Eine Mama umgibt es überall. Du musst es nur noch sehen ...

Da wäre zum Beispiel die Windel. Ist es nicht ein großes Glück, wenn unser Säugling eine gut funktionierende Darmflora hat? Ist es nicht eine wahnsinnige Freude, beim Windelwechsel diese gelbe Currypaste vorzufinden und nach der Reinigung in hohem Bogen angepieselt zu werden?

Es ist ein großes Glück, überhaupt ein Baby bekommen zu haben, gerade wenn es vielleicht lange nicht hat klappen wollen mit der Schwangerschaft und du den Wunsch schweren Herzens schon aufgegeben hattest ...

Es ist ein großes Glück, diesem Menschenkind ein Weggefährte zu sein und mit ihm das Leben noch einmal ganz neu zu entdecken, mit ihm und an ihm zu wachsen. Es ist ein großes Glück, mit seinem Kind Papierschiffchen in der Badewanne auf große Kreuzfahrt zu schicken, zu beobachten, wie sehr es dein Mäuschen liebt, wenn du ihm zärtlich auf die Stirn pustest. Es ist ein großes Glück, wenn dein Kind zum ersten Mal lächelt und seinen Greifreflex entdeckt, seine Gabe, mit einem beherzten Griff an deiner Nase oder deinen Haaren ziehen zu können und deinen Daumen nicht mehr hergeben zu müssen. Es ist ein großes Glück, wenn du deiner Tochter abends bei ihrem Schlafritual zuschaust und sie jeder Puppe zwei Küsschen gibt, eines aufs linke und eines aufs rechte Knopfäuglein, und dann »So, und jetzt pscht und heija-heija, sonst schimpft die Mama« sagt. Es ist ein großes Glück, Kinder beim Schlafen zu beobachten. Unschuldig, wie es nur die Engel sind, liegen sie da und allein ihr Anblick lässt dein Herz hüpfen und jeglichen Kummer verschwinden. Es ist ein großes Glück, dein Spätzelchen nach der Arbeit von der Kita abzuholen. Mit strahlendem Lächeln, ausgestreckten Armen und – je nach Entwicklungsstand – auf wackeligen oder sicheren Beinen rennt es auf dich zu, ruft mit lieblicher Stimme »Mama« und drückt dir einen Schlabberkuss auf den Mund. Es ist ein großes Glück, dein Kind dabei zu beobachten, wie glücklich es ist, wenn es eine Pusteblume findet, mit aller Kraft dagegen pustet und sodann »die Fallschirme« in der Luft lustig tänzeln. Es ist ein großes Glück, wenn du dich für die fabelhafte Welt, die dir dein Kind offenbart, öffnest; wenn du jeden Tag mit einem Lächeln beginnst und dich abends zufrieden und dankbar ins Land der Träume begibst und denkst: Das Leben ist geil!

GRUND NR. 67

Weil du lernst, nicht auf die Erzieher deines Kindes eifersüchtig zu sein

Dein Elternjahr ist vorbei und du hast alles perfekt organisiert: Auf deinen ersten Arbeitstag nach der Pause freust du dich, eventuell machst du Gebrauch von der Möglichkeit, in Teilzeit zu arbeiten. Einen tollen Krippenplatz oder eine liebevolle Tagesmutter für deinen kleinen Schatz hast du auch gefunden. Die Eingewöhnung deines Kindes verlief unproblematisch und du bist erleichtert, diese erste Hürde geschafft zu haben. Die erste Zeit im Büro magst du vielleicht noch ein wenig unkonzentriert sein, weil du mit deinen Gedanken immer wieder bei deinem Krippenmäuschen bist, dich fragst, ob es richtig war, es so früh von dir zu trennen. Deine Vorgesetzten und deine Kollegen unterstützen dich durch ihr Verständnis und ihre Nachsicht und dir gelingt es, allmählich wieder im Büro anzukommen.

Du gewöhnst dich an deine neue Rolle als arbeitende Mutter und doch verspürst du immer mal wieder einen kleinen Stich im Herzen. Beispielsweise wenn du siehst, wie glückselig dein Kind eine andere Frau anstrahlt. Wie es mit seiner Erzieherin schmust, ihr ein Küsschen auf die Wange gibt oder wie sie dein wimmerndes Kleines von einer feststeckenden Erbse befreit, die es sich aus einer Laune heraus in die Nase gesteckt hat. Du bist eifersüchtig auf die Erzieherin deines Spätzelchens, weil du in dem Moment eines schmerzlich realisierst: Du und der Vater deines Kindes seid nicht mehr exklusiv die wichtigsten Menschen im Leben eures Kindes. Auch die Betreuerin gehört nun zu dem erlauchten Kreis. Während du im Büro sitzt, baut dein Kind eine emotionale Beziehung zu einer für dich fremden Frau auf. Einige Mütter sinnieren in so einer Situation über den Wechsel des Kindergartens oder eine andere Tagesmutter. Vermeide so etwas. Akzeptiere vielmehr, dass du nicht mehr die Hauptbezugsperson deines Krippenkindes bist. Das schmälert nicht seine Liebe zu dir und du konkurrierst auch nicht mit der Tagesbetreuerin. Für die gesunde Entwicklung deines Mäuschens ist es wichtig, Beziehungen zu anderen Menschen aufzubauen.

Auch mein Sohn hat eine Erzieherin, die er über alles liebt. Als er abends vorm Zubettgehen erstmals beim Gebet »und danke für Heike« sagte, hatte ich schon einen Kloß im Hals. Mittlerweile freue ich mich für meinen Sohn. Immerhin hat er das Glück, eine Erzieherin zu haben, für die ihr Beruf offenbar eine Berufung ist. Und auch Babysitterin Malva ist eine junge Frau, die seit vier Jahren einen großen Platz im Herzen meines Sohnes hat. Etwas Besseres kann einer Mutter doch gar nicht passieren ...

GRUND NR. 68

Weil du Freizeit, also kinderlose Zeit, wirklich sinnvoll nutzt

Der Vater meines Sohnes und ich leben getrennt. Alle 14 Tage ist bei uns Papa-Wochenende und ich habe zwei Tage für mich allein. Während der ersten kinderlosen Wochenenden verplemperte ich meine Zeit. Tagsüber ging ich shoppen und abends traf ich mich mit Freundinnen in Bars. Ich konnte nicht mit mir und meinen Gedanken allein sein, weil sich sonst meine Schuldgefühle meldeten: Dein Sohn wächst als Trennungskind auf. Wie assi ist das denn?

Irgendwann machte es »Klick«. Mit Frusteinkäufen und Sekt mit Aperol konnte ich meine kinderfreien Wochenenden nicht ewig überbrücken. Bald begann ich, die Zeit ohne meinen Sohn zu genießen: Ich ging spazieren, setzte mich mit einem Buch unter einen Baum im Park, gönnte mir Wellnessnachmittage in meinem Fitnessstudio, Yoga-Stunden, Termine bei der Kosmetikerin oder traf mich mit kinderlosen Freundinnen zum Kaffeetrinken, um über Banalitäten zu quatschen.

Das ging nicht von heute auf morgen, weil sich die Schuldgefühle immer wieder zurückmeldeten und stichelten: »Du bist eine schlechte Mutter, machst es dir ohne dein Kind schön« oder »Tja, du hast es nicht geschafft, hast deinem Kind die Sicherheit genommen, die es braucht«.

Inzwischen bin ich viel auf Achse, wenn mein Sohn bei seinem Vater ist – und meine Mama-Freundinnen sind ein wenig eifersüchtig auf mich wegen dieser kleinen Auszeiten. Aber man muss nicht vom Vater seiner Kinder getrennt leben, um ein bisschen Freizeit zu haben. Du kannst deine Kleinen auch übers Wochenende zu den Großeltern schicken. Kinder lieben die Besuche bei Oma und Opa. Ist die große Distanz ein Hindernis, gibt es immer noch die Möglichkeit, die Kinder mal bei befreundeten Kindern schlafen zu lassen. Im Gegenzug bist du dann gelegentlich an der Reihe, kleine Gäste zu empfangen.

Hast du mit deinem Liebsten Zeit für euch organisiert, geht sorgsam mit den Stunden um, in denen ihr eure Zweisamkeit genießen könnt. Tut Gutes füreinander, seid mal wieder das verliebte Pärchen, das sich mit Liebesbotschaften und kleinen Aufmerksamkeiten überrascht; und zwar ohne schlechtes Gewissen, weil es dafür keinen Grund gibt: Eure Kinder nehmen es euch nicht übel, wenn ihr auch mal etwas allein unternehmt.

GRUND NR. 69

Weil du mit einer Babymassage auch deinen Partner verwöhnen kannst

Eines bedauere ich sehr: Ich war mit meinem Sohn nicht bei der Babymassage. Das sei etwas für Mütter, denen daheim die Decke auf den Kopf fällt und die nun alles machen (auch frühkindliche Musikerziehung mit drei Monate alten Babys!), um sich zu beschäftigen, dachte ich.

Ich war ja so blöd! Im Grunde spricht alles für Babymassagen: Regelmäßig massierte Babys sollen weniger schreien und besser schlafen. Babymassagen seien sehr förderlich für das Immunsystem, das Selbstbewusstsein und sie sollen sogar Haltungsschäden vorbeugen. Sie entspannen dich und dein Spätzchen und fördern die Mutter-Kind-Bindung.

Erst als mein Sohn zweieinhalb Jahre alt war, lernte ich die Kindermassage kennen – und entdeckte, wie sehr es der Kleine genoss, zärtlich massiert zu werden. Noch heute wünscht sich Junior immer mal wieder das Pizzaspiel.

So geht es: Träufle zunächst ein paar Tropfen Öl (Baby- oder Mandelöl) auf deine Handinnenflächen. Reibe sie aneinander, um sie so ein wenig zu erwärmen. Nun geht es los: Drücke sanft mit den Handflächen auf den Rücken deines Kindes, rolle sie immer wieder ab. Dann kommt die Tomatensauce: Fahr mit deinen Händen in Wellenform über den Rücken. Anschließend darf dein Kind seine Bestellung aufgeben: Mais (hüpfe mit den Fingern), Peperoni (male mit deinem Zeigefinger kleine Schlangen), Salami (einmal sachte mit der Hand aufdrücken), Oliven (hüpfe ähnlich wie beim Mais, allerdings sollte der Druck der Finger einen Hauch mehr betont werden) und zum Abschluss ganz viel Käse (lass alle Finger über den Pizzateig tänzeln) – eurer Fantasie sind natürlich keine Grenzen gesetzt. Zum Schluss wandert die Pizza in den Ofen: Lege deine Hände wieder auf den Rücken, drücke sanft über die Pizza – so lange, bis es unter deinen Handinnenflächen ein wenig wärmer wird. Nach ein paar Minuten darf die Köstlichkeit verputzt werden: Der linke Zeigefinger ist deine Gabel, der rechte das Messer. Wenn du satt bist und Lust hast, darf dein Kind ebenfalls Pizzabäcker spielen – auf deinem Rücken.

Viele Kinder mögen es auch, mit einem dieser noppigen Massagebälle liebkost zu werden. Und Babys genießen es sehr, wenn sie mal ohne Windel auf dem Bett ihrer Eltern liegen und beschmust werden. Vergiss beim Kuscheln nicht die wasserdichte Unterlage; andernfalls musst du anschließend das Bettlaken abziehen.

Nimm dir die Zeit, um dein Mäuschen mit zärtlichen Berührungen zu verwöhnen. Du könntest es in euer tägliches Ritual aufnehmen. Beispielsweise nach dem Mittagsschlaf, wenn dein Baby eh eine neue Windel bekommt. Massage-Experten raten dazu, auch schon Säuglinge vor dem Massieren um Erlaubnis zu bitten, um damit deutlich zu machen, dass du die Bedürfnisse deines Kindes respektierst. Eine Massage muss nicht lange dauern. Drei, vier Minuten – wenn du es selbst genießt, deinem Kind so nah zu sein, nimm dir eine Viertelstunde. Auf der Internetseite der

Deutschen Gesellschaft für Baby- und Kindermassage e.V. (www.dgbm.de) findest du praktische Tipps und kannst dich über Kurse in deiner Region informieren.

Sich mit Massagen zu beschäftigen lohnt sich. Du hast dadurch eine Möglichkeit, selbst zu relaxen. Manch ein hartes Babybäuchlein wurde nach behutsamen, ruhigen Kreisbewegungen um den Bauchnabel herum wieder weich, weil sich lästige Blähungen lösen konnten.

Der intensive Kontakt mit deinem Nachwuchs ist auch ein wertvolles Geschenk fürs weitere Leben: Dein Kleines spürt, wie sehr du es liebst, es entwickelt ein gesundes Körpergefühl, was sich positiv auf seine Beziehungsfähigkeit als Erwachsener auswirkt.

Es gibt Erwachsene, die sich schwer damit tun, sich auf eine Massage einzulassen. Die es kaum aushalten können, wenn ihr Körper liebkost wird. Massagen haben etwas mit Fallenlassen, Vertrauen, Hingabe, Genuss und Annehmen zu tun. Und wenn man als Kind dieses schöne Gefühl nicht kennenlernen durfte, wird es später im Erwachsenenalter viel an Überwindung kosten, sich mit einem einfühlsamen Partner auf die Wonnen der Massage einzulassen.

Nimm dir die Zeit für Massageerlebnisse. Alles, was dir die Hebamme beibringt, wird auch zu mehr Sinnlichkeit und Intimität in deiner Partnerschaft führen. Dein Mann kann dein Testobjekt werden und wird sicher erfreut sein. Und das Pizzaspiel, das ist nicht nur etwas für Nachwuchs-Köche.

GRUND NR. 70

Weil du durch dein wissbegieriges Kind selbst so viel lernst

Irgendwann kommt dein Kind in ein Alter, wo es geistig gefordert werden möchte. Es verlangt Antworten auf Fragen wie diese: »Warum hagelt es und wie entstehen Hagelkörner?«, »Wie funktionieren Sternschnuppen?«, »Wieso gibt es helle und dunkle Wolken? Und wieso regnet es nicht immer, wenn der Himmel voller Wolken ist?«, »Ich kann mir irgendwie nicht vorstellen, wie Menschen ohne Maschinen vor viereinhalbtausend Jahren Pyramiden gebaut haben sollen. Wie war das möglich?«, »Stimmt es, dass der Mond mal ein Teil der Erde war und der Mond immer kleiner wird? Werden wir es noch erleben, wenn der Mond ganz verschwindet?«, »Schmetterlinge sind sehr hübsch. Wie wird denn eigentlich aus einer Raupe so ein schöner Falter?«, »Wieso haben Nacktschnecken kein Haus?«, »Stimmt es, dass die Erde mal aus einem einzigen Kontinent bestand?«, »Wieso sind die Dinosaurier ausgestorben?«

Die Wissbegierde deines Kindes tut auch dir gut: Entweder weißt du auf jede Frage die richtige Antwort oder du kümmerst dich abends, wenn dein kleiner Schatz schläft, flugs um die Auffrischung deiner Wissenslücken. Alternativ kannst du auch Bücher über die alten Römer, Ägypter, Wikinger und Ritter vorlesen. Vielleicht beschäftigst du dich gemeinsam mit deinem Kind mit dem Weltraum, Sternbildern und Planeten und ihr besucht nach euren Studien das Planetarium.

Als Mutter eines Kindes, das alles wissen möchte, wirst du auch wieder Ausflüge in spannende Museen über fremde Kulturen, Geschichte, Technik und Kommunikation machen. Im Zoo wirst du nicht nur vor dem Gehege der Giraffen und Leoparden stehen. Du wirst den Unterschied zwischen indischen und afrikanischen Elefanten erklären, die Infotafeln vorlesen und selbst viel lernen. Ihr besucht Ritterfeste und Burgen, Schlösser und Leuchttürme. Du wirst Tropfsteinhöhlen besichtigen und eine unterirdische Wunderwelt betreten – und deinem Kind erklären, wie solch natürliche Meisterwerke entstanden sind. Auf eurem Programm stehen Reisen in die faszinierende Unterwasserwelt mit beeindrucken Riesenschildkröten, putzigen Seepferdchen und gefährlichen Haien. Ihr bereist Wikingerdörfer, Schmetterlingsfarmen, erkundet U-Boote, und wenn es euch im Urlaub mal an die Algarve zieht, könnt ihr die ehemalige Piratenbucht Praia do Carvoeiro besuchen und auf einem richtigen Piratenschiff wie der Caravelle Santa Bernarda Seeräuber spielen. Am Strand sammelt deine Forscherin Muscheln, um diese genauer in Augenschein zu nehmen und sie mit den Mies-, Kamm- und Schwertmuscheln zu vergleichen, die ihr an der heimischen Nord- oder Ostsee gefunden habt. Da wären auch noch Park und Wald. Dort wartet die Pflanzen- und Tierwelt auf Neugierige.

Wenn du über einen grünen Daumen verfügst, wird dein Balkon oder Garten ebenfalls eine Lernwerkstatt für dein wissbegieriges Mäuschen sein. Möglicherweise kennst du dich mit Kräutern aus und bittest dein Kind beim Zubereiten des Mittagessens um eine Handvoll Basilikum, Thymian und Waldmeister (für die Bowle). Du bist stolz auf deine königlichen Hortensien, den duftenden Flieder, Jasmin und Lavendel, der dich an deine Urlaube in der Provence erinnert. So lernt ihr beide unentwegt voneinander. Spannende Zeiten erwarten dich. Noch ein Tipp: Informiere dich über themenbezogene Erlebnisnachmittage für Kinder in Museen.

GRUND NR. 71

Weil du lernst, wie man ein Schulkind motiviert

Zur Einschulung meines Sohnes schenkte mir ein Kollege *Das Lehrerhasser-Buch – Eine Mutter rechnet ab* von Lotte Kühn. Hm ... dachte ich und legte es auf den Stapel mit den Büchern, die ich eines Tages eventuell doch noch lesen werde. Ich wollte unvoreingenommen sein. Es gab keinen Anlass, mögliche Schwierigkeiten zu fürchten: Mein Sohn freute sich sehr auf den Ernst des Lebens. Im Kindergarten hielt man ihn für clever, wissbegierig, intelligent, vorlaut und temperamentvoll.

Seinen Schulranzen hatte sich mein Sohn schon acht Wochen vor Schulbeginn mit an sein Bett gestellt. Stolz betrachtete er seine Federtasche und spitzte seine Buntstifte an, obwohl es nicht notwendig war. Jeden Abend fragte er, wie viele Tage es noch bis zur Einschulung seien, und strich einen weiteren Tag des Wartens von seinem Zettel mit dem Einschul-Countdown.

Zwei Monate nach der Einschulung hatte mein Sohn mit der Schule abgeschlossen. »Da geh ich nicht mehr hin, Mama. Die Lehrerin mag mich nicht und ich sie auch nicht. Ich geh zurück in den Kindergarten. Spielen ist für Kinder sowieso viel wichtiger.«

Er könne nicht zurück in den Kindergarten, erklärte ich ihm. Er müsse zur Schule gehen, um später einmal einen Beruf ausüben zu können, der ihm gefalle.

»Ich werde Perlentaucher und schwimmen kann ich schon. Ich muss nicht mehr in die Schule.«

Jeden Morgen vor Schulbeginn machte mein Sohn Terz, und wenn ich ihn aus dem Hort abholte, war er schlechtgelaunt, frustriert und schlurfte gelangweilt hinter mir her. Er weigerte sich, seinen Schulranzen zu tragen, und so schnallte ich ihn mir auf den Rücken. Eines Abends sagte er beim Abendessen: »Mama, die Lehrerin sagt, dass ich doof bin.«

»Nein, du bist nicht doof. Rede dir so etwas bitte nicht ein«, entgegnete ich und hoffte inständig, mein Sohn würde meine Verzweiflung nicht spüren.

Die Lehrerin kannte ich nur von der Einschulung und einem Kennenlernelternabend. In jedem Fall gab es Gesprächsbedarf. Für mich war es nicht nachvollziehbar, warum mein Sohn, der sich dermaßen auf die Schule gefreut hatte, nach so kurzer Zeit derartig unmotiviert und widerborstig war. Der Lehrerin unterstellte ich, mit meinem Temperamentbolzen nicht zurechtzukommen. Und so wollte ich meinen Sohn vor der Ach-so-bösen-Lehrerin schützen, die ihn meiner Meinung nach schon im ersten Schuljahr aller Chancen für eine erfolgreiche Schullaufbahn beraubt hatte.

Die Lehrerin meinte, mein Sohn sei zu fantasievoll, zu frech und zu lebhaft – ein Zappelphilipp. Seine Sprachbegabung sei so etwas wie eine Fassade, hinter der er sich verstecke. Außerdem würde er zu viele Fragen stellen und ich würde mich zu häufig darauf einlassen, mit ihm zu diskutieren.

Natürlich lässt keine Mutter etwas auf ihr Kind kommen; nur sollte man auch ehrlich mit sich selbst sein. Frech, lebhaft und vorlaut ist mein Junior in der Tat. Mir war selbst aufgefallen, dass er es vorzog, versonnen auf seinem Kinderzimmerboden zu sitzen, um sich mit Lego zu beschäftigen, an seiner Zeitmaschine oder an Experimenten zu tüfteln, als sich am Schreibtisch mit seinen Hausaufgaben auseinanderzusetzen. Es ist die bequemste Lösung, für jedes Problem andere verantwortlich zu machen, die eigenen Hände in Unschuld zu waschen und zu behaupten, die Lehrer seien an allem schuld. Auch ich war dem Irrglauben verfallen, die Lehrer würden sich schon um alles kümmern und ich könnte mit meinem Sohn zwölf oder dreizehn Jahre nach der Einschulung das Abitur feiern.

Im zweiten Schuljahr wurde es brenzlig. Die Versetzung in die dritte Klasse stand auf dem Spiel, weil mein Sohn laut der Lehrerin nicht sein volles Potenzial ausschöpfte. Mein Sohn zog nach wie vor das Spielen dem Lernen vor, fand Plusrechnen langweilig und das Auswendiglernen des Einmaleins sowieso. Schreibenlernen empfand er als sinnlos. »Wenn ich groß bin, habe ich eh einen Computer. Wozu soll ich mir jetzt noch die Mühe mit dem Schreiben machen? Das ist totale Zeitverschwendung.«

Ich konnte schlecht »tolle Idee, Rechtschreibung wird auch völlig überschätzt, weil es Rechtschreibprogramme gibt, jippi, geh wieder spielen« sagen.

Mir war zum Heulen zumute. In der Ratgeber-Ecke meiner Lieblingsbuchhandlung fand ich das Buch *Der geniale Faulpelz: Warum Kinder lernen – manche aber nicht* von Ingrid Buschmann und wurde die Motivatorin meines Sohnes. Dazu musste ich einiges an meinem bisherigen Verhalten ändern. So holte ich meinen Sohn nicht mehr kurz vor 18 Uhr aus dem Hort ab, sondern um 16 Uhr. Ich spornte ihn an, indem ich ihm signalisierte: Ich interessiere mich für dich und das, was du in der Schule lernst. Wir besprachen Hausaufgaben – was nicht bedeutete, dass ich sie für ihn erledigte! Wir übten gemeinsam das Lesen, Schreiben, Einmaleins und Gedichte wie *Löwenzahn* und *Das Osterei*. Und ich trichterte ihm ein: »Glaub an dich! Vergleiche dich niemals mit deinen Klassenkameraden, die schon vor der Einschulung fließend lesen und mehr als ihren Namen schreiben konnten. Diese Fähigkeiten haben nichts mit wirklicher Intelligenz zu tun. Während deiner weiteren Schullaufbahn geht es um Wichtigeres als nur darum, Wissen anzuhäufen und auswendig zu lernen. Es geht um das Verstehen von Zusammenhängen. Die Schule ist eine Vorbereitung auf dein künftiges Leben. Wenn du später studieren möchtest, brauchst du nun einmal das Abitur.«

Inzwischen mag mein Sohn die Schule. Seine Lehrerin hält ihn nur noch für einen typischen Jungen, der ein bisschen frech und etwas faul ist. Manch einen Morgen steht mein Zweitklässer mit seinem Ranzen im Korridor und sagt: »Schule macht mir inzwischen richtig Spaß, Mama.« In den Momenten möchte ich vor Freude an die Zimmerdecke hüpfen.

Auch das Verhältnis zwischen der Lehrerin und mir hat sich entspannt. Ich sehe ihre Kritik nicht länger als Angriff gegen meinen Sohn, sondern als eine Möglichkeit, um über meine Aufgaben als Mutter eines Schuljungen nachzudenken.

Als ich beruflich unter Strom stand, hatte ich nach Dienstschluss nicht die Muße, mich zwischen Abendessen und Zubettgehen auch noch mit den Lernfortschritten meines Kindes auseinanderzusetzen und seine Hausaufgaben zu kontrollieren, die er im Hort gemacht hatte. Wenn wir jedoch unseren Kindern den Schulstart erleichtern wollen, kommen wir nicht umhin, unseren Teil als Eltern zum Erfolg beizutragen. Ich habe von Eltern gehört, die mit ihren Sechstklässlern büffeln, um sie durchs Schuljahr zu bringen. Ob dies sinnvoll ist, kann ich nicht beurteilen. Ich denke, Kinder sollten in der Grundschulzeit das Lernen lernen, um auf der weiterführenden Schule das von ihnen erwartete Pensum zu schaffen.

Das Lernen lernen – bei meinem Sohn hat sich eines bewährt: Nachdem ich konsequent eine Woche lang mit ihm nach der Schule eine halbe Stunde neben ihm gesessen hatte, um mit ihm zu üben, holte er von sich aus seine Hefte hervor und begann, zusätzlich zu den Hausaufgaben sogenannte »Fleißaufgaben« zu erledigen.

Wann soll ich denn noch mit meinem Kind büffeln, wenn ich so schon nicht mit meiner Zeit auskomme? Dafür sind die Lehrer da!, magst du jetzt denken.

Für berufstätige Mütter ist es in der Tat nicht einfach, sich nachmittags um die Schularbeiten des Kindes zu kümmern und Nachhilfe zu erteilen. Es geht jedoch nicht darum, zur Hobby-Lehrerin zu werden und das nachzuholen, was deiner Meinung nach die Lehrerin versäumt hat. Sondern es geht darum, in deinem Kind ein Bewusstsein für die Notwendigkeit des Lernens zu schaffen und auch dafür, dass Schule nicht lästig, sondern eine Möglichkeit ist, ganz viel zu lernen. Dass die Schule nicht nur eine blöde Penne mit Sesselpuper-Lehrern in Öko-Latschen ist, die veraltetes Wissen an die Schüler weitergeben, signalisierst du deinem Kind auch, indem du beispielsweise zum Elternabend erscheinst und dich bei Schulfesten blicken lässt. Du musst es ja nicht gleich übertreiben und dich als Milchmutter und in sämtlichen Elternausschüssen engagieren.

Unterschätze dein Kind nicht! Mein Sohn hat meine Ablehnung gegenüber der Lehrerin gespürt und dies als Freischein fürs Nichtstun interpretiert. In meinem Fall war es auch eine kleine Rache an meinen ehemaligen Lehrern. Unsere eigenen Erfahrungen sollten wir jedoch tunlichst für uns behalten.

GRUND NR. 72

Weil du eine neue Lust am bewussten, nachhaltigen Leben entdeckst

Wellness, Bio, Fair Trade, Öko – wir leben in einer Zeit, in der LOHAS-Konsumenten (Lifestyles of Health and Sustainability – Lebensstile für Gesundheit und Nachhaltigkeit), also Menschen, die es sich zum Lifestyle gemacht haben, bewusst, gesund und nachhaltig zu leben, wie ungespritzte Pilze aus dem Boden schießen. Unsere Generation scheint neben der Suche nach dem verlorenen Glück ebenfalls auf der Suche nach gelebter Nachhaltigkeit zu sein.

LOHAS-Anhänger erkennt man nicht an Rastazöpfen, Birkenstocks und orangefarbenen Leinenkleidern in Batik-Optik. Von der Masse heben sie sich durch ihr Strahlen ab und gewiss auch durch die Ruhe, die sie bei all der Unruhe unserer heutigen Zeit der Veränderung tief in sich tragen. Das mag an dem Genuss ihres Glücks-

Tees mit Weisheiten à la »Stille ist die höchste Errungenschaft des Selbst«, »Erkenntnis kann man nicht lernen« und »Lachen reinigt die Zähne«, an regelmäßigen Wannengängen in Glückliche Auszeit mit rotem Mohn und Hanf, an ihren Yoga-, Pilates-, Qi-Gong- oder Tai-Chi-Stunden, Klopf-, Klang- oder Hot-Stone-Massagen liegen oder an ihren Wellness- und Entspannungscoaches, die sich auf Ayurveda und Heilsteine spezialisiert haben. Es gibt Coaches für alles Mögliche und da der Begriff »Coach« nicht geschützt ist, kann jeder, der meint, auf einem speziellen Gebiet Experte zu sein, sich flugs »Coach« nennen und dem Suchenden erzählen, wo es im Leben langgeht.

Einige Mütter sind derart in ihrem Wellness-Wahn gefangen, dass sie sogar ihre Kinder, deren Stress sich noch auf den werktäglichen Besuch des Kindergartens beschränkt, wöchentlich zu einer Massage schicken, die beispielsweise auf traditioneller chinesischer Medizin basiert. Man kann es auch übertreiben, meine ich. Manchmal kommt es mir fast so vor, als versuchten diese Mütter, sich mit einer Art Bio-Öko-Wellness-Arroganz gegenseitig zu übertrumpfen: »Ich kaufe unsere Lebensmittel ausschließlich im Bio-Laden, lasse an Mäuschens Popo nur auswaschbare Stoffwindeln und gehe zum Baby-Yoga!« Nach dem Motto: Ich konsumiere mehr Bio-Öko-Wellness als du!

Dabei geht es bei dem bewussten, nachhaltigen Leben doch gar nicht um das Ausfechten eines weiteren Konkurrenzkampfes. Es geht darum, jeden so sein zu lassen, wie er ist, Gutes zu tun, den Mammon Mammon sein zu lassen und gemeinsam, durch bewusstes Vorleben, etwas dazu beizutragen, unseren Planeten wieder zu einer besseren, liebevolleren Welt zu machen.

Meine Großeltern, die längst verstorben sind, wurden, lange bevor ich mir über Umwelt- und Tierschutz, bewusstes Leben und solche Sachen Gedanken gemacht habe, Mitglieder bei Greenpeace. »Wir möchten etwas dafür tun, dass die Generationen nach uns auch noch etwas von der Erde haben«, sagte mein Opa, der sich als Hobby-Gärtner in seinem Schrebergarten selbst verwirklichte, Rhabarber, Stachel- und Johannisbeeren, Möhren und Kartoffeln anbaute. Häh?, dachte ich und machte mir Sorgen um die 200 Mark, die er mir zur Konfirmation versprochen hatte. Inzwischen bin ich selbst Eigentümerin einiger Spendenbescheinigungen von Organisationen, die sich um faire Verhältnisse und die Zukunft unserer Enkelkinder kümmern, und ich habe einen »Atomkraft? Nein danke«-Aufkleber am Kühlschrank. Ich denke auch über die Anschaffung eines Hybrid-Autos nach und könnte mir vorstellen, eines Tages auf dem Land zu leben.

»Je älter ich werde, desto mehr fange ich an, die Natur zu genießen«, sagte neulich eine befreundete Mutter, während wir mit unseren Kindern eine Radtour durch den Grunewald machten.

GRUND NR. 73

Weil du viele Stunden in Bio-Läden verbringst, um für eine gesunde Ernährung zu sorgen ...

Bio war nix für mich. Wahrscheinlich lag es an einer meiner vielen Kindheitserfahrungen. Ich bin neben einer Frau aufgewachsen, die gegen fünf Uhr morgens ihre Kornschreddermaschine anschmiss, um für ihre Liebsten ein leckeres Körnerfrühstück vorzubereiten. Diese Frau presste auch jeden Morgen frische Obstsäfte und zwang ihre Familie damit pünktlich an den Frühstückstisch. »Das Obst verliert dreißig Minuten nach dem Pressen seine Lebensenergie«, hatte mir ihr Sohn mal erklärt, als wir nach der Schule einen Döner aßen, was er häufiger tat, weil ihm die Tofu-Würstchen und Grünkernklößchen zum Hals raushingen.

Mit Bio verband ich Unglück. Dass Bio für eine Mutter fast ein Muss ist, wurde mir dann im Rückbildungskurs klar. Alle

Frauen, die etwas auf sich hielten, tranken und aßen Dinge, auf denen das Bio-Siegel prangte. Tolle Sachen waren das: Heidelbeer-Bananen-Smoothies, Apfel-Nuss-Müsliriegel, Frucht-Schnittchen mit gesund klingenden Bezeichnungen wie »Obstsalat« und »Viel-Frucht«, Dinkelbutterkekse, Dinkelkräcker, Dinkelstangen und sogar Bio-Schokokugeln und Himbeer-Sahne-Bio-Schokolade machten dort die Runde. Die Suche im Sortiment meines Discounters nach diesen Gesundsachen blieb bedauerlicherweise erfolglos.

Später, als mein Sohn alt genug für Besuche auf dem Spielplatz war, verfolgten mich auch dort die zwei schwarzen Buchstaben und das grüne »i« im Sechseck. Meine läppischen Discounter-Butterkekse versteckte ich in den Tiefen meiner Wickeltasche oder ich bewahrte sie in einer unverfänglichen roten Lunchbox mit fröhlich grinsendem Frosch auf.

Irgendwann hatte auch mein Supermarkt Drei-Buchstaben-Produkte: Bio-Bananen, Bio-Eier, Bio-Möhren, Bio-Kartoffeln, Bio-Milch. Ich probierte die Sachen und bildete mir dann doch glatt ein, alles schmecke viel natürlicher. In meiner Lieblings-Drogeriekette fand ich bald auch die biologisch wertvollen Leckereien aus dem Rückbildungskurs.

Bio-Waren haben mittlerweile meine Küche erobert. Bio-Märkte liebe ich. Es ist ein schönes Gefühl, nach vielen Jahren mit makellosen Äpfeln von der Stange einen nicht ganz so makellosen Holsteiner Cox mit braunen Dellen in den Händen zu halten.

Ich lebe und liebe Lebensphasen. In einer dieser Phasen stellte ich mich morgens auch in die Küche, um meinem Sohn und mir frische Säfte auszupressen. Ich entdeckte Naturkaufhäuser für mich und achtete darauf, »Fair trade«-Produkte zu kaufen.

Meinem Geldbeutel tat meine Öko-Phase nicht ganz so gut. Als alleinerziehende Mutter konnte ich mich nicht von Kopf bis Fuß und Magen auf Bio einlassen. Das ist einfach zu teuer. Und wenn ich ehrlich bin: Bio-Möhren schmecken irgendwie schon auch wie normale Möhren. Und Batik-Look passt nicht zu meinen Perlenohrringen.

Nun freue ich mich über das große Bio-Angebot der Discounter und zu besonderen Anlässen bummele ich durch Bio-Supermärkte. Man findet schon gute Schwingungen dort zwischen den Regalen. Und die Menschen scannen dich nicht mit oberflächlichen Blicken, weil es ihnen eher um Bequemlichkeit und inneren Frieden geht. Bio-Supermärkte sind toll – wenn sie nur nicht so teuer wären! Aber Qualität hat nun mal ihren Preis.

GRUND NR. 74

Weil du plötzlich die Schulmedizin verfluchst und auf Homöopathie schwörst

Kurz vor seinem ersten Geburtstag hatte mein Sohn ein Matschauge bedrohlichen Ausmaßes. Im Supermarkt beäugten mich ältere Damen, fragten besorgt »Was hat der Kleine denn?« und durchbohrten mich mit skeptischen Blicken.

»Das ist ein Gerstenkorn, das inzwischen zu einem Hagelkorn geworden ist«, erklärte ich in der Tonlage einer Rechtfertigung und hoffte inständig, nicht beim Jugendamt angezeigt zu werden. Das Hagelkorn sah nämlich keinesfalls wie ein gewöhnliches Hagelkorn aus. Das linke Auge meines Kindes wirkte vielmehr so, als hätte er Schläge bekommen. Es war eitrig geschwollen und rotblau gefärbt. Es war kein Auge mehr, sondern ein Eiterball mit Sehschlitz. Und das seit mehreren Monaten.

Jeder Arzt, den ich konsultierte, war ratlos. Keine Salbe half und nach einem Besuch in der Kinderklinik waren wir an eine Augenklinik verwiesen worden. Die dortigen Ärzte rieten zur OP mit Vollnarkose. Mein Sohn sollte unters Messer – und ich war am Verzweifeln. Mein Mäuschen? Vollnarkose! Das konnte doch nicht die Lösung sein, zumal diese Schwellung am Auge seit Monaten auf Wanderschaft war: Das Hagelkorn prangte mal am Oberlid, ein paar Tage später wieder am Unterlid.

Eine Mutter aus der Nachbarschaft, um die ich stets einen großen Bogen gemacht hatte, weil sie eine dieser Übermütter war, die alles besser wussten, zu jeder Sache einen Rat parat hatten und mit ihren Kindern nicht etwa zum Kinderarzt, sondern zu einem Experten für anthroposophische Medizin gingen, gab mir die Telefonnummer ihres Homöopathen. »Eine Koryphäe auf seinem Gebiet«, sagte sie.

Ich war skeptisch. Kügelchen waren etwas für aufgeregte Mütter, die nur mit Anti-Schock-Globulis in der Wickeltasche das Haus verließen. Mütter, die einem Kind, das nach einer waghalsigen Fahrt mit dem Laufrad gestürzt war, Kügelchen in den Mund steckten, hielt ich für völlig hysterisch. Meine Mutter hatte seinerzeit die Rutschen, Fahrräder, Roller, Dreiräder oder Schaukeln verhauen, die mir und meiner Schwester »wehgetan« hatten. Das fand ich süß und daher hatte ich diese Sitte für mich und meinen Sohn übernommen.

Mehr als einen Placebo-Effekt schrieb ich der Homöopathie nicht zu. Ein gewisser Arzt namens Samuel Friedrich Hahnemann ist der Begründer der klassischen Homöopathie. 1796 hatte er das »Ähnlichkeitsprinzip« (»Ähnliches wird mit Ähnlichem geheilt«) verfasst – und ich hatte keinen blassen Schimmer, was damit gemeint sein sollte. Außerdem hielt ich Menschen, die mit Heilsteinen behängt herumliefen, sich irgendwelche Kräuterpasten zusammenmischten und Kügelchen zu sich nahmen, um später dann von Wunderheilungen zu berichten, für sonderbar und schräg.

Das änderte sich an dem Tag, als ein gewisser Dr. Mirko Berger – seines Zeichens Schulmediziner mit homöopathischer Zusatzausbildung – an meinem Sohn ein wahres Wunder vollbrachte. Nach ausgiebiger Anamnese, einem Gespräch, in dem er mich auch zur häuslichen Situation und der Ehe befragte, war er an seinen Schrank gegangen, hatte das Mündchen meines Sohnes geöffnet, ihn sanftmütig angelächelt und ihm ein Kügelchen auf die Zunge gelegt.

Meinen Sohn chauffierte ich zu der Zeit noch in seiner Babyschale auf dem Rücksitz meines Autos. Und ob ihr es nun glaubt oder nicht: Das Matschauge begann bereits während der Autofahrt nach Hause zu heilen. Knapp zwei Wochen später hatte mein Sohn zwei gesunde Augen. Ohne Schnippelei! Mit Mitteln aus der Natur.

Ich habe Dr. Mirko Berger nie gefragt, welches Kügelchen er meinem Sohn verabreicht hat. Mir ist das auch egal, weil für mich ausschließlich das Ergebnis zählt. Dieser Homöopath hatte etwas vollbracht, an dem seine Kollegen gescheitert waren. Wer diese Geschichte für eine Erfindung hält, darf mich gern über den Verlag anschreiben. Ich habe Beweisfotos für diese »Wunderheilung«.

Die Homöopathie ist ein fester Bestandteil meines Lebens geworden. Ich verfüge über eine homöopathische Hausapotheke und wenn mein Sohn erkältet ist, renne ich nicht wie ein aufgescheuchtes Huhn zur Kinderärztin. Ich behandle ihn inzwischen selbst. Ich nehme mir Zeit für den Infekt. Das heißt, ich pflege meinen Sohn und setze mich (und ihn) nicht mehr unter Genesungsdruck. In meinem Fall geht das, weil ich inzwischen freiberuflich arbeite und mir somit meine Zeit selbst einteilen kann – berufstätigen Müttern empfehle ich von den Betreuungstagen im Krankheitsfall Gebrauch zu machen. Den Arbeitsausfall übernimmt dann die Krankenkasse und der Arbeitgeber hat an sich keinen Grund zu meckern.

Wenn eine Erkältung zehn Tage fürs Kurieren braucht, dann ist das eben so. Zum Glück verfügt mein Sohn über ein stabiles Immunsystem und ernsthaft krank war er auch nie. Natürlich habe ich für den Notfall eine Kinderärztin. Diese schwört ebenfalls auf Hahnemanns Methode.

KAPITEL ACHT

Von der zweiten Chance

GRUND NR. 75

Weil du als Mutter jeden Tag eine neue Chance bekommst

In welchem deiner Lebensbereiche wird dir diese Möglichkeit zuteil? Jeden Tag kannst du mit dem Vorsatz beginnen, alles (noch) besser zu machen. Rutsche aber bitte nicht unnötig in die zermürbende Perfektionsfalle. Perfektionismus mag eine löbliche Tugend sein. Im Laufe unserer Berufstätigkeit haben wir gelernt, akribisch und gewissenhaft zu funktionieren, um die Leistungen zu erbringen, die von uns erwartet werden und die wir nach bestem Wissen und Gewissen erbringen, um bei den Vorgesetzten bloß nicht in Ungnade zu fallen. Schließlich wurden wir oft genug Zeugen davon, was mit Kollegen geschah, denen ein Fehler unterlaufen war. Selbst wenn dieser nicht vorsätzlich begangen wurde, hatte er meist fatale Folgen. Wir kennen wohl alle Menschen, die beim morgendlichen Betreten ihres Büros Stoßgebete gen Himmel schicken, um einen weiteren Arbeitstag hinter sich zu bringen, der keinen Tobsuchtsanfall beim cholerischen Chef verursacht.

Unser Mäuschen hat uns nun selbst zur Chefin unseres kleinen Familienbetriebs gemacht. Klar, dass wir auch hier keine halben Sachen machen, sondern Topleistungen erbringen wollen. Wir managen, tun und machen, aber wenn wir vorm Einschlafen den Tag Revue passieren lassen, sind wir nicht selten mit uns unzufrieden. In Ermangelung der nötigen Kraft und Konsequenz haben wir unserem Kind vielleicht Dinge durchgehen lassen, bei denen wir uns erst gestern geschworen hatten, sie nie wieder zu dulden. Und auf der Suche nach der Vervollkommnung haben wir uns selbst und unsere Bedürfnisse ein bisschen vergessen.

Morgen ist ein neuer Tag. Du hast eine neue Chance. Nutze sie! Und vergiss nicht: Bei deinem Kind musst du nicht in die Rolle der selbstbeherrschten, kontrollierten Mother Perfect schlüpfen.

Dieser Mutter-Perfektionismus scheint ein Neuzeit-Phänomen gebildeter Mittelschichtfrauen zu sein. Wir erwarten viel, fördern unsere Kinder frühzeitig und bestmöglich, wollen weiter im Job glänzen – ein Balanceakt, der oft zum Scheitern verurteilt ist.

Im Auftrag des Babynahrungsherstellers Milupa beschäftige sich die Rheingold-Geschäftsführerin Ines Imdahl mit schwangeren Frauen und potenziellen Müttern. Ihre Studie »Kinderkriegen ist in Deutschland keine Selbstverständlichkeit mehr« wurde 2010 veröffentlicht. In einem Interview mit der Welt am Sonntag forderte die Psychologin mehr Selbstverständlichkeit für die Mutterrolle. Viele Frauen würden demnach ihre Kinder bekochen und umsorgen, als wären sie die Oma und nicht etwa die Mutter, weil sie Angst hätten, ihren eigenen Ansprüchen als Mutter nicht gerecht zu werden. Gleichzeitig hätten sie Angst, sich als berufstätige Frau zu verlieren. Gerade kinderlose Frauen fühlten sich von den Anforderungen, die mit dem Muttersein verbunden sind, überfordert. Man könne das laut der Psychologin mit dem Schönheitsideal vergleichen. »Was in den Werbekampagnen der Mode und Kosmetikindustrie vorgegeben wird, ist viel zu perfekt und verunsichert viele Frauen in ihrem Selbstverständnis«, so Ines Imdahl in dem Interview mit Welt am Sonntag-Autor Andreas Fasel.

Der Journalist erinnerte an die legendäre Dove-Kampagne, in der keine Models, sondern ganz normale Frauen für die Produkte warben. Eine ähnliche Aufklärungsarbeit hält die Psychologin für sinnvoll. Ines Imdahl, die selbst Mutter von vier Kindern ist, sagte: »Genauso sollte endlich ein anderes, von der Perfektion befreites Mutterbild kommen, das die Botschaft vermittelt: Du darfst auch mal unentspannt sein. Nur weil du mal die Nerven verloren und dein Kind angeschrien hast, wird es noch lange nicht drogensüchtig. Nicht, dass wir uns falsch verstehen: Ich plädiere ganz bestimmt nicht dafür, Kinder anzuschreien. Aber ohne Fehler geht es eben auch in der Erziehung nicht.«

GRUND NR. 76

Weil jede Mutter ihr eigenes Lebensmodell findet

Früher definierte ich mich über meinen Beruf. Ich wollte ein Beispiel sein für eine Frau, die alleinerziehend mit Kind auch im Job brilliert. Der Betriebskindergarten kam meinen beruflichen Bedürfnissen mit seinen arbeitnehmerfreundlichen Öffnungszeiten entgegen: Gegen acht übergab ich meinen Sohn an die Erzieherinnen und neun bis elf Stunden später holte ich ihn wieder ab.

Mein Beruf ist meine Leidenschaft, aber ich liebe auch meinen Sohn. Ich war hin- und hergerissen, weil ich ahnte, dass ich zu viel Zeit mit meiner Arbeit und zu wenig mit meinem Sohn verbrachte. Irgendwann wagte ich den Sprung in die unsichere Freiberuflichkeit und entschied mich damit für Arbeitszeiten, die es mir ermöglichten, Kind und Berufstätigkeit deutlich besser unter einen Hut zu bringen. »Du wolltest doch Karriere machen!«, insistierte ein kleiner Dämon immer wieder in mir. Dennoch ließ ich mich durch diese Sticheleien nicht von meiner Entscheidung abbringen.

Ich wollte auch eine bessere Mutter werden. Eine Mutter, die sich mit ihrem Kind beschäftigt, es nicht länger wegorganisiert. Es war eine bewusste Entscheidung, mich zunächst hauptsächlich auf das Abenteuer Kind einzulassen – mit dem Ziel, langfristig meine Berufstätigkeit mit den Bedürfnissen meines Kindes in Einklang zu bringen.

»Männer haben es leichter. Die brauchen sich nicht zwischen Beruf und Kindern zu entscheiden«, kommentierte eine befreundete Mutter meine Veränderung. Ohne Groll stimme ich zu: Männer bekommen zur Geburt ihres Kindes häufig eine Gehaltserhöhung – und brauchen sich oft keine Gedanken darüber zu machen, wie sich ein Kind auf ihre Berufstätigkeit auswirken könnte.

Es ist traurig, dass wir mehr über die Frauenquote diskutieren als darüber, was für berufstätige Mütter getan werden kann. Schwangere und Mütter sind mehr als eine Personalnummer. Sie sind Frauen, die kleine Kinder auf ein Leben vorbereiten, das sie zu vollwertigen Mitgliedern unserer Gesellschaft macht. Wann betrachten Arbeitgeber Frauen, die Mütter werden, nicht mehr als neuen Wagon auf dem Abstellgleis, sondern als eine Arbeitnehmerin, die nach einer Auszeit zurückkehren und mit ihren neuen Erfahrungen eine Bereicherung sein wird? Und wann endlich ermöglichen Arbeitgeber berufstätigen Müttern flexiblere Arbeitszeiten, um dieser Rückkehr einen menschlich tragbaren Rahmen zu geben, sodass Mütter sowohl ihren Verpflichtungen gegenüber ihren Kindern als auch ihren Aufgaben im Berufsleben gerecht werden können?

GRUND NR. 77

Weil du alles besser machen kannst als deine eigene Mutter

Mütter und Töchter – häufig eine Beziehung voller Missverständnisse. Sie hatte mit Sicherheit immer nur dein Bestes im Sinn; wenn es bloß dieses »Aber« nicht gäbe! Die gute Nachricht: Du kannst alles besser machen als deine Mutter. Die schlechte: Du kannst dir sicher sein, dass sich auch dein Kind später dieses Bessermachen zum Ziel setzen wird ...

Es ist doch so: Kaum eine Mutter begeht Fehler mit der festen Absicht, ihrem Kind zu schaden. Es geht um ganz normale Mütter mit ganz normalen Sorgen und Nöten, normalen Erschöpfungszuständen. Sie machen normale »Fehler«, die nicht begangen werden, um dem Kind zu schaden, sondern, weil die betreffende Mutter es in der jeweiligen Situation nicht besser wusste.

Sinnvoll wäre es für Mutter und Kind wohl, erst ein Mäuschen in die Welt zu setzen, wenn die Lebenschenkende mit sich und ihrem Platz zufrieden ist. Wenn sie absolut bereit ist, etwa zehn bis 15 Jahre ihre eigenen Bedürfnisse zurückzustellen und nicht irgendwann ihrem Kind die Schuld an verpassten Chancen zu geben. Wenn sie sich der Verantwortung bewusst ist, die sie als Mutter übernimmt. Wenn sie ihr eigenes Glück nicht von dem Glück ihrer Kinder abhängig macht. Wenn sie ihr Kind nicht mit der Bürde belastet, Glanz in ihr unglückliches Leben zu bringen. Wenn sie ihre eigenen nicht verwirklichten Träume und Sehnsüchte nicht auf ihr Kind projiziert und es damit unter Druck setzt. Wenn sie es als Mutter einer Tochter erträgt, dabei zuzuschauen, wie aus einem kleinen Mädchen eine erwachsene Schönheit wird und sie nicht auf die Jugendlichkeit ihrer Tochter eifersüchtig ist. Wenn sie es als Mutter eines Sohnes verwinden kann, ihren Junior später in die Hände seiner Frau zu geben. Wenn sie bereit ist, ein Kind eigene Werte und Vorstellungen vom Leben entwickeln zu lassen, dieses Kind dann auch liebt, obwohl es keine Kopie ihrer selbst ist. Wenn sie die Kraft hat, ihr Kind eines Tages loszulassen, mit anzusehen, wie es eigene Erfahrungen sammelt. Wenn sie geduldig genug ist, um ihrem Kind nicht die Suppe auszulöffeln, die es sich selbst eingebrockt hat. Wenn sie nicht ungefragt kritisiert, sondern abwartet, bis ihr Rat gefragt ist.

Diese Frau wäre dann beim ersten Kind keine Spätgebärende, sondern eine Risikospätgebärende um die fünfzig. Oder unsere Spezies würde aussterben, weil unser nach Sensationen, Abenteuern und Befriedigung dürstendes Ego um seine Platz-eins-Stellung auf der Ich!-Ich!-Ich!-Treppe bangt oder wir uns schlicht für unfähig halten, ein Kind zu erziehen.

Der Umgang mit dem renitenten Ego ist wesentlich problematischer als der mit den Fehlern deiner Mutter. Die kannst du nämlich für dich als Lerngeschenk betrachten, als Vorbereitung auf deine eigene Mutterschaft. Denn: Bei deinem Kind kannst du alles besser machen!

Viele Mütter gehen diese Aufgabe nicht mit Gelassenheit, sondern mit Verbissenheit an. Sie wollen die perfekten Mütter sein, weil sie alles, wirklich alles besser machen möchten. Hier lauert eine Gefahr: Einige Frauen verlieren sich in der Wut auf ihre Mutter, der Teufelskreis beginnt von Neuem. Sie bemerken noch nicht einmal, welchen Schaden sie wiederum ihrem eigenen Kind damit zufügen. So weigern sich beispielsweise einige Töchter mit der Mutter zu telefonieren, schicken das Kind vor, wenn sie der Mutter etwas mitteilen wollen. Ganz abgesehen davon, dass das feige ist, ist es eine Form von emotionalem Missbrauch. Das Kind wird benutzt. Wenn du mit deiner Mutter in ständigem Clinch liegst, halte wenigstens dein Kind aus der Angelegenheit heraus.

Was ist also die Lösung?

Genauso, wie wir von unseren Eltern erwarten dürfen, als Kinder losgelassen zu werden, müssen wir das, was wir mit unseren Eltern erlebt haben, loslassen. Wir können es doch eh nicht mehr ändern. Und warum sollten wir uns die Gegenwart mit Vergangenem vergiften? Wir leben heute!

Sei großmütig – und vergiss niemals: Auch du könntest in die Situation kommen, in der dein Kind dich mit Vorwürfen belegt, weil du dich zu wenig gekümmert und zu viel gearbeitet hast, weil du eventuell nie richtig zugehört hast oder der Weihnachtsmann das Playmobil-Piratenschiff nie gebracht hat, obwohl dieses vier Jahre in Folge Punkt eins der Wunschliste war.

Wir machen alle Fehler. Das ist menschlich. Unverzeihlich wäre es, wenn wir bewusst diese Fehler begingen, um unserem Kind zu schaden.

Als Mutter hast du also die großartige Chance, als die perfekteste Mutter der Welt in die Geschichte einzugehen. Dass du dich mit einem derartigen Anspruch selbst unnötig unter Druck setzt und Perfektionismus, wenn wir mal ganz ehrlich sind, auch nicht gerade das Gelbe vom Ei ist, wird dich als Frau, die in jedem Bereich

Bestleistungen von sich erwartet, wahrscheinlich gar nicht stören. Du kannst deinem Kind also all das geben, was du so sehr vermisst hast: Klavier-, Fecht-, Ballett-, Hockey-, Gitarren- und Tanzunterricht, Spielzeug ohne Limit, Computerspiele, Süßigkeiten – eben alles, was das Herz deines unersättlichen Mäuschens begehrt.

Ist ja nett gemeint, fatale Folgen hat es trotzdem. Auch diese Erziehungsmethode könnte dir später um die Ohren fliegen, weil Kinder, denen alles in den Hintern gepustet wird, zum Größenwahnsinn neigen. Abschreckende Beispiele gibt es sicher auch in deinem erwachsenen, erweiterten Bekanntenkreis und selbstverständlich auf den Spielplätzen.

Das sind die Kinder, die andere terrorisieren, mit ihren Frisbees direkt ins Gesicht anderer zielen (und von niemandem zurechtgewiesen werden), Holzschwerter bewusst kaputt machen und sich dafür nicht entschuldigen, weil sie wissen, dass sich Mama schon drum kümmern wird. Diese Kinder sind beleidigt, wenn ihr bester Freund auch mal mit einem anderen Kind spielen möchte, weil sie für sich Exklusiv-Ansprüche geltend machen. Es sind Kinder, die ihre Mütter nur beachten, wenn sie einen Euro brauchen, weil ihnen gerade nach einem Eis gelüstest, das sie unbesehen sofort bekommen, weil das Herzchen es gewohnt ist, alles zu bekommen, was es haben will. Das sind Kinder, die von ihren Müttern auf dem Nachhauseweg vom Spielplatz einen Schokoriegel oder das Nintendo in die Hand gedrückt bekommen, damit sie bloß ruhig bleiben und nicht auf den Wecker fallen.

Ich habe mal etwas sehr Interessantes gelesen: Eltern dürfen sich nicht wundern, wenn pubertierende Kinder ihre Fragen nicht mehr beantworten. Denn meist sind das Kinder von Eltern, die als Kleinkind die Erfahrung machen mussten, dass ihnen zwar Fragen gestellt wurden – aber die Erwachsenen nur im Vorbeigehen zugehört haben. Dieses geheuchelte Interesse rächt sich und irgendwie ist es doch nachvollziehbar, wenn Klein-Hugo als Halbstarker seine Eltern wie Luft behandelt, ihre Fragen nicht oder nur mit einem dumpfen »Grumpf« beantwortet. Er verhält sich lediglich so, wie er es Jahre zuvor selbst erlebt hat.

Bei der Kinderärztin meines Sohnes hängt ein Plakat im Eingangsbereich. »Kinder kann man nicht erziehen. Sie machen uns eh alles nach.« Trotzdem kannst du versuchen, alles besser zu machen.

GRUND NR. 78

Weil du lernst, deine Zunge zu zügeln – denn Kinder sind gnadenlos ehrlich und plaudern arglos alles aus

Tante Anna, Mama hat im ICE schon eine Flasche Sekt getrunken, weil sie … aber das darf ich nicht sagen!«

Tante Anna: »Hä?«

Mein Sohn: »Mama hat im ICE eine Flasche Sekt getrunken, weil sie keine Lust auf deine Hochzeit hat und sie Sekt braucht, um gute Laune zu haben …«

Ich hätte es besser wissen müssen. Ich kenne meinen Sohn seit sieben Jahren – und es gab schon die eine oder andere für mich peinliche Situation in unserem gemeinsamen Leben. Damals im Kindergarten beispielsweise. Zum fünften Geburtstag wollte mein Sohn alle Jungs aus seiner Schmetterlingsgruppe, einen Kumpel vom Spielplatz, den Sohn meiner besten Freundin und einen Jungen, den er zuletzt vor zweieinhalb Jahren gesehen hatte, einladen. Alles in allem hätte ich zwölf Kinder bespaßen müssen. Zu viel. Ich hatte mir eine Regel von anderen Müttern abgeguckt: pro Lebensjahr ein Kind. Mein Sohn musste also Kandidaten von der Liste streichen, was zu langatmigen Diskussionen führte und mich fast zur Verzweiflung brachte. Wir einigten uns letztlich auf sieben Jungs – ausnahmsweise natürlich! – und darauf, Tim und Patrick aus der Kita nicht einzuladen. Tim, weil ich seine Eltern kaum kenne; Patrick, weil er eine Weltreise durch Berlin hätte unternehmen müssen.

Am Tag nach unseren Verhandlungen den fünften Jahrestag meines Sohnes betreffend, holte ich meinen Spatz wie üblich nach der Arbeit aus dem Kindergarten ab. Er begrüßte mich mit sachlichem Blick und dieser Information: »Ich habe Tim heute gesagt, dass ich ihn leider nicht zu meinem Geburtstag einladen kann, weil du seine Eltern doof findest. Das ist aber nicht schlimm, Tim ist trotzdem noch mein Freund, Mama. Und Patrick war heute nicht da. Dem sage ich das dann morgen.«

Das letzte gemeinsame Jahr im Kindergarten grüßten mich Tims Eltern nicht mehr und sein Vater strafte mich mit Nichtachtung. Damals schwor ich mir, mein Kind nicht länger zu unterschätzen, meine Zunge zu zügeln und nur noch Unverfängliches von mir zu geben.

Und was habe ich daraus gelernt? Nicht viel, andernfalls hätte ich meinem Muckelmäuschen auf dem Weg zur Hochzeit meiner Schwester nicht verraten, warum ich mir innerhalb von einer Stunde und 34 Minuten ein Piccolöchen hinter die Binde schüttete. Ich hatte in der Tat keine Lust auf den Hamburger Schickimicki-Hochzeitskram und wollte nicht mit miesepetrigem Gesichtsausdruck die Stimmung trüben. Sekt hilft! Und da sieben Jahre Mutter-Kind-Beziehung verbinden, weihte ich meinen Sohn in mein kleines Geheimnis ein.

Kinder sind arglos und plappern gern Dinge aus. Dass ich meine Schwester durch die Unbedarftheit meines Mäuschens verletzt habe, weiß mein Sohn noch nicht. Ich habe diese Bloßstellung unter »dumm gelaufen« abgehakt und mir endgültig geschworen, mein Herz nicht länger auf der Zunge zu tragen.

Und Tante Anna? Die hatte trotzdem eine prächtige Hochzeit – und hat nonchalant Gleiches mit Gleichem vergolten. Den Namen ihrer Tochter, meiner goldigen ersten Nichte, erfuhr ich erst nach der Geburt im Frühsommer: Emilie Louise.

GRUND NR. 79

Weil du endlich eine gute Köchin wirst – und im Notfall stets Tiefkühlpizza, Dino-Nudeln und Geflügelwürstchen vorrätig hast

Kochen macht mich glücklich. Und wenn wir Freunde zu uns einladen, verwöhne ich diese gern mit meinen eigenen Kreationen. Schon Tage vorher stehe ich abends in der Küche und bereite Antipasti und Lukullisches vor. Unsere Freunde wissen meine Leidenschaft zu schätzen. Sie kommen gern, wenn ich den Kochlöffel schwinge. Ich sei eine hervorragende Köchin und solle an meinem Traum vom kleinen Restaurant mit acht Tischen und einer einfachen Tageskarte irgendwo am Mittelmeer festhalten.

»Mama, die Freundin von Papa, *die* kann richtig gut kochen. Bei *der* schmeckt es *immer*!«, sagte mein Sohn eines Freitags, als wir wie üblich Mini-Pizzen mit Schinken aßen. Mein Sohn schätzt meine Küche auch, allerdings schmeckt sie ihm nicht.

Ich habe großes Glück mit meinem Sohn. Was das Essen angeht, ist er unkompliziert und viele meiner Freundinnen beneiden mich darum, wie viel Obst und Gemüse er isst. Allerdings wissen meine Freundinnen nicht, wie mein Sohn Obst und Gemüse vorzieht: von mir absolut unbehandelt. Bis auf die Erdbeeren. Die verspeist er am liebsten mit einer guten Portion Zucker und Sprühsahne.

Als mein Sohn sechs Monate alt war, begann ich mit dem Zufüttern von Gläschen: Karotte, später auch Kartoffeln; Pastinaken mochte er nicht. Um den ersten Geburtstag herum begann ich, ihm Kartoffel-Möhren-Brei zu kochen. Mit einem Hauch Salz und ohne Pfeffer. Mein Sohn aß das immer gern.

Wann genau er anfing, meine Kochqualitäten abzulehnen und sich auf den Verzehr von Mini-Pizzen mit Schinken, Dino-Nudeln mit Käse, Fischstäbchen, Geflügelwürstchen, Karotten, Paprika und ab und zu mal ein kleines Stückchen rohe Kartoffel zu beschränken, erinnere ich mich nicht genau.

Es ist nicht so, dass ich es nicht probiert hätte, auch für meinen Sohn eine gute Köchin zu werden. Immer wieder versuchte ich, ihm etwas Leckereres zu kredenzen: Ich kochte ihm beispielsweise Spaghetti Bolo (mit wenig Salz und noch weniger Pfeffer). »Hm ...«, machte mein Sohn und kräuselte die Stirn. »Schmeckt ganz gut. Bei Papas Freundin schmeckt das aber irgendwie besser. Deins ist nicht schlecht, aber anders. Ich ess noch einen Löffel und dann habe ich keinen Appetit mehr.«

Ich rief meinen Exmann an. Ich musste wissen, was diese Wahnsinns-Hammer-Köchin-Frau für unseren Sohn kochte. Warum es ihm dort besser schmeckte und wie sie überhaupt dazu komme, besser zu kochen als die Mama, also ich. Letzteres dachte ich natürlich nur bei mir, denn ich gönne es meinem Sohn durchaus, dass sie ihm Gaumenfreuden bereitet. Es hätte auch schlimmer kommen können: Die Tochter einer Freundin kehrte nach einem Papa-Wochenende nach Hause zurück und gluckste: »Ey Mama, das ist soooooooooo cool. Ich habe jetzt zwei Mamas!« So etwas würde mir das Herz brechen.

Zurück zu der Frau, die für das leibliche Wohl meines Sohnes sorgt. Sie koche Empadão, »ein bei Kindern beliebtes portugiesisches Gericht, das aus Hackfleisch und Kartoffelpüree besteht«, erklärte mein Exmann. Ich könne das Rezept googeln, seine Freundin mache es aber aus dem Bauch heraus.

»Ne also wirklich, Mama. Das schmeckt überhaupt nicht«, sagte mein Sohn nach der ersten Gabel und spuckte den Inhalt seines Mundes gleich wieder auf den Teller. »Das kann ich nicht essen. Da wird mir schlecht. Hast du Mini-Pizza?«

Selbstverständlich hatte ich die.

Ich lerne weiter kochen, habe mir Kinderkochbücher gekauft und arrangiere das unbehandelte Gemüse zu ulkigen Fratzen, Piratenschiffchen und spicke Früchte auf Schaschlikstäbchen.

Manchmal kochen wir auch gemeinsam. Mein Sohn liebt es, die Möhren selbst zu schälen und Rühreier zuzubereiten – wobei es ihm nur darum geht, die Eier aufzuschlagen, das Endprodukt selbst rührt er nicht an.

Neulich versuchte ich es noch mal mit Kochen. Sohnemann bestellte für sich und seinen Übernachtungsfreund Hühnchen. Erwartungsvoll verfolgte ich, wie er sich mit seinen Fingern das zarte Brustfleisch herauspulte und in den Mund steckte. In dem Moment sagte der Junge, der neben ihm saß und den ich bis dahin recht sympathisch fand: »Igitt, das schmeckt wie Kacke!« Mein Sohn holte seine Hühnchenbrust aus dem Mund, legte sie angeekelt auf seinen Teller, rannte ins Badezimmer, um seinen Mund auszuwaschen, und ich griff in die Tiefkühltruhe ...

GRUND NR. 80

Weil dein Mantra »Wir probieren das einfach noch einmal« ist

Wille und Entschlusskraft sind zwei der besonderen Begabungen deines Kindes. Haben sie sich einmal etwas in den Kopf gesetzt, wollen sie es mit allen Mitteln erreichen. Zu beobachten ist dies bereits bei der ersten Drehung. Mit aller Kraft rollen sie sich vom Rücken auf den Bauch und dann wieder zurück auf den Rücken. Sie giggeln vor Freude über ihren ersten Erfolg. Als ich meinen Sohn seinerzeit bei seiner ersten Drehung beobachtete, stand ich hüpfend vor seiner Krabbeldecke. Ich kreischte: »Super, du bist toll. Wow!« Und er lächelte, sagte ohne Worte: »Nicht wahr, ich bin ein begnadeter vom Rücken-auf-den-Bauch-und-wieder-zurück-Roller.«

Fast täglich nimmt das Fähigkeiten-Repertoire deines Kindes zu. Irgendwann hält es sein Löffelchen selbst. Es greift selbstständig nach seinen Apfelschnitzeln. Es krabbelt, plumpst wieder hin. Steht auf, läuft die ersten Schritte, fällt auf den Boden und steht erneut auf.

Dein Kind sitzt fasziniert vor einem selbst errichteten Turm aus Plastikbechern. Das Gebäude nimmt die Ausmaße des Turms von Babel an. Dann gerät es ins Schwanken, erinnert an den schiefen Turm von Pisa – und schwuppdiwupp bricht alles zusammen. Das Kind guckt traurig, weint vielleicht oder ist sogar wütend auf sich selbst. Für dein Kind ist nicht einfach nur der Turm zusammengebrochen. Nein, es war sein Bauwerk, das es mit seinen Patschehändchen unter höchster Konzentration errichtet hat. Durch seine Selbstüberschätzung ist es eingestürzt. Eine Katastrophe also.

Nun bist du als Mama gefragt. »Das war ja doof, Kleines!« wäre wenig feinfühlig, sondern vernichtend. Jetzt kommen deine Fähigkeiten als Motivatorin und Trösterin ins Spiel. Als Supermama guckst du empathisch und sagst: »Hey, das probieren wir einfach noch einmal.« Du nimmst die Plastikbecher und ermunterst dein Kind, es wieder zu versuchen.

Dieses »Wir machen das noch einmal« wird zu deinem Mantra. Es signalisiert: Alles kein Problem! Erfolg kommt schließlich nicht von ungefähr. Üben, dranbleiben, es immer wieder probieren, niemals aufgeben, nur weil es beim ersten Mal nicht geklappt hat.

Dieses Mantra wird sich langfristig auch sehr angenehm auf deinen eigenen Gemütszustand auswirken. Du lässt dich durch Missgeschicke nicht mehr so leicht von deinen Vorhaben abbringen. Du wirst beharrlicher und geduldiger mit dir selbst. Alles braucht seine Zeit.

KAPITEL NEUN

Das Geheimnis der Gelassenheit

GRUND NR. 81

Weil du schön bist –
auch wenn du ein paar Pfunde zulegst

Dies ist ein Befehl! Betrete mindestens drei Monate nach der Geburt deines Schätzchens keine neondurchfluteten Umkleidekabinen mehr. Auch nicht, wenn du dringend Klamotten brauchst, weil du es leid bist, weiterhin deine Umstandskleidung zu tragen. Auch nicht, wenn du meinst, leicht wie eine Elfe zu sein und dir die Schwangerschaftsklamotten nun lockerflockig an deinem Körper flattern. Natürlich bist du wesentlich schlanker als am Ende der Schwangerschaft und selbstverständlich möchtest du dich auch als stillende Neu-Mami wieder sexy kleiden.

Dass deine vorschwangerschaftliche Garderobe noch nicht wieder sitzt, wirst du sicher schon schmerzlich zur Kenntnis genommen haben. So ist auch der Wunsch nach schicken neuen Sachen absolut nachvollziehbar. Setz dich dennoch nicht unter Druck, indem du dein Mäuschen in seiner Babyschale festschnallst, um dich dann auf den Weg in eines deiner Lieblingsgeschäfte zu machen. Spätestens in der Umkleidekabine wird dir zum Heulen zumute sein, wenn du deine Figur von Nahem betrachtest: monströser Hintern, Schwabbelbauch, der nicht einmal beim Einziehen halbwegs straff wird und obendrein bräunlich-rote Streifen um den Nabel herum hat, aufgequollene, tropfende Milchbrüste und wuchtige Oberschenkel, die, wenn es dich ganz schlimm getroffen hat, nun auch noch mit Besenreißern geschmückt sind. Tu dir das nicht an! Es sei denn, du bist masochistisch veranlagt und brauchst es mal wieder, dich nach Wochen des Mutterfreudentaumels ein bisschen bescheiden zu fühlen.

Geh online bummeln, bestell nach Herzenslust und Geldbeutel. Bestell alles zwei Konfektionsgrößen größer. Wenn du eine 32er-Frau warst, wird die 36 vielleicht knapp sitzen und die 38 perfekt sein. Als 36er-Frau ist es keine Schande, als Neu-Mama ein paar Wochen mit einer 40er-Hose zu leben. Wenn dir die Konfektionsgrößen schon beim Einkleiden schlechte Laune machen, schneide die Größe raus! Alles, was nicht sitzt, schickst du einfach wieder zurück.

Es gibt so viele Mamis, die sich nach der Entbindung mehr Gedanken um ihren Körper machen, als sich an dem Würmchen zu erfreuen. Jetzt mal ehrlich: Wer hat dir den Floh ins Ohr gesetzt, dass du als Mama eines Säuglings innerhalb weniger Wochen die Figur eines Mannequins haben musst? Wenn dich die Herrschaften von Victoria's Secret nicht demnächst in New York erwarten, damit du dort die aktuelle Dessous-Kollektion präsentierst, solltest du es tunlichst unterlassen, dich zu stressen.

Einige Frauen versagen sich schon während der Schwangerschaft die Gaumenfreuden, weil sie in Sorge um ihre gute Figur sind. Wir wissen alle, dass eine schwangere Frau nicht für zwei futtern muss. Viele tun es dennoch … Aber: In freudiger Erwartung ist es doch auch schön, sich mal ohne Rücksicht auf die Kalorientabelle Köstlichkeiten auf der Zunge zergehen zu lassen, die man sich sonst höchstens in der Weihnachtszeit genehmigt, und selbst dann mit schlechtem Gewissen.

Es ist normal, im Laufe der Wonnemonate zehn bis zwanzig Kilo zuzulegen. Häufig bist du nach Verlassen des Kreißsaals bereits acht bis zehn Kilo wieder los. Auch die anderen Pfunde werden purzeln. Hebammen raten von Radikal-Diäten ab – insbesondere, wenn das Kleine gestillt wird. Auch Sport ist die ersten sechs Wochen nicht drin. Selbst bei Spaziergängen musst du vorsichtig sein, weil der Beckenboden noch am Verheilen ist und sich ein einstündiger Fußmarsch durch Blutungen und starkes Ziehen bemerkbar machen kann.

Sei gut zu dir – und vergiss den Schönheitswahn! Du bist Mutter. Du hast Leben geschenkt. Eine Diät kannst du immer noch nach dem Abstillen beginnen. Während der Sillmonate reicht eine bewusste, gesunde Ernährung (und der Wille, auf Heißhungerattacken nicht mit hemmungslosem Schlemmen zu reagieren).

Dein Partner stichelt, nennt dich neuerdings Leggins-Brummer? Wenn du es mit einem derart oberflächlichen Typen zu tun hast, wird er sicher gern seine Kreditkarte zücken, wenn du ihm den Vorschlag unterbreitest, dich auf seine Kosten vertrauensvoll in die Hände eines Schönheitschirurgen zu begeben. Ich persönlich halte nichts davon, weil Anmut aus dem Herzen kommt und nicht auf dem OP-Tisch zurechtgeschnippelt werden kann. Um dich zu beruhigen: Die wenigsten Neu-Papas mäkeln an ihrer Liebsten herum. Viele Männer genießen die vorübergehende Weiblichkeit.

Und nun vergiss mal deinen Liebsten und all die makellosen Heidis und Giseles, die dich aus den Frauenzeitschriften und von Werbeplakaten für Deos, Bikinis und neue Parfüms anlächeln. Versetz dich stattdessen in dein Baby, für das das Leben noch ganz neu ist! Es ist in äußerst beengten Verhältnissen in dir zu einem Menschenkind herangewachsen. Was glaubst du, was dein Kind vorzieht? Eine Mama, an die es sich beim Stillen gemütlich kuscheln kann? Oder eine Mama, die knöchern ist und ständig darüber nachdenkt, ob die saugnapfähnlichen Brustwarzen je wieder abschwellen werden.

Einige Neu-Mamis stellen mit Grauen fest, dass sich die Bauchrolle im Laufe der Wochen auf Wanderschaft begibt und sie es sich eine Etage tiefer im Hintern und in den Oberschenkeln bequem macht. Halbwegs flacher Bauch und Riesenpo – auch das vergeht, wenn man sich vernünftig ernährt.

Außerdem wird die Zeit kommen, in der dein Kind krabbelt und eure Schränke aus- und nicht wieder einräumt. Dein Mäuschen wird laufen, mit dir Fangen spielen und eines schönen Tages startet ihr zur ersten gemeinsamen Radtour. Vielleicht werdet ihr im Sommer Inlineskater und im Winter Eiskunstläufer. Vor dir liegt ein Leben mit sehr viel Bewegung. Wenn du darauf nicht warten kannst, melde dich in einem Fitnessstudio an, um deinen Körper wieder zu stählen. Keine Zeit? Es gibt fantastische Schwangerschaftsfettweg-DVDs mit effektvollen Übungen, die du mühelos und nach Gutdünken in deinem Home-Studio praktizieren kannst. Ein toller Tipp, um den Bauch zu straffen, ist übrigens auch ein Hula-Hoop-Reifen. Nach dem Aufstehen zehn Minuten die Hüften kreisen lassen, dazu ein heimliches Mantra (»Ich bin schön, ich bin sexy, ich bin die schärfste Mami auf dem Planeten«) – und bereits nach einem Monat wirst du den Freudentaumel-Pogo tanzen. Das ist dann übrigens kein Grund, den Reifen auf dem Dachboden verschwinden zu lassen. Sonst kommt das Röllchen am Ende zurück ...

Statt dir allzu viele Gedanken um deinen Sexappeal zu machen, konzentriere dich lieber auf dein gesundes Kind. Für dein Knuddelpüpschen bist du nämlich auch ohne Mantra die schönste Frau. Und zwar nicht nur auf diesem Planeten, sondern im ganzen Universum! Es bewundert dich, liebt alles an dir, wird dir nacheifern. Wie schön wäre es, mit dir und deinem Körpergefühl völlig im Reinen zu sein und deinem Kind damit das Bewusstsein zu vermitteln: »Ich bin so, wie ich bin. Und genau so bin ich wunderbar.« Dieses Gefühl kannst du nicht spielen, du musst es empfinden. Und dann wird es sich auf die Zufriedenheit deines Kindes auswirken. Das Gegenteil ist ein Kleines, das seine Mama nur auf Diät kennt und sich mit fünf Jahren Gedanken darüber macht, ob es ein Smarties-Eis essen darf oder nicht, weil es sonst dick wird ...

GRUND NR. 82

Weil du lernst, Übermütter zu durchschauen, und du dich von ihrer Wir-wissen-alles-besser-Aura nicht mehr beirren lässt

Ihre Maske ist die Lässigkeit. Übermütter waren mir immer suspekt. Das ging so weit, dass ich auf dem Spielplatz eine andere Bank wählte. Ihre Wir-wissen-alles-besser-Aura hat mich stark verunsichert. Viele dieser Mütter engagieren sich in allen möglichen Ausschüssen und Festkomitees. Mit großer Begeisterung stehen sie bei Schulfesten an den Mohrenkopf-Maschinen, den Stelzenlauf-Ständen, am Buffet des Fördervereins und verteilen Lose für die Tombola. Sie übernehmen Ämter als Elternvertreter, Klassenkassenwart und Aushilfslehrer. Und wenn ihr Kind Geburtstag hat, stellen sie sich in die Küche, um die schönsten Kuchenschiffe mit Schaschlikstäbchen als Masten und Gummibärchen als Matrosen oder Prinzessinnentorten zu zaubern. Alles Bio und null Prozent Backmischung. Beim St. Martin-Umzug übernehmen sie anschließend mit einem Lächeln das Verteilen von Brot oder stehen am Grill, reparieren kaputte Laternen und können alle Lieder mitsingen.

Mir war unbehaglich zumute, wenn ich diese immerfort lächelnden, über alles erhabenen Super-Mütter sah, bei denen man manchmal schon den Eindruck hat, sie würden heimlich Happy-Mommy-Pillen schlucken.

Ich wollte nicht so sein wie sie. Höchstens ein bisschen. Grundschulkinder sind doch stolz wie Bolle, wenn sie ihrer Mutter beim Milchverkauf in der Schulpause kurz »Hallo« sagen können oder sie die Kinder der Frau sind, die Jahr für Jahr verantwortlich ist für die köstlichen Rostbratwürste beim Herbstfest, von denen der ganze Stadtteil noch Wochen später schwärmt. Ich war geblendet von diesem Gutmüttergehabe.

Bis zu dem Tag, an dem ich eine dieser 1-a-Übermuttis auf dem Parkplatz eines Supermarktes in einer prekären Situation beobachtete: Mit hochrotem Kopf schrie sie ihr Kind an. Ihre schätzungsweise vierjährige Tochter stand vor ihr, hielt ihre Puppe ganz fest im Arm und weinte. Als die Mutter mich sah, erstarrte sie. Sie setzte ihre Lässig-Maske auf und deutete ein »Hallo« an.

Nicht, dass ich Schadenfreude empfunden hätte, weil ich nun den Beweis hatte, dass sie auch nur eine ganz normale Mutter ist. Ich fühlte mich ihr plötzlich sehr verbunden und musste über mich selbst schmunzeln, weil ich ernsthaft davon ausgegangen war, dass sie eben alles besser macht als ich. Jede Mutter erlebt mal einen Ausnahmezustand. Frauen mit Übermütter-Supermama-Maske bereiten mir seitdem kein Unbehagen mehr. Wir sitzen doch alle in einem Boot und versuchen stets, das Ruder unseres Mutterschiffes fest im Griff zu haben.

GRUND NR. 83

Weil du so viel an der frischen Luft bist – und einen gesunden Teint hast

Ja, du hast Augenringe und leidest unter chronischem Schlafmangel. Dafür hast du als Mutter aber immer einen gesunden Teint. Zumindest in den Sommermonaten kannst du dir Experimente mit angeblich streifenfreien Selbstbräunern getrost schenken. Du musst in der schönsten Zeit des Jahres nicht Überstunden im klimatisierten Büro ableisten. Du bist Mutter und hast eine Verabredung unter freiem Himmel.

Picknicken, Rad fahren, Rollschuh laufen, Minigolf, Tischtennis, Fußball oder Federball spielen. Es geht ins Freibad, an den See, in den Garten von Freunden, auf die Spielplatzbank, zum Planschbecken auf die Dachterrasse einer Nachbarin und am Wochenende zum Campen an den Baggersee oder ins behagliche Strandhaus betuchter Freunde. In den Sommermonaten wäre es eine Sünde, Kinder zum Stubenhockerdasein zu zwingen, nur weil sie in einer Großstadt aufwachsen und wir ihnen kein idyllisches Leben wie bei Die Kinder aus Bullerbü ermöglichen können ...

In jeder Stadt gibt es großflächige Grünanlagen, auf denen abends häufig Menschen verschiedenster Kulturen gemütlich zusammenkommen und sich ein exotisch bis interessant duftendes Abendessen zubereiten. Für die Nase ist das in jedem Fall ein Erlebnis. Mein Sohn ist sehr wählerisch mit Gerüchen und meist zieht es uns nach Hause, wenn sich über dem Park eine Wolke mit Sonderbarkeiten breitmacht und auf dem nahegelegenen Spielplatz Jugendliche mit Bier Wippe und Schaukeln besetzen. Aber bis zum Geruchs- und Teeniespektakel – also etwa eine Stunde vor Sonnenuntergang – dürfte mein Kind eh nur am Wochenende draußen bleiben. Dir bleibt also ausreichend Zeit, um dich an der frischen Luft von der Klimaanlage zu erholen und zu einer beneidenswert gesunden Gesichtsfarbe zu kommen.

Wenn du als Neu-Mama vor lauter Windeln kein Land mehr siehst, verlasse dein Wochenbettcamp. Das macht den Kopf frei und du schöpfst Kraft für die bevorstehende Nacht, in der das Kleine möglicherweise wieder kein Auge zutut und ohne Rücksicht auf deine empfindlichen Ohren schreit.

In den ersten Wochen nach der Entbindung solltest du es mit den Spaziergängen behutsam angehen. Denke an deinen Beckenboden. Unterschätze die Folgen der Geburt nicht. Auch wenn du während deines Fußmarsches keine Beschwerden hast und die Warnungen der Hebamme belächelst, könnte es bei Überanstrengung am Abend zu Schmerzen und erneuten Blutungen kommen. Sei vorsichtig und übernimm dich nicht! Nicht umsonst heißt es, mindestens sechs Wochen nach der Niederkunft auf Gymnastik und körperliche Anstrengungen zu verzichten. Beschränk dich auf eine kleine Runde (etwa eine halbe Stunde).

GRUND NR. 84

Weil du für Zeiten der Erschöpfung tolle Überlebensstrategien hast

Haushalt, Kind, Partnerschaft, Berufstätigkeit, finanzielle Sorgen – viele Mütter sind mit ihrem Alltag überfordert, fühlen sich allein gelassen und verzweifeln innerlich. Man muss viel Mut aufbringen, um sich seine Überforderung einzugestehen – und noch viel mehr, um sich jemandem anzuvertrauen …

Lass es nicht so weit kommen! Hier sind ein paar tolle Überlebenstipps für gestresste Mütter:

Chaos gehört ab sofort zu deinem Leben

Auch wenn Mütter kein Geheimnis um die ersten strapaziösen Wochen mit Kind machen, erwischt es manch eine Neu-Mami völlig überraschend: Windelberge, schreiender Winzling, Stillen, Trösten, Vorsorgeuntersuchungen, Neugeborenenakne, schlaflose Nächte und der Haushalt macht sich auch nicht von allein. Dein Baby hat einen Mitbewohner im Schlepptau: das Chaos. Akzeptiere es. Es kommen bessere Zeiten!

Zeit für dich

Viele Mütter haben ein schlechtes Gewissen, wenn sie Zeit für sich allein genießen (wollen). Dabei ist es so wichtig für dich. Gönne dir immer wieder Auszeiten. Geh allein spazieren, schwimmen, Rad fahren – schalte regelmäßig von deinem stressigen Alltag ab. So schöpfst du Kraft, um mit neuer Energie deinem Kind zu begegnen.

Kümmere dich um deine Hobbys

Bevor du Mutter wurdest, hattest du viele Hobbys. Seit das Kind da ist, fehlt dir die Zeit. Nimm sie dir! Andernfalls wird dir die Decke schneller auf den Kopf fallen, als du vermutest. Du bist es dir selbst schuldig, etwas für dich zu tun. Du bist nicht nur Mutter. Du bist auch eine Frau mit eigenen Interessen und Bedürfnissen.

Shoppen für die Seele

Es gibt Mütter, die sich mit Buggy auf Shoppingtour begeben. Die wohl stressigste Art, einen Fang zu machen. Dein Kind ist schnell gelangweilt, hat eine volle Windel oder du kommst in die Verlegenheit, zwischen Kleiderbügeln stillen zu müssen. Gönn dir einen Bummeltag für dich allein. Belohne dich mit einer Kleinigkeit für dich – und nicht mit einem neuen Strampler für dein Süßes.

Erschöpfung ist keine Schande

Mamasein ist ein Knochenjob. Ohne Unterstützung und regelmäßige Auszeiten sind deine Akkus schnell leer. Folge: Du bist angespannt, ungeduldig und redest dir am Ende ein, unfähig oder gar eine schlechte Mutter zu sein. Bitte deinen Mann um Hilfe und verschanze dich nicht hinter dem utopischen Wunsch, perfekt zu sein.

Sport tut gut

Bewegung macht müde Mamas munter. Probier es mal mit Joggen oder Walken – das geht auch prima mit Kinderwagen. Besser wäre es allerdings, wenn du dich während des Sports auf dich allein konzentrieren würdest. Viele Fitnessstudios bieten eine Kinderbetreuung an. So kannst du dich auf dem Laufband abrackern und dein Mäuschen wird bespaßt.

Schreiben macht frei

Vielleicht magst du nicht über dich und deine Erschöpfung sprechen, über deine Wut und Verzweiflung, deine Ängste, deinen Kummer, deine Mutlosigkeit, weil es dir unangenehm ist und du versuchst, diese schwache Seite vor dir selbst und anderen zu verleugnen. Schreibe alles, was dich bedrückt, in ein Notizbuch. Nur für dich. Das macht Kopf und Herz frei. Und wenn du schon mal beim Aufschreiben bist, notiere auch, was du alles am Tag geleistet hast. Dann wirst du verstehen, warum du mit deinen Kräften am Ende bist.

Kinder haben auch Pflichten

Beginne rechtzeitig damit, deinem Kind Aufgaben zu übertragen. Jedes Familienmitglied hat seine Pflichten zu erfüllen, um seinen Beitrag zur Gemeinschaft zu leisten. Tisch decken, Kinderzimmer aufräumen, Müll runterbringen – jedes Kind kann sich seinem Alter entsprechend mit einbringen. Du bist nicht die Angestellte deines Kindes und eines Tages wird es für sich allein sorgen müssen.

Kinder haben im Elternbett nichts zu suchen

Auf vielen Besucherritzen haben es sich die lieben Kleinen gemütlich gemacht. So etwas solltest du gar nicht erst einführen. Kuscheln und toben ist okay, aber schlafen sollten die Mäuschen in ihren eigenen Betten. Es ist euer Bett und dort möchtest du schließlich mit Schatzi die Laken zerwühlen! Wer Schlafprobleme mit dem lieben Nachwuchs ein wenig humorvoller angehen möchte, dem empfehle ich das Büchlein *Verdammte Scheiße, schlaf ein!* von Adam Mansbach. Es ist die Geschichte eines Kindes, das nicht schlafen will und eines Vaters, der das Sch*** findet ...

Nutze den Mittagsschlaf deines Kindes

Leg dich selbst ein bisschen hin oder lese mal wieder ein schönes Buch, hör bewusst eine CD, auf der kein Kinderchor singt.

Organisiere dein Kind auch mal weg

Hab kein schlechtes Gewissen, wenn du dein Kind übers Wochenende zu den Großeltern gibst oder einer Freundin aus dem Kindergarten / der Schule anvertraust. Denk auch an dich und deinen Partner. Plant immer mal wieder ein Turtelwochenende für euch ein. Flieht aus dem Alltag und seid an diesen Tagen keine Eltern, sondern Mann und Frau, die einander begehren und guttun.

Sex tut gut!
Neuerdings bist du Windel- und Kinderflohmarkt-Expertin. Dein Mann freut sich über dein Engagement und dein gutes Wirtschaften, aber er vermisst auch die Frau, die du vor den Mutterfreuden warst. Vergesst eure Liebe nicht! Nehmt euch Zeit für eure Partnerschaft und Sex. Wenn du zu erschöpft bist, verkrümel dich nicht hinter dem Kinderbett. Sag es ihm, schlag einen Verwöhnabend mit gemeinsamem Entspannungsbad und anschließender Massage vor. Da wird selbst eine müde Libido schnell putzmunter.

Keine Zeit für Sex?
Euer Kind hat sich wie ein Keuschheitsgürtel um eure Lenden gelegt? Den Schlüssel habt ihr selbst in der Hand! Sicher, Eltern müssen wesentlich flexibler sein, wenn es um den kleinen Grenzverkehr geht. Aber ein Quickie, um die Laune zu heben, geht immer mal wieder: Wenn die Kinder Mittagsschlaf machen, mit Freunden im Innenhof oder bei den Nachbarskindern spielen. Größere Kinder können auch mit kleinem Einkaufszettel in den nahegelegenen Supermarkt geschickt werden.

Gründe einen Mütter-Stammtisch
Geteiltes Leid ist halbes Leid. Triff dich regelmäßig mit anderen Müttern und lass die Hosen runter. Sprich über Zweifel, Ängste, Unsicherheiten. Bitte eventuell um Rat. Reden befreit – und wenn du von den anderen Müttern hörst, dass es ihnen ähnlich ergeht, erleichtert dich dies ungemein und du fühlst dich nicht wie eine Volldeppin, sondern wie eine ganz »normale« Mutter. Wichtig:

Suhle dich nicht in einem Schlammbad aus Selbstmitleid. Und hab keine Scheu, im Notfall die Hilfe einer Beratungsstelle in Anspruch zu nehmen oder einen neuen Mütter-Stammtisch zu gründen, wenn die anderen Mamas dir vorflunkern, dass bei ihnen alles super läuft.

Achte auf dich und dein Leben
In den Medien werden Mütter häufig als perfekt gestylt, eloquent und erfolgreich dargestellt. Sie meistern ihr Leben mit Perlweißlächeln und Modelmaßen, sind gut gelaunte Mütter und Superehefrauen sowieso. In der Realität ist es so, dass vielen Müttern vor lauter Stress keine Zeit für ihr eigenes Leben bleibt. Immer mehr berufstätige Mütter leiden unter Burn-out. Lass es nicht so weit kommen! Setz dich nicht mit falschen Bildern unter Druck.

Eine Babysitterin für den Notfall
Kümmere dich um eine verlässliche Babysitterin, die im Notfall auch kurzfristig einspringen kann. Wenn dir daheim die Decke auf den Kopf fällt, kannst du mit deinem Schatz spontan zum Candlelight-Dinner aufbrechen.

Verwöhn dich regelmäßig
Ist das Kind endlich im Bett, ist man selbst meist auch schon reif für die Heia. Leg dich abends bloß nicht hin. Auch nicht kurz! Begib dich in die Badewanne. Genieß die Ruhe und kümmere dich ausschließlich um dich und dein Wohlbefinden. Kerzen und schöne Musik sorgen für eine behagliche Atmosphäre. Um den Abend stimmungsvoll ausklingen zu lassen, könnte dich dein Partner in den Schlaf massieren.

Unterdrücke deine Gefühle nicht
Gefühle sind menschlich und nur weil du Mutter bist, heißt das nicht, dass du nicht auch mal wütend oder traurig sein darfst. Vermeide es, dein Kind in solchen Situationen anzuschreien. Zieh dich

zurück, sage deinem Kind: »Mama braucht mal kurz ihre Ruhe.«
Wichtig: Mach deinem Kind klar, dass es keine Schuld hat!

Nimm Hilfe in Anspruch
Wenn du mit deinen Kräften und deinem Erziehungs-Latein am Ende bist, das Gefühl hast, dass dir dein Kind entgleitet, du selbst kurz vorm Durchdrehen bist, nimm Hilfe in Anspruch. Großmütter, befreundete Mütter, die Erzieher oder Lehrer deines Kindes können dir möglicherweise helfen. Wenn dir das unangenehm ist, wende dich an eine Beratungsstelle.

GRUND NR. 85

Weil du nicht mehr Unmengen in Anti-Cellulite-Cremes investierst

Werbung ist die Kunst, Menschen Dinge aufzuschwatzen, die sie nicht brauchen. Ich habe mir in meinem Leben schon alles Mögliche aufschwatzen lassen und mich für edle Tiegelchen mit dreißig Milliliter Zaubercreme gegen Cellulite förmlich verschuldet. Ich wollte auch vom Jungbrunnen naschen und eine alterslose Frau sein. Ohne Dellen mit den perfekten Maßen. Immer sexy und mit coolem Kind im Schlepptau. Eine dieser hippen Muddis wie in Cosmopolitan, Maxi, Petra oder InTouch. Und bloß keine dieser Mamas, die in bequemen Leggins und Bluse in Zeltformat Deutschlands Spielplätze belagern.

Zu meinem dreißigsten Geburtstag sagte eine damalige Praktikantin mit blonder Wallemähne, blauen Kulleraugen und Beinen bis zum Himmel »Boah, was ey? Du bist schon dreißig?! Hammercool. Jetzt habe ich echt keine Angst mehr vorm Altwerden.« In dem Moment war ich mir nicht sicher, ob ich beleidigt sein oder mich für das Kompliment bedanken sollte. Ich bedankte mich.

Vorsichtshalber. Bei derart schönen Praktikantinnen weiß man schließlich nie, auf welchem Chefredakteursposten sie eines Tages mal landen. Und: Mit 18 Jahren waren Menschen um die dreißig für mich schließlich auch scheintot.

Inzwischen bin ich nicht mehr knackige dreißig, sondern eine Frau in den besten Jahren. Ich bin 35. Und ich liebe es, in der Blüte meines Lebens zu stehen. Ich mache mir nichts mehr aus den gertenschlanken Superfrauen, die uns aus Magazinen entgegenlächeln und sich makellos geben. Eine Freundin von mir ist Fotografin und ich lasse mich nicht länger von Bildbearbeitungsprogrammen wie Photoshop an der Nase herumführen. Ich habe lange gebraucht, aber ich durchschaue das jetzt alles. Auch diese Werbelügen. Es gibt einfach keine Creme, die Cellulite innerhalb von ein paar Wochen wegzaubert. Blödsinn. Ganz abgesehen davon, dass ich als Mutter Prioritäten setzen muss: Neue Schuhe für Junior oder Edel-Cremes, die sich auf meinen Körper angeblich wie ein Bildbearbeitungsprogramm auswirken? Schuhe! Ganz klar.

Zumal: Am schönsten strahlen wir doch eh von innen. Frauen in den besten Jahren sowieso. Denn mit 18 Jahren musste die Knackfigur vom fehlenden Charisma ablenken. Ich liebe es, eine Frau zu sein – und ich stehe zu meinen Fältchen um die Augen und die Cellulite sehe ich nicht, weil ich am Hintern keine Augen habe.

GRUND NR. 86

Weil du dir die Yoga-Stunden sparst, denn Lego ist mindestens ebenso entspannend

Yoga gilt als verlässliche Entspannungsmethode, doch als Mama kannst du dir solche Unkosten getrost sparen. Wenn du deine Mitte suchst, setz dich auf den Kinderzimmerboden vor die Kiste mit den Lego-Steinen. Bau ein Häuschen mit Fensterläden, ein Raumschiff, ein verwunschenes Schloss, eine Tulpe, ein Segelboot ... Als Lego-Entspannungs-Anfängerin solltest du dich nicht selbst überfordern und mit etwas Einfachem einsteigen und dich von Mal zu Mal steigern. Beginn mit einem Auto. Stell es dir in deinem Kopf ganz genau vor. Wähle die Farben, die dein Auto haben soll, such die vier Reifen, einen Lenker und Steinchen, die als Stoßdämpfer deinem Werk den letzten Feinschliff verpassen.

Modell im Kopf? Dann leg los. Steinchen für Steinchen. Du weißt sicher, wie es geht, weil du dein Kind mehrfach beim Lego-Bauen beobachtet oder sogar schon ins Lego-Land ausgeführt hast. Ich versichere dir, in null Komma nix wirst du hochkonzentriert auf dem Fußboden sitzen und die verdammten Steine in der Box suchen, die längst mal hätten geordnet werden sollen. Lass dich durch deine plötzliche innere Unruhe nicht von deinem Vorhaben abbringen, deine innere Mitte zu spüren. Konzentriere dich. Such weiter. Ist Blau aus, nimmst du eben Grün. Macht doch nichts, wenn das Auto ein bisschen zusammengestümpert aussieht. Außerdem wolltest du ja nicht mit deinem Kind in Konkurrenz treten, sondern entspannen.

Baue, spüre deinen Atem, konzentriere dich auf das Gefühl in deinen Sitzhöckern. Achte auf eine gerade Körperhaltung, was du nicht während dieses gesamten Lego-Bau-Entspannungsprozesses durchhalten kannst, weil du ja auch nach Steinchen suchst.

Du lachst? Denkst, ich mach mich hier gerade über dich lustig? Mitnichten! Wenn ich eines im Kinderzimmer meines Sohnes aufrichtig mag, dann ist es seine Kiste mit den Lego-Steinen. Und ich war noch nie so konzentriert wie neulich, als ich ein weißes Hexenhäuschen baute und nach einem weißen Einerstein mit Loch und einer runden Platte obendrauf suchte. Mit Lego wird das Kinderzimmer zum Entspannungstempel. Und bloß nicht vergessen, alles hübsch wieder aufzuräumen. Andernfalls gehst du nicht »Om-ich-bin-ja-sowas-von-entspannt« singend durch die

Wohnung, sondern »Autsch-scheiße-tut-das-weh« wimmernd – also, wenn du dann nachts auf einen vergessenen Stein trittst!

GRUND NR. 87

Weil du nicht mehr in Bettenburgen Urlaub machst, sondern auf Bauernhöfen, in Kinderhotels oder auf dem Campingplatz

Urlaub bedeutete für mich früher, fremde Länder zu bereisen und andere Kulturen kennenzulernen. Das machte ich am liebsten, indem ich mich bei befreundeten Einheimischen für eine Weile einquartierte und mir dann all das zeigen ließ, was ein Ottonormaltourist nicht zu Gesicht bekam.

Mit Kleinkind geht das zwar auch, wäre aber nicht wirklich kindgerecht. Ich weiß nicht, was eurem Schätzchen Spaß bereitet – mein Sohn ist jedenfalls ein Strandkind. Wenn es nach ihm ginge, würde er in den Sommerferien viele Stunden mit Eimer, Schippe und Catcher am Strand verbringen, um sich dort mit all dem zu beschäftigen, was er im Meeressand vorfindet: Muscheln, leere Bierdosen und Farbeimer, Seetang, Steine, Krebse, grünliche Holzbohlen, große und kleine Quallen, alte Badelatschen und manchmal tote Fischchen, die an den Strand gespült wurden und die er vor dem Abendessen eines Meerestieres würdig an einem ruhigen Fleckchen Strand beerdigt.

Nun bin ich keine Freundin davon, drei Wochen in einer Strandmuschel an der Atlantik-, Nordsee- oder Ostseeküste oder in einer Familienbucht auf Mallorca zu verbringen.

Selbst als ich noch Remmidemmi mochte, waren mir die Menschen, die in Bettenhochburgen Pause vom Alltag machten und jeden Morgen mit kleinen Augen, tierischer Fahne, ihrem Handtuch und der Suche nach einem freien Plätzchen in der Badebucht begannen, suspekt.

Wie viele meiner Elternfreunde bin auch ich ein Fan von Center Parcs, Kinderhotels und Urlaub auf dem Bauernhof geworden. Eine Last-Minute-Woche Domrep oder Thailand ist zwar fast so teuer wie eine reguläre Woche Center Parc in der Bispinger Heide oder ein Kinderhotel in Österreich, der Schweiz oder Bayern – aber dafür wird dort auch wahnsinnig viel geboten, um die Kinder bei Laune zu halten und dir und deinem Liebsten Schmusestunden oder Zeit für Wellness zu verschaffen. Während dein Kind also betreutes Indianerspiel betreibt, im Feuerwehrauto mit Blaulicht durchs idyllische Allgäu fährt, Reitunterricht nimmt, T-Shirts bemalt, unter Anleitung einer Frau mit blauer Perücke und güldenem Feengewand einen Zauberstab mit Pappstern auf der Spitze bastelt, sich einen Schmetterling, Sterne, Herzen oder etwas Undefinierbares ins Gesicht malen lässt, die Kletterwand im beheizten Indoorspielplatz erklimmt, auf der Hüpfburg tobt oder es mit einem Rodeostier auf sich nimmt, kannst du dich mit deinem Schatz in Ruhe für ein, zwei Stunden zurückziehen: Wassergymnastik, Sauna, Dampfbad, Ganzkörperschlammmassage und oder -Waxing, progressive Muskelentspannung unter Anleitung, Biergarten, Wald oder Schlafzimmer.

Natürlich möchtet ihr auch etwas mit den Mäusen unternehmen, sie nicht nur fremd bespielen lassen! Je nach Angebot und Lage eurer Ferienherberge und eurer Abenteuerlust geht es zum Kanufahren, in die Seilbahn, zum Wandern, Mountainbiking, Rafting, Angeln oder in ein tolles Spaßbad mit riesiger Wasserrutsche. Abends könnt ihr euch mit Ferienfreunden eures Kindes und deren Eltern um ein Lagerfeuer setzen und Stockbrot zubereiten. Familienhotelbetreiber haben häufig ein großes Herz für urlaubsreife Eltern: Einmal in der Woche bieten einige einen Ausschlaftag für Mamis und Papis. Die Kleinen werden dann zum Frühstück abgeholt und ihr könnt so tun, als wärt ihr in den Flitterwochen auf einem fernen Planeten.

Sehr zu empfehlen sind auch Urlaube mit befreundeten Familien in einem geräumigen Ferienhaus mit zwei Badezimmern in Dänemark, Schweden, Frankreich oder wo es euch auch hinziehen mag. So könnt ihr euch gegenseitig mit der Kinderbetreuung unterstützen. Zudem haben die Kinder Spielkameraden.

Ferien auf dem Bauernhof sind besonders für Tierforscher und Stadtkinder aufregend. Allerdings merkte mein Sohn seinerzeit an, dass die vielen Fliegen lästig seien und es sehr stinken würde bei unseren Gastgebern. Und ja, in der Luft lag Kuhdung, Gülle und etwas Säuerliches, woran auch ich mich erst gewöhnt hatte, als wir wieder die Heimreise antraten. Mein Sohn hatte viel zu entdecken, jagte Katze Miezemauz, ärgerte den Bernhardiner Rudi, ritt auf einem Pony namens Dolly, half beim Füttern der Hühner und Gänse, fuhr mit dem Bauern und seinen Zwillingen Karla und Käthe im Trecker über Kartoffelfelder und hielt sich besonders gern im Kuhstall auf. Er lachte sich schlapp, wenn er den Kälbern seine kleine Hand in ihren Mund steckte, weil es so kitzelte, wenn sie daran sogen. Doof fand er es, als er beim Hüpfen auf den Strohballen das Gleichgewicht verlor, in eine Schlammpfütze neben dem Schweinestall fiel und die Bäuerin und ich uns das Lachen nicht verkneifen konnten.

Auch Campingplätze sind sehr beliebt bei Kindern. Für Mamis, die in kinderlosen Zeiten in paradiesischen Fünf-Sterne-Residenzen zu urlauben pflegten, mag das keine Option für einen Familienurlaub sein. Aber vielleicht kannst du für dein Kind und eure gemeinsamen Erinnerungen über deinen Schatten springen und wenigstens einmal ein Wochenende auf einer Isomatte im Zelt verbringen. Ich werde das Bild nie vergessen, als ich meinem Sohn auf einem Campingplatzplumpsklo auf der griechischen Insel Sifnos erklärte, wie er sich in die Hocke stellen solle, wenn er groß müsse, und er verstehend nickte, »okay« sagte, sich sodann seine Shorts hinunterzog, sich in das weiße Porzellanbecken setzte und seine Füße dort baumelten, wo sie hätten stehen sollen ...

GRUND NR. 88

Weil du von Kindern lernst, was Diplomatie ist

Diplomatie ist die Fähigkeit, klug aufeinander zuzugehen. »Raffiniertes Überzeugen« könnten es die Menschen nennen, die gern ihren Willen durchsetzen und so kurzweilig in einem Rausch von Hochmut – basierend auf ihrem Manipulationsgeschick, ihrer Überlegenheit oder Durchsetzungstaktik – schwelgen.

Während viele Erwachsene Diplomatie tatsächlich mit Zurückstellen oder Durchboxen der eigenen Bedürfnisse verwechseln und sich primär darum kümmern, ihr Gesicht zu wahren, anstatt sich um das Wohl aller Beteiligten zu sorgen, scheinen Kinder von Natur aus kleine Diplomaten zu sein und ein gemeinsames Ziel zu verfolgen.

Du kannst es überall beobachten. Besonders auf Bolz- und Spielplätzen. Nicht jedes Kind verfügt über eine diplomatische Herangehensweise. Aber es gibt diese Kinder, die bei Streit als Schlichter fungieren. Kinder, die mit anderen Kindern einvernehmliche Lösungen finden und brenzlige Situationen entschärfen. Es sind Kinder von Eltern, die ihrem Nachwuchs vertrauen und fest daran glauben, dass sich alles fügen wird. Kinder von Eltern, die ihren Sprösslingen nicht jedes Problem abnehmen und sich nicht zur Schaukel begeben, um den seit mindestens zwanzig Minuten schaukelnden Jungen zu verjagen, damit das eigene Mäuschen auch mal durch die Lüfte fliegen kann. Es sind Kinder, die sich selbst behaupten können, die ihrerseits darauf vertrauen dürfen, Eltern zu haben, die notfalls eingreifen und sie beschützen. Aber eben nur im Notfall. Es sind Kinder, die vor der Einschulung die Erfahrung machen durften, wie es ist, selbstständig zu handeln und dabei erfolgreich zu sein – oder auch mal eine Schlappe einzustecken. Es sind also Kinder, die Kinder sein dürfen.

Ein schönes Beispiel für kindliche Diplomatie ist die Geschichte einer Freundin. Sie lebt in einer Patchwork-Familie. Am Tag, als sie und ihr neuer Partner erstmals ihre Töchter einander vorstellten, wollten sie den Mädchen – wir nennen sie Lena und Marie – eine besondere Freude machen. Ihre Idee: ein Ausflug zu einem Ponyhof oder eine Fahrt an die Ostsee – die Mädels sollten wählen, wohin es geht. Das gemeinsame Entscheiden sollte den beiden die Möglichkeit geben, einander besser kennenzulernen.

Lena, die siebenjährige Tochter meiner Freundin, wollte auf den Ponyhof. Marie, die sechsjährige Tochter ihres neuen Partners, entschied sich fürs Meer. Es flossen Tränen, beide beschimpften einander und die Tochter meiner Freundin verwies das andere Mädchen aus ihrem Kinderzimmer. Lena wollte Marie nie wieder sehen, und meine Freundin und ihr neuer Freund waren kurz vorm Verzweifeln.

Statt trauter Viersamkeit lagen sich Lena und Marie eine Stunde nach ihrem erstmaligen Aufeinandertreffen in den Haaren. Meine Freundin und ihr Partner wollten die Situation retten, entschieden für die Mädchen, offerierten ein drittes Ausflugsziel: den Tierpark. Da wurden die beiden Streithähne nur noch wütender und beharrten auf einem Ausflug zum Ponyhof beziehungsweise einer Fahrt an den Strand. Meine Freundin und ihr neuer Freund kapitulierten, wollten die Mädchen-Zusammenführung, die sie sich so harmonisch vorgestellt hatten, vorzeitig beenden ...

Dann stand auf einmal die Tochter des Freundes meiner Freundin vor ihrem Vater und sagte: »Papa, wir können gern das machen, was Lena möchte.« Darauf entgegnete die Tochter meiner Freundin: »Nein, nein! Marie darf entscheiden, weil sie auch unser Besuch ist. Mir ist es egal.« Letztlich ging es auf den Ponyhof und einen Monat später fuhren meine Freundin und ihr neuer Freund mit Lena und Marie an den Strand.

Die beiden Erwachsenen haben aus ihrem Fehler gelernt: Sie entscheiden seitdem, was unternommen wird. Denn auch, wenn sie von den diplomatischen Fähigkeiten ihrer Töchter beeindruckt sind, so empfinden sie ihr eigenes, gut gemeintes Angebot inzwischen als Zeichen ihrer einstigen Unsicherheit: Eltern sollten die Entscheidung treffen, denn Kinder sind damit nicht selten überfordert. Aber zum Glück bereichern viele kleine Diplomaten unser Leben und öffnen uns die Augen.

GRUND NR. 89

Weil du immer recht hast – zumindest bis zur Pubertät

Dieser Grund ist mit äußerster Vorsicht zu genießen. Frauen, die dazu neigen, sich unterbuttern zu lassen, viel einstecken müssen und das stille Leiden als gegeben hinnehmen, könnten beim Rechthaben gegenüber ihrem Kind eine großartige Chance wittern: Endlich kann ich meinen Willen durchsetzen! Immer – und ohne Wenn und Aber. Mein Kind muss schließlich tun und lassen, was ich von ihm verlange. Und so könntest du nach Lust und Laune Tag für Tag deine Energie daraus schöpfen, dein Kind in seine Schranken zu weisen. Dein Kind wird zwangsläufig verstehen, dass du nicht zu Scherzen aufgelegt bist, und treu ergebenst das tun, was du ihm erlaubst oder verbietest. Das Problem: Dein Kind wird es nicht tun, weil es dich bis zu den Sternen und zurück liebt, dir vertraut und dich als Autoritätsperson respektiert und achtet, sondern weil es Angst vor dir hat. Das wäre eine erste Kerbe im Rückgrat deines Kindes ...

Liebesentzug ist von deinem Kind nicht zu erwarten. Es liebt dich, weil ihm ja nichts anderes übrig bleibt, als dich zu lieben. Es muss dich lieben, weil du seine Mama bist!

Selbstredend ist es so, dass du als Chefin deines Kindes das Sagen hast, es deinen Regeln Folge leisten muss. Beim Rechthaben geht es aber nicht um ein Kräftemessen, einen Machtkampf oder darum, wer von euch beiden der Stärkere ist (das wird erst in der

Pubertät zum Thema.) Es geht um das Befolgen und Einhalten von gewissen Regeln, an denen sich dein Kind orientieren kann, um sich langfristig zu einem vollwertigen Mitglied unserer Gesellschaft zu entwickeln.

Um sich seiner selbst bewusst zu werden und zu sein, benötigt dein Kind eine authentische Mutter, die für das einsteht, was sie denkt. Sei eine verlässliche Wegweiserin, die sich traut, gegenüber ihrem Kind als erwachsene, zuverlässige und verbindliche Frau aufzutreten; die es erträgt, wenn sich das Kind nicht mit einem Nein zufriedengibt und sich dennoch nicht erweichen lässt.

Selbstverständlich hast du immer recht, wenn es darum geht, den Süßigkeitenkonsum deines Kindes im Auge zu behalten und nach einem Eis kein weiteres zu erlauben. Du hast auch recht, wenn du dein Kind darauf hinweist, dass es selbst für die Ordnung in seinem Kinderzimmer verantwortlich ist und es seine Hausaufgaben nicht erst im Bett nach dem Gutenachtkuss machen darf. Du hast recht, wenn du einem Grundschüler nicht erlaubst, Chips und Cola als Pausensnack mitzunehmen. Du hast auch recht, wenn du dein Kind nicht selbst bestimmen lässt, wann es sich ins Land der Träume begibt.

Wenn dein Kind nachfragt, warum es gewisse Dinge tun und andere lassen soll, nimm dir Zeit für Erklärungen, die nachvollziehbar sind. Vermeide endlose Diskussionen. Du bist die Mutter. Du hast recht! Tritt auch so auf.

Wenn du mit deinem Kind sprichst, tu es nicht in einer neunmalklugen Ich-bin-deine-Mutter-und-weiß-per-se-alles-besser-als-du-Art und schon gar nicht von oben herab. Geh auf Augenhöhe, sprich ruhig, verständnisvoll und vermeide eine Diskussion. Bei den Chips half bei meinem Sohn ein klares »Nein!« und diese Erklärung: »Mir ist es egal, was andere Mütter ihren Kindern zur Schule mitgeben, und ich kann verstehen, dass du auch gern Chips hättest. Aber Chips sind ungesund und nicht das Richtige für die Schule.«

Spätestens in der Pubertät wird dein Kind selbst entscheiden, wer von euch beiden recht hat. Natürlich geht es dann nicht mehr um Peanuts wie Spielzeug, Hausaufgaben, Zimmer aufräumen und Chips ...

GRUND NR. 90

Weil du nach einem schlabberigen Kinderkuss die ganze Welt umarmen möchtest

Kinderküsse sind ein Geschenk. Es gibt besonders kostbare. Ich meine diese schlabberigen. Die, die nass und klebrig sind. Die, die nicht »hallo«, »tschüs«, »danke« oder »ich hab dich lieb« bedeuten, sondern die, die dein Herz zum Hüpfen bringen, weil sie ebenfalls von Herzen kommen und nicht zu einer einstudierten Begrüßungsgeste oder dem abendlichen Gutenachtritual gehören.

Diese Küsse machen glücklich, weil sie Ausdruck der kindlichen, unschuldigen Liebe sind, des Angenommenseins. Küsse, die dir sagen: Ich sehe dich! So, wie du bist. Und genau so bist du fantastisch.

Wenn du erstmals Empfängerin eines solchen Schlabberkusses wirst, freu dich über die liebe Geste. Wisch bloß nicht pikiert, erschrocken oder gar entsetzt mit der Hand über deine klebrige Wange. Sei auch nicht in Sorge um dein Make-up. Alles nebensächlich. Freu dich über das Geschenk, das dir bereitet wurde. Genieße es. Schwelge in dem Rausch der Seligkeit.

Diese Küsse de luxe kommen meist völlig unerwartet und sind gewiss nicht immer nur von deinem eigenen Kind. Wenn sie kommen, überfluten sie dich mit Wärme. Du möchtest losrennen, die ganze Welt umarmen. Du sprudelst über vor Liebe und möchtest dieses Gefühl mit so vielen Menschen wie möglich teilen. Vor Rührung könnten Freudentränen deine Wangen hinunterkullern.

Die Tochter einer ehemaligen Kollegin sehe ich nur selten. Es handelt sich um ein Mädchen, das den Nachmittag gern im Rosenbeet ihrer Mutter verbringt und dort Gespräche mit für uns unsichtbaren Feen und Elfen führt. Manchmal setze ich mich zu ihr, weil mir die Vorstellung gefällt, sie könne einen Zugang zu einer mir nicht mehr erschlossenen Zauberwelt haben. Eines Nachmittags hatte auch ich das Gefühl, ein Tinkerbell ähnliches Wesen auf einer Blüte tanzen zu sehen, und flüsterte es der Kleinen ins Ohr. Diese strahlte. »Ja, *die* habe ich auch gesehen.« Ich fühlte mich wie eine Lügnerin, weil ich mir gar nicht mehr so sicher war, ob es nun Einbildung oder doch Realität war. Ein paar Tage zuvor hatte ich *Peter Pan* gesehen und dort hüpft Tinkerbell bekanntlich auch auf den Blumen herum und fliegt durch Schlüssellöcher und Kommoden. Es hätte also ein Erinnerungsfetzen sein können.

Die Tochter meiner ehemaligen Kollegin, die sich über das Feen- und Elfeninteresse ihrer Kleinen lustig macht, weil sie Großes mit ihr vorhat und es lieber sähe, wenn sie die Zeit anstatt in den Beeten am Klavier verbrächte, und ich waren an dem Nachmittag zu Komplizinnen geworden. Das besiegelte das Mädchen zum Abschied mit einem süßlich-zauberhaften Schlabberkuss, der »du verstehst mich« zu bedeuten schien.

GRUND NR. 91

Weil dir die Tricks deines Kindes bekannt vorkommen

Erinnerst du dich noch daran, mit welchen Mitteln du deinen Eltern Dinge aus dem Kreuz geleiert hast? Wenn du ein Nein von deiner Mutter geerntet hattest, gab es schließlich immer noch einen Joker: deinen Papa. Dackelblick, Kulleraugen und »Büdde, büdde, Papi«-

Betteleien – Väter lieben ihre Töchter und unternehmen alles Menschenmögliche, um ihrer Prinzessin jedes Begehren zu erfüllen ...

Du kannst es deinem Mäuschen also nicht übel nehmen, wenn es nun ebenfalls lieblich-süß mit den Augen rollt, die Lippen schürzt und den Kopf senkt, um später ins Bett zu dürfen und eine weitere Süßigkeit, eine neue »Schleich«-Elfe, eine CD oder einen anderen Herzenswunsch erfüllt zu bekommen.

Du kennst alle Tricks! Dein Trumpf als Mutter ist das Wissen um die Vielseitigkeit der Papa-Bezirzung. Lass dich von deinem Kind bloß nicht vergackeiern. Du warst selbst ein Kind mit unendlich vielen unerfüllten Wünschen, Dinge, die Soundso auch hatte und die du sehnlichst haben wolltest.

Deine Kenntnisse lassen dich souverän mit kleinen Tricks wie »Aber Klara aus meiner Klasse darf auch ins Bett gehen, wann sie möchte«, »Wenn ich dieses Spielzeug nicht bekomme, spielen meine Freunde nicht mehr mit mir auf dem Schulhof« oder »Ich frage mich, ob andere Mütter auch so streng sind wie du« umgehen.

Wichtig sind Absprachen mit deinem Partner. Ihr müsst ein eingeschworenes Team sein, zusammenhalten und euch gegenseitig unterstützen. Ganz abgesehen davon, dass Eltern unglaubwürdig werden, wenn der eine Nein sagt und der nächste dann mit Ja kontert, können durch die Manipulationen eurer Kinder leicht unnötige Meinungsverschiedenheiten auftreten, die ihr dann als Eltern miteinander ausfechten müsst. Daher: Fallt einander nicht in den Rücken! Seid wie Pech und Schwefel, haltet zusammen.

Nun gibt es Eltern, die es genießen, dem Kind etwas zu erlauben, das vom anderen Elternteil untersagt wurde. Besonders bei Trennungskindern wird von diesem Mittel gern Gebrauch gemacht, um sich so Sympathien zu verschaffen. Eine Milchmädchenrechnung! Erstens werden die Kinder immer wieder mit neuen Dringlichkeiten aufwarten und zweitens soll dich dein Kind nicht wegen deiner materiellen Großzügigkeit lieben. Besonders gewiefte Kinder werden Flunkereien (»Bei Mama/Papa darf ich aber auch ...«) für sich entdecken, weil sie damit einen Weg gefunden haben, der ihnen noch mehr Freiheiten ermöglicht.

Klare Erziehungsabsprachen zwischen dir und deinem Partner sind das A und O – auch für Trennungseltern. Denn dein Kind wird immer wieder Möglichkeiten finden, um seinen Wunsch durchzusetzen. »Also Papa hat mir neulich, als du noch bei der Arbeit warst, Fernsehen unter der Woche erlaubt« könnte dein Kind beispielsweise behaupten oder »Wenn ich mit Papa in den Supermarkt gehe, bekomme ich immer eine Kinderzeitschrift und eine Süßigkeit«. Vermeide eine langatmige Diskussion und stelle deinen Partner nicht bei deinem Kind infrage. Bleib cool und sage: »Hm, das kann ich mir gar nicht vorstellen.« Du könntest auch zum Handy greifen, um deinen Schatz anzurufen und direkt nachzufragen. Beim Anblick des Mobiltelefons machen Kinder häufig schon ihrerseits einen Rückzieher.

Macht dein Kind einen auf Unschuldsengel, beginne das Gespräch mit deinem Expartner nicht mit einem Vorwurf – gerade frisch getrennte Eltern tun sich oft schwer, in friedlichem Ton miteinander zu kommunizieren. Fall nicht mit der Tür ins Haus: »Hör auf, Theo immer so viele Süßigkeiten zu kaufen, und zu viel Fernsehen sieht er bei dir auch. Du bist sowieso viel zu nachlässig.« Um des langfristigen Friedens willen wäre es besser, eine solche Formulierung zu wählen: »Sag mal, Theo hat mir gerade erzählt, dass ...«

Kinder sind genial, wenn es darum geht, sich Freiräume und Annehmlichkeiten zu verschaffen. Lass dich nicht in die Knie zwingen. Und wenn du es mit deinem Partner geschafft hast, klare Vereinbarungen zu treffen, machen dich diese Absprachen stark. Die Wünsche deines Kindes prallen ob deiner Selbstsicherheit an dir ab und du wirst selbst verblüfft sein, welche Wirkung ein absolut überzeugtes Nein haben kann.

Erwischt du deinen Liebsten dabei, wie er sich – trotz eurer Vereinbarung – von den Betteleien eures Mäuschens einlullen lässt, rate ich zu Großmut und einer späteren Anmerkung unter vier (!) Augen. Mach keine große Sache daraus. Du warst sicher auch eine Expertin im Papa-um-den-Finger-Wickeln. Väter genießen es nun einmal, ihre Töchter nach Strich und Faden zu verwöhnen. Solange alles im Rahmen bleibt, stört das doch keinen großen Geist.

KAPITEL ZEHN

Von weiteren Freuden des Mutterseins

GRUND NR. 92

Weil du dich noch einmal in den Vater deines Kindes verliebst

Ohnmächtig vor Liebe. Einige Mütter erleben diesen Glücksrausch, wenn sie sehen, wie rührend sich ihr Schatz um das gemeinsame Kind kümmert. Und das, obwohl sich ihr Liebster viele Jahre nicht sicher war, ob er wirklich bereit ist für die Vaterrolle und die damit verbundene Verantwortung. Die Geburt eines gemeinsamen Kindes macht vielen Männern Angst. Es ist definitiv ein Abschied vom ausschweifenden Partyleben. Ein Kind bringt Verbindlichkeit ins Leben. Es ist der Anfang vom Ende des Spiels »Ich tue jetzt so, als sei ich erwachsen«. Als Vater kommst du nicht umhin, wie ein erwachsener Mann zu handeln – oder es zumindest immer wieder aufs Neue zu versuchen.

Frauen, die mit einem Mann eine Familie gründen, der erst vom Glück des Kindersegens überzeugt werden muss, gehen ein Risiko ein. Männer sehen eine Bedrohung für ihre Freiheit, fühlen sich von dem neuen Pflichtbewusstsein eingeengt und werden durch das Heranwachsen eines kleinen Muckelmäuschens obendrein auch noch mit dem Alterungsprozess konfrontiert. Ist das Baby da, verspüren einige den dringenden Wunsch, noch mehr Gas zu geben im Job, und mutieren als Papa plötzlich zum Workaholic, der eine Überstunde nach der anderen schiebt und der Partnerin die Versorgung des gemeinsamen Nachwuchses überlässt. Über diese Männer wollen wir hier nicht sprechen.

Es geht um die Männer, die Freude haben an ihrer neuen Rolle als Papa. Männer, die Gefühle zeigen und denen das Geschwätz des Zigarrenclubs und der befreundeten Dauer-Single-Männer egal ist und die sich ein paar Wochen oder sogar mehrere Monate eine Auszeit genehmigen, um sich an ihrem Baby zu ergötzen und ihre Partnerin in der beschwerlichen Zeit zu unterstützen.

Nicht jeder Neu-Papa hat die Möglichkeit, eine Babypause einzulegen. Dennoch bringen sich auch diese Herren ein. Sie verabschieden sich pünktlich aus dem Büro, um ihr Kleines wenigstens bettfein zu machen und ihnen vorher den Abendbrei zu geben. Sie ertragen die strafenden Blicke und die bissigen Kommentare kinderloser Kollegen. Am Wochenende übernehmen sie den Kinderwagen, schieben ihren Nachwuchs stolz über den Markt und genießen die exklusive Zeit der Zweisamkeit. Es ist schön, immer mehr Männer zu sehen, die mit ihrem Mäuschen spazieren gehen. Noch vor dreißig Jahren wurden Väter, die den Kinderwagen auch nur berührten, schräg angesehen, weil es als unmännlich galt, sich um seine Kinder zu kümmern. Früher war wahrlich nicht alles besser!

»Wenn ich sehe, wie rührend sich mein Mann um unsere Tochter kümmert, platzt mir das Herz fast vor Glück«, sagte eine Freundin und begann eine Hommage an ihren Ehemann: »Nach Maries Geburt habe ich mich noch einmal ganz anders in ihn verliebt. Er ist jetzt Vater, ich bin Mutter, wir sind demnach Eltern – ein unglaubliches Gefühl. Wir haben uns schon vorher sehr geliebt, doch seit wir Eltern sind, krönt uns eine neue Form von Liebe. Eine Liebe, die verbindet und nichts fordert. Als wir unsere Tochter das erste Mal sahen, weinten wir gemeinsam – bis zu dem Tag hatte ich meinen Mann noch niemals weinen sehen. Ich hätte auch niemals gedacht, wie rührend er mit Marie umgehen würde. Er hat sich so viele Jahre vor meinem Kinderwunsch gedrückt ... Wenn ich erschöpft bin, übernimmt mein Mann unseren Engel. Als Marie noch kleiner war und unter Koliken litt, nahm er sie auf den Arm, sang ihr etwas ins Ohr, streichelte ihre Hände, pustete ihren Haarflaum und beruhigte sie so. Bei dem Anblick musste ich vor Freude weinen, und vor Dankbarkeit. Es gibt auch Männer, die sich gar nicht gern um ihre Kinder kümmern. Schon gar nicht, wenn diese noch Säuglinge sind, weil sie in den Kleinen nur Fleischklopse sehen, mit denen ihrer Meinung nach nichts anzufangen sei. Mein Mann hat es am Anfang mit der Fürsorglichkeit ein wenig übertrieben. Er hat unsere Maus nach dem Baden mit dem Fön getrocknet, weil sie die warme Luft so genoss und er meinte, die Handtücher seien zu kratzig für die zarte Haut.«

Der Mann meiner Freundin ist kein Einzelphänomen. Zum Glück. Es gibt viele Frauen, die sich über mangelnde Unterstützung seitens ihres Partners beklagen. Aber es gibt eben auch die Männer, die sich mit einbringen. Die sich nachts mit dem zahnenden Kind auf die Couch im Wohnzimmer zurückziehen, damit Mami mal wieder ruhig schlafen kann und sich das Kleine auf Papas Brust geborgen fühlt. Es gibt Männer, die nachts Milch anrühren, um das Kleine zu füttern. Männer, die mit Schwert und Schild über den Spielplatz toben und mit ihrem Knappen Ritter spielen. Väter, die viele Stunden im Baumarkt verbringen, sich anschließend hinter der Werkbank verschanzen und ein pinkfarbenes Prinzessinnenschloss schreinern, das so groß ist wie ihre kleine Prinzessin selbst. Väter, die in Spielzeuggeschäften um die Modelleisenbahn herumschleichen, leuchtende Augen bekommen und darüber sinnieren, sich doch mal einen Hobbykeller anzulegen, um für Junior (natürlich!) eine Modelleisenbahn zu bauen, die im Wohnzimmer nur stören würde und fürs Kinderzimmer zu groß wäre. Männer, die früher ihre Erfüllung in Extremsportarten wie Fallschirmspringen aus zehntausend Metern oder in ausschweifenden Partys fanden und mittlerweile Inhaber der goldenen Mitgliedskarte eines Center Parcs sind. Männer, die früher über spießige Bausparer in Vororten böse lästerten und nun selbst davon träumen, mit ihrer Familie ein Reihenhäuschen mit kleinem Garten in einer verkehrsberuhigten Straße zu beziehen.

Frauen, die auf der Suche nach dem Partner fürs Leben sind, sollten nicht primär ihr Augenmerk auf Äußerlichkeiten richten. Fantastische Papas sind nicht die, die meinen, dich mit einem teuren Auto, ihrer Super-Visitenkarte und Sprüchen wie »Geld spielt bei mir keine Rolex« beeindrucken zu müssen, sondern die, die dir aus deinem Luftschloss ein Lego-Schloss bauen können.

Kein Mann sollte mit unerwünschtem Kindersegen überrumpelt werden. Ein Mann, der partout keine Kinder mag, sich nicht reif genug fühlt oder sich vehement gegen das Erwachsenwerden wehrt, wird nicht plötzlich als Vater die Lust am Papasein entdecken. Er wird das Weite suchen! Aber Männer, die sich ein wenig vor *dem* Schritt fürchten und dann gemeinsam mit der Frau entscheiden, es zu wagen, werden häufig bemerkenswerte Papis.

GRUND NR. 93

Weil du eine einfühlsamere Partnerin wirst

Liebe ist die stärkste Kraft. Frauen, die sich mit dem Zeigen ihrer Gefühle schwergetan haben, werden durch ihr Baby häufig wach geküsst. Immer wieder werden wir Zeugen davon, welch mystische Verwandlung Neu-Mamas durchmachen: Frauen, die taff, unnahbar und berechnend wirkten, sind plötzlich liebevolle, fürsorgliche, warmherzige, zauberhafte Wesen.

Sicher, dies trifft nicht auf jede Mama zu. Es gibt auch die Frauen, die ihrer neuen Rolle keine Chance geben und schon auf dem Wochenbett das Ende des Erziehungsurlaubs herbeisehnen. Aber auch diese Mütter können im Laufe ihres Mamaseins noch eine Wandlung durchmachen. Im Leben ist ja alles möglich.

Die Mütter, die nach der Geburt ihres Kindes die Liebe in sich wachsen spüren, schmückt fortan eine rosa Aura. Auch sie sind erschöpft, überfordert und ihre Augenringe sind eine Herausforderung an ihre Schminkfähigkeiten; der Bauch ist nicht nur schwabbelig, es schmücken ihn auch Streifen in den Farben Rosa, Hellbraun und Blau. All das ist nebensächlich. Diese Frauen sind

Mütter aus Leidenschaft. Sie bemuttern und betütteln ihre zarten Babys mit großer Hingabe, Fürsorge und Liebe. Sie haben plötzlich diesen ganz besonderen Blick. Die Augen einer Neu-Mama funkeln. Aus den Augen scheinen tiefrote Herzen zu hüpfen. Liebe. Pure, aufrichtige, reine Liebe.

Männer müssen in den ersten Wochen nach der Entbindung stark sein! Denn ihre Partnerin schwelgt in einem Hormon-Glücksrausch. Sie sind körperlich nicht sofort wieder in Topform, haben bei ganz natürlichen Dingen des Lebens Schmerzen, von denen sie gar nicht wussten, dass es sie gibt. Sie sind von ihrem Baby fasziniert, können sich gar nicht sattsehen an ihrem Würmchen und verbringen viele Stunden entzückt neben der Wiege.

Derweil nimmt der Wäscheberg bedrohliche Ausmaße an und einige Neu-Papas fragen sich vielleicht, was die Gute den lieben langen Tag eigentlich macht. Die Antwort: Baby genießen. Und sich ab und an mal kneifen, um sicherzugehen, dass sie nicht bloß träumt.

Nach ein paar Wochen (es sind etwa vier bis zwölf) wird der Umgang mit dem Nachwuchs routinierter, die Erschöpfung als Teil dieses besonderen Lebensabschnittes akzeptiert – und Neu-Papas kommen in den Genuss einer einfühlsameren Partnerin, die das heimische Nest in eine liebevolle, entspannte Familien-Oase verwandelt.

GRUND NR. 94

Weil du unheimlich stolz auf das sein kannst, was du leistest

Muttersein ist eine Herzensangelegenheit. Es ist eine der schwierigsten, verantwortungsvollsten Aufgaben der Welt, ein Kind zu erziehen – und es ist eine Aufgabe, die dich immer wieder an deine eigenen Grenzen stoßen lässt. Wir leben in einer Gesellschaft, in der sich viele Frauen auch beruflich verwirklichen möchten. Du hast die Chance, alles zu erreichen, was du möchtest. Deine Erfolge machen sich in Form deines Salärs bemerkbar. Hast du dich für ein Baby und dessen Betreuung entschieden, können dich Zweifel überkommen. Zweifel daran, ob es richtig war, den gut bezahlten Job aufs Spiel zu setzen, um deinen Traum von einer Familie zu verwirklichen. Du bist in einem Gewissenskonflikt: Du wolltest ein Kind, hast dir das Leben als Mutter allerdings anders vorgestellt. Du dachtest vielleicht, die Elternzeit sei eine Art Urlaub. Du hast unterschätzt, wie viel Arbeit dein kleines Mäuschen macht – und wie wenig von dem Notiz genommen wird, was du am Wickeltisch leistest.

Die ersten Wochen warst du vom Zauber des Neuen fasziniert. Nach einiger Zeit nimmst du dein Leben als einen Marathon aus Windelnwechseln, Stillen und Wäschebergebeseitigen wahr. Die Mütter aus den Krabbelgruppen findest du sympathisch, aber die vielen Gespräche über Kinderflohmärkte, Windelsparpaket-Aktionen, die besten Fertigbrei-Gläschen, frühkindliche Musikerziehung und Englischkurse für Krabbelmäuse öden dich an. Du sehnst dich heimlich nach den Meetings zurück, in denen du mit deinen Einfällen beeindrucken konntest, für die du so geschätzt wurdest. Dein Kind gibt dir kein Feedback über deine Qualitäten als Mutter und dein Partner steht nach Dienstschluss auch nicht hüpfend und applaudierend vor dir, weil du so viel leistest. Nein, er beklagt sich womöglich sogar darüber, weil du ihm abends die Kartoffelsuppe vom Vortag aufwärmst und du es neuerdings vorziehst, dich stets casual zu kleiden.

Verlier dich nicht in Gedanken an Dinge, die mal waren, hätten sein können und eventuell eines Tages eintreten. Konzentriere dich auf den Ist-Zustand. Du brauchst keinen jubelnden Fanclub, um in deiner Mutterrolle aufzugehen. Du musst lediglich lernen, von dem überzeugt zu sein, was du tust und leistest.

Möglicherweise hast du einen Ehemann, der dich eines Tages mit einer Jubel-Truppe überrascht: fünf bis zwanzig Herrschaften, die sich um einen Platz auf eurer Fußmatte kloppen, um dann, wenn du öffnest, den »Du-bist-super-du-bist-toll«-Rap anzustimmen. Warte nicht auf diesen Tag. Das brauchst du doch gar nicht. Vergiss dein altes Leben, erlaube dir, deine neue Rolle in vollen Zügen auszukosten. Verinnerliche dir, was du draufhast. Du kannst so wahnsinnig stolz sein auf das, was du alles wuppst. Hallo?! *Du bist Mutter!* Du hast einem neuen Menschen das Leben geschenkt.

Ja, Windelnwechseln ist nicht immer schön. Und wenn dein Baby nach dem Stillen auf deiner Schulter ruht, du ihm zärtlich auf den Rücken klopfst und mit dem Bäuerchen ein warmer Regen über deinen Nacken herunterrinnt, war das lediglich die ersten paar Male süß ... Dein Kind schreit – und du weißt nicht, was es hat. Gestillt wurde vor zehn Minuten, die Pogegend duftet ausschließlich nach frischer Windel und dem kinderhautverträglichen parfümfreien Waschmittel. Du bist verzweifelt, ratlos, hältst dich für eine unfähige Versager-Mutter und Fensterputzen müsstest du auch mal wieder.

Sei nicht so hart mit dir. Die Babymonate vergehen schneller, als du denkst. Auf dich wartet ein aufregendes Leben. Du kannst mit deinem Kind noch einmal selbst Kind sein, all das mit ihm spielen, was dir selbst gefallen hat, als du ein kleines Mädchen warst. Genieß deine Aufgabe und sei dir bewusst, was du für eine wundervolle, verantwortungsvolle Rolle angenommen hast. Du bist die Gärtnerin deiner kleinen Pflanze. Sorge für kräftige Wurzeln, indem du deinem Kind ein wichtiges Geschenk machst: Sei eine glückliche, zufriedene Mami. Sei stolz auf dich!

GRUND NR. 95

Weil du zwar weniger Sex, dafür aber besseren hast

Sex ist ein sensibles Thema. Jedes Paar muss für sich herausfinden, was es braucht, um den Gipfel der Lust zu erreichen. In der anfänglichen Verliebtheitsphase kann man voneinander gar nicht genug bekommen: Der Körper des Liebsten wird zum Abenteuer- und Lustspielplatz. Erogene Zonen werden erforscht und man frönt den Libido-Freuden, sooft es geht. Nach einer gewissen Zeit nimmt das gegenseitige Begehren ein wenig ab, was nichts mit mangelnder Liebe zu tun hat. Es ist völlig normal, wenn man nach einigen Monaten nicht mehr wie ausgehungerte Jungtiere übereinander herfällt. Sex ist wichtig und die wohl schönste Art, einander zu zeigen, wie sehr man sich liebt. Eine erfüllende Sexualität ist das Sahnehäubchen einer jeden Partnerschaft und im Sinne der Lust ist alles erlaubt, was beiden gefällt. Und dabei ist es nicht entscheidend, wie häufig miteinander kopuliert wird, sondern wie befriedigend die sexuelle Begegnung mit Schatzi ist.

Trug eure Liebe Früchte, wird sich mit den Mutterfreuden in dir etwas verändern. Einige Schwangere freuen sich über eine nimmersatte Libido, anderen versagt die Lust ob der Angst, der Bauchmaus könne etwas zustoßen. Auch Männer reagieren unterschiedlich auf ihre schwangere Partnerin. Mit der Begründung »Mein Sohn soll nicht als Erstes Bekanntschaft mit meinem Glied machen« zog sich der Ehemann einer Bekannten sexuell von ihr zurück. Und als die Frauenärztin nach Überschreiten des errechneten Geburtstermins zum Geschlechtsverkehr ermutigte, tat er es unter Protest und nur, weil ein Notfall-Kaiserschnitt drohte. Die Bekannte selbst strotzte über vor Begehren und sexueller Unersättlichkeit, die sie bis zur Schwangerschaft so nicht gekannt oder auch zugelassen hatte. Sie liebte ihren weiblichen Körper, ihre neuen prallen Brüste, ihre runden Hüften und das selbstbewusste

Körpergefühl. Ihr Credo war seinerzeit: »Was mir Freude bereitet, ist auch fürs Kind gut.« Ihr Schatz war dennoch in Penis-Sorge.

Nach der Entbindung kann es mit den Gelüsten völlig anders aussehen. Natürlich ist das Begehren von Frau zu Frau unterschiedlich. Ist das Baby erst einmal da, empfehlen Ärzte eine Pause von mindestens sechs bis acht Wochen nach der Geburt. Die Zeit braucht es auch, um mögliche Narben, einen Dammriss oder die Kaiserschnittwunde verheilen zu lassen. Und selbst, wenn die Wochen der Abstinenz verstrichen sind, heißt das nun noch lange nicht, dass du dich automatisch auf Bett-Akrobatik freust.

Männer können ihre Partnerin häufig nicht verstehen, beklagen sich über deren Libidomangel und darüber, dass ihre Süße scheinbar nur noch Zeit und Augen für das Kleine habe. Am Ende der Schwangerschaft und innerhalb des ersten halben Jahres verlustieren sich viele Männer laut Umfragen fremd, weil sie sich vernachlässigt fühlen und sich zwischen anderen Lenden das holen, wonach ihnen dürstet. Ich würde mir wünschen, dass sich Männer, statt sich über ihre ungestillten sexuellen Sehnsüchte zu beklagen, mehr auf das konzentrieren würden, was im eigenen Nest vor sich geht. Männer, die sich zurückgestellt fühlen, hüllen sich häufig in Schweigen, ziehen sich zurück, verbringen infolgedessen mehr Zeit im Büro, auf dem Golfplatz, auf dem Sofa des besten Freundes oder beim Stammtisch. Wenn sich dein Schatz rarmacht, geh auf ihn zu. Rede mit ihm. Ungeschickt wäre die direkte Frage nach einer Affäre. Sprich von deinen Gefühlen, deiner Überforderung, deinen Sorgen und Ängsten. Lass ihn Teil haben an deinem neuen Leben als Mutter. Vermeide es, dich selbst zu bemitleiden, dein neues Leben als Mama eines Säuglings zu verfluchen. Damit können die wenigsten Männer etwas anfangen. Nach dem Selbstmitleid folgt häufig die Schuldzuweisung. Ob deiner eigenen Unzufriedenheit projizierst du womöglich all deine Wut auf deinen Schatz. Das halten die wenigsten Männer aus, weil diese eh schon mit der neuen Situation überfordert sind und dies natürlich niemals zugeben würden. Das offene Gespräch ist der beste Weg, um gemeinsam die Strapazen der ersten Phase des Elternseins zu überstehen.

Vielleicht kannst du auch Verständnis für die Ohnmacht deines Mannes haben. Für deinen Partner ist das Leben als Neu-Papa auch kein Zuckerschlecken. Eine Frau, die erstmals Mutter geworden ist, verändert sich. Sie wird ein völlig neuer Mensch. Die Frau ist nicht mehr nur Frau, sie ist auch Mutter. Sie ist verantwortlich für das Leben eines Menschenkindes. In den ersten Wochen nach der Entbindung bleibt damit keine Zeit für erotisches Kopfkino. Die Neu-Mami macht sich Gedanken um ihren Milchfluss, den wunden Po, den das Kleine bekommen hat, weil sie aller Warnungen der Wochenbett-Hebamme zum Trotz nicht die Finger von den köstlichen süßen Erdbeeren lassen konnte. Sie wird plötzlich mit Problemen wie Neugeborenenakne, nässendem Matschauge, Milchfluss bei der Baby-Tochter und geschwollenen Brüstchen konfrontiert. Alles ist neu – und alles bereitet Kopfzerbrechen, Sorgen und forciert leider immer wieder auch mittelschwere Selbstzweifel: Wie konnte es mir passieren, dass mein acht Tage altes Baby Zugluft abbekommt und unter einem siffenden Auge leidet?

Ich bin eine Versagerin.

Eine schlechte Mutter.

Ich bin überfordert.

All diese Gedanken erobern das Hirn und Herz der Neu-Mami. Und wenn das Gedankenkarussell erst einmal losgelegt hat, wird der negative Selbstwahrnehmungs-Prozess noch beschleunigt: Mein Bauch hängt! Wie soll ich mit diesen Oberschenkeln jemals wieder in meine Vorschwangerschaftshosen passen? Ich will keine Legginsmutti sein. Hilfe, ich bin anti-sexy.

Als wäre das nicht schon Horror genug, beklagen sich viele Mütter über eine Art Still-Demenz. Bei dem ganzen Dilemma müssten Männer nachvollziehen können, warum manch eine Frau vergisst, sich die Bikinizone zu trimmen, und die Nagelpflege vernachlässigt ... Es gibt Neu-Mamas, für die es ein guter Tag ist, wenn sie es vor dem Nachmittagsschläfchen ihres Babys überhaupt unter die Dusche schaffen.

Mütter haben wahrlich andere Sorgen, als an Sex zu denken. Mir ist unbegreiflich, warum es so vielen Männern schwerfällt, dies einfach mal als gegeben hinzunehmen und nicht wie kleine, beleidigte Jungs die Frau zu verfluchen, die neben ihnen im Ehebett liegt.

Die gute Nachricht: Nach Wochen der Überforderung kehrt eines schönen Tages Ruhe ein. Alles wird routinierter und die Neu-Mami ist inzwischen auf die großartige Idee gekommen, ihr Mäuschen auf die Krabbeldecke zu legen oder in den Maxicosi zu setzen und es mit ins Badezimmer zu nehmen, damit sie sich um sich und ihren Körper kümmern kann. Auch die Pfunde purzeln von allein – wenn sie nicht den Fehler begeht und ihren Still-Freundinnen das Ammenmärchen mit den vielen Süßigkeiten glaubt, die gefuttert werden dürfen, weil sich das Stillen als Kalorienkiller auf den Göttinnenkörper auswirkt. Mir wurde seinerzeit erzählt, das Stillen zehre derart an uns Mamis, dass wir so viele Schokoriegel essen könnten, wie wir wollten. Ich war süchtig nach Schokokeksen, Kuchen und den längsten Pralinen der Welt, mampfte ohne Reue und hemmungslos. Einen Monat nach der Entbindung hatte ich dann die Kilos, die ich nach der Geburt im Kreißsaal gelassen hatte, wieder drauf. Mein Tipp: Wenn du Heißhunger auf Süßes hast, trink einen Tee, ein Glas Wasser oder nasch ein paar Nüsse, Rosinen oder einen Müsliriegel.

Fühlst du dich mit dir und deinem Mäuschen rundum wohl, wird die Lust euer Schlafzimmer zurückerobern. Wichtig ist es, den Rückbildungskurs zu besuchen, um die Beckenbodenmuskulatur zu trainieren und einer etwaigen Inkontinenz im Alter vorzubeugen. Wer Jahre nach der Geburt beim Niesen Harndrang verspürt, sollte dringend seine Frauenärztin aufsuchen. Der Drang wird schnell zu einem kleinen Malheur, über das du, wenn du nichts dagegen tust, irgendwann die Kontrolle verlierst. Etwa ein Jahr nach der Entbindung solltest du dich noch einmal ausschließlich um die Muskulatur deines Beckenbodens kümmern und dir von deiner Gynäkologin eine Überweisung zu einer Physiotherapeutin geben lassen, die sich auf dieses Problem spezialisiert hat.

Um deinen Beckenboden hast du dich bereits während des Rückbildungskurses gekümmert? Du kannst nur selbst einschätzen, ob es bei dir untenrum etwas zu beanstanden gibt. Neben der Inkontinenz kann die unschöne Folge eines lädierten Beckenbodens auch zu sexuellen Problemen beim Verkehr mit deinem Partner führen. Während der Stillzeit empfiehlt es sich, Gleitgel zu verwenden, weil die Scheide meist etwas trocken ist. Hast du abgestillt, könnte es während der Penetration zu saftigen Schmatzgeräuschen kommen. Auch dies ist ein Zeichen für einen vernachlässigten Beckenboden. Um Sex wieder genießen zu können, ist es ratsam, eine Expertin aufzusuchen. Und wenn dann alles wieder flutscht, hast du die große Chance, den schönsten Sex deines Lebens zu erleben. Viele Frauen sind erst durch die Schwangerschaft in ihrem eigenen Körper angekommen, haben damit ein völlig neues Körpergefühl.

Das Kleine könnte euch erwischen? Ausrede! Nimm dir Zeit für Sex. Es gibt viele Möglichkeiten für dich und deinen Liebsten. Das Kleine macht Mittagsschlaf? Zieht euch ebenfalls zurück. Abends, wenn eure Maus endlich schläft, habt ihr alle Zeit der Welt. Du bist körperlich zu erschöpft? Bitte deinen Liebsten, dich zu verwöhnen und zu massieren – das macht auch müde Libidos munter. Dein Mann ist ein Vorspiel-Muffel? Sag ihm ganz klar: »Ich bin erschöpft, meine Sex-Maschine muss erst mal wieder zum Laufen gebracht werden, Babe.« Nach dieser Ansage wird er mit Massageöl Hand anlegen und dir den Libido-Mechaniker machen.

Kümmert euch um ein verlässliches Netzwerk aus befreundeten Eltern. Ladet andere Kinder über Nacht ein, um im Gegenzug mal euer Kind wegzuorganisieren. Und die Großeltern dürft ihr ebenfalls regelmäßig als Babysitter einspannen.

Vergiss nicht, du bist zwar nun Mutter – aber du bist auch weiterhin eine Frau, die Partnerin deines Schatzes, ein sexuelles Wesen. Sex ist ein wundervolles Geschenk. Sex macht stark, selbstbewusst, schön – und du verbrennst dabei obendrein Kalorien. Du kannst schlechte Laune wegsexen, und wenn du keine Ahnung hast, wann du bei deinem gestressten Leben Zeit für die Sache mit den drei Buchstaben finden sollst, sage ich entschieden: Ein Quickie geht immer! Und: Nur weil du Mutter bist, heißt das nicht, dass das scharfe, böse Mädchen in dir nun ausgedient hat. Übe dich im Rollenspiel: fürsorgliche Mama fürs Mäuschen, scharfes Luder für Schatzi.

GRUND NR. 96

Weil du im Alter nicht allein vorm Kamin sitzt

Dieser Grund mutet egoistisch und berechnend an. Er klingt ein bisschen so, als würde man sich Kinder zulegen, um im Alter bespaßt oder sogar versorgt zu werden. Viele Kinder mit chinesischen Wurzeln wachsen auch bei uns mit dieser Bürde auf. Auf ihren Schultern liegt die schwere Last, im Alter bloß nicht ihre Eltern zu vergessen und sie finanziell unterstützen zu müssen.

Wie schon mehrfach erwähnt, sind unsere Kinder nicht für uns und unser Glück verantwortlich. Wenn wir es bis zu unserem Sessel im Kamin nicht geschafft haben, mit uns allein glücklich zu sein, könnte es am Kamin – trotz Kindern und Enkelkindern – fürchterlich einsam werden. Wer will schon gern seine griesgrämige Großmutter besuchen, die in Erinnerungen an ihre eigene Kindheit in besseren Zeiten schwelgt oder über das Leben, das ihr so übel mitgespielt hat, schwadroniert und im Sessel nichts mehr tut, als darauf zu warten, dass ein Engel kommt, um sie abzuholen?

Aber du wirst eine glückliche, weise, großmütige und vor allem warmherzige Omi sein! Du hast im Laufe deines Lebens gelernt, dich den schönen Dingen zu widmen und deine Aufmerksamkeit auf das Gute im Menschen zu richten. Du liebst das Leben und jede Phase kostest du voll aus. Das Altwerden genießt du und nimmst es als natürlichen Lauf an. Du bist gelassen und souverän, dich kann nix aus dem Sessel vorm Kamin hauen. Vielleicht wirst du eine Omi, die mit ihren Enkelkindern am offenen Feuer sitzt, handarbeitet und dabei aus ihrem abenteuerlichen Leben erzählt, damit die Kleinen aus ihren Fehlern lernen und sie ihre Lerngeschenke nicht wiederholen. Vielleicht lebst du sogar mit deinen Kindern und Enkelkindern unter einem Dach, weil wir gegen Mitte des 21. Jahrhunderts in einer Zeit leben, in der wir uns nach der Geborgenheit einer Großfamilie sehnen und uns auf alte Werte zurückbesinnen. Wer weiß, wie sich die Gesellschaft innerhalb der nächsten dreißig Jahre entwickelt. Möglicherweise sitzt du dann auch in einer silbermetallic-farbenen Spaceshuttle-Sonderedition namens »Flying Super-Senior 2041« und bist eine Stern-Hüpferin geworden, die gar keine Zeit für kuschelige Teestunden am heimischen Kamin hat.

Wie alles im Leben liegt es in deiner Hand, ob du verlassen und zurückgezogen den knisternden Gluten lauschst oder in Gesellschaft. Mir gefällt der Gedanke, dass unsere Generation es schafft, später nicht abgeschoben zu werden und weiter am spannenden Leben teilzuhaben. Warum sollte ich nicht so sein, wie einst meine eigene Großmutter war? Marmelade machen und Eintöpfe kochen, Kuchen und Kekse backen, handarbeiten.

In jedem Fall wünsche ich mir, später noch gebraucht zu werden und mich einbringen zu dürfen. Ich möchte keine Seniorin sein, die sonntags allein in einem Stehimbiss Rippchen mit Sauerkraut verspeist, weil ich niemanden habe, den ich bekochen könnte. Notfalls eröffne ich eine illustre Rentner-WG, in der wir Oldies es dann noch mal richtig krachen und die Jungen jung sein lassen.

Es kann aber auch ganz anders kommen: Vielleicht werden wir Mamas in dreißig bis fünfzig Jahren zu den hilfs- und pflegebedürftigen »Kindern« unserer Kinder. Immer häufiger hören wir von Eltern, die die Fürsorge ihrer Kinder im Alter benötigen. Aber ich bin davon überzeugt, dass Menschen mit einer gesunden Portion Optimismus und Freude am würdevollen Altwerden nicht bucklig und vergrätzt hinterm Gehwagen durch die Straßen watscheln, sondern bis ins hohe Alter ihr Dasein in vollen Zügen genießen können.

GRUND NR. 97

Weil du im Laufe der Kinderjahre zur Eigentümerin einer beachtlichen Kunstsammlung wirst

Dieser Grund ist kein Appell an dein schlechtes Gewissen, weil du Basteln zu fisselig findest und du dich nie im Leben mit deinem Mäuschen zum Filzen, Perlenfriemeln, Kneten, Malen, Papierrosenfalten (Origami), Tuschen, Pustebildermalen (es gibt tatsächlich Filzstifte, in die man hinten hineinpustet, um Pünktchen aufs Papier zu zaubern), St. Martins-Laterne-Basteln, Fimo-Broschenkreieren, Tonvasenformen, Porzellantassen-und-teller-Verzieren, Stricken, Häkeln, Nähen, Strickliesen, Kronkorkenkleben und -lackieren, Kartoffelstempeln und Kastanienmännchenbauen – all den Dingen, die für Tüftel-Expertin Enie van de Meiklokjes schlechterdings keine Herausforderung wären (für dich aber schon) –, an den Tisch setzen würdest.

Auch als Frau ohne Bastel-Gen mit unspektakulärer Naturhaarfarbe wirst du im Laufe der Jahre zur Inhaberin einer bewundernswerten Kunstsammlung. Für Art by Knuddelpups gibt es Fachpersonal: Erzieherinnen, Babysitterinnen, Lehrerinnen. Und Tanten natürlich! Gespenster, die am Stöckchen baumeln, Kerzenlöscher mit Weihnachtsmanngesicht, funkelnde Glücksbringer-Muscheln (die mit Glitzerpulver bestreut wurden), Papierschiffchen mit schwarz-rot-goldenen Streifen und einer Feder als Segel, Patschehändchen und Krabbelfüße in Gips, Engel aus diesem gold-rot glänzenden Weihnachtsbastelpapier mit Spiralnudeln als Haar, Muster (so nennen Kinder die Werke, die entstehen, wenn sie Papier zusammenfalten und dann mit der Schere Kreise, Quadrate und Dreiecke hineinschnippeln) und ganz viele Bilder.

Wichtig ist, dass du dich beim Betrachten der Schöpfungen deines Künstlers nicht auf eine Interpretation festlegst. Ich habe mehrfach den Fehler gemacht, das zu artikulieren, was ich zu sehen meinte: Biene Maja, Professor Dumbledore oder gar mich. Ich war entzückt – und mein Sohn erklärte: »Oh Mama, das ist ein Jedi-Ritter«, »Das ist Luke Skywalker«, »Fast richtig, das ist Prinzessin Leia«.

Erfahrung macht klug und so bin ich dazu übergegangen, mich lediglich zu bedanken und dann ein Kunstpäuschen einzulegen, um meinem Sohn unauffällig die Möglichkeit zu geben, mir zu sagen, worum es sich bei dem Schatz handelt.

Kinder sind wahnsinnig stolz, wenn ihre Werke einen Ehrenplatz bekommen oder wenigstens am Kühlschrank hängen und zumindest nicht im Nirwana der Krimskramsecke verschwinden. Besonders schön finde ich die Kunstsammlung einer Bekannten, die über großzügigen Wohnraum verfügt. Eine Wand hat sie den Werken ihrer drei Kinder gewidmet. In den unterschiedlichsten Rahmen mit passendem Passepartout und dem Entstehungsdatum schmücken die Gemälde ihrer kleinen Picassos die Wand. Vergesst Miró, Keith Haring, Andy Warhol, Christo und Jeanne-Claude – wer weiß? Womöglich bist du die Mutter eines bisher unentdeckten begnadeten Malers oder einer Malerin, auf den oder die die Kunstwelt gewartet hat. Hüte deine Schätze – selbst wenn sich die künftige Fangemeinde auf die ungeborenen Kinder deines Mäuschens beschränkt.

GRUND NR. 98

Weil du dich vor langweiligen Partys mit der besten Ausrede (»Ich würde ja furchtbar gern kommen, aber leider ist die Babysitterin unpässlich.«) drücken kannst

Partys sind eine fantastische Möglichkeit, um Spaß zu haben und mit lieben Freunden Erfolge, Geburtstage, Jubiläen oder Hochzeiten zu feiern. Oder auch, um im Kreise netter Kollegen nach Feierabend gemeinsam ein bisschen weniger allein zu sein.

Bevor ich Mutter wurde, war ich gern auf Partys. So konnte ich Freunde treffen und über das Leben anderer Weggefährten auf dem Laufenden bleiben, ein wenig lästern, bewundern und natürlich mich auch mal hemmungslos betrinken. Manchmal war ich erstaunt, weil sich im Leben einiger Menschen, die ich nicht so oft sah, gar nichts zu ändern schien. Aber jeder so, wie er mag; warum sollen Routine und die Sicherheit des Sich-nicht-Veränderns nicht auch zur allgemeinen Zufriedenheit führen?

Vor einigen Partys hätte ich mich gern gedrückt. Aber Menschen, die man mag, lässt man nun einmal nicht im Stich. Als Mutter jedoch kannst du Pflichtveranstaltungen, ohne mit der Wimper zu zucken und mit der besten Ausrede der Welt, absagen. Jeder hat Verständnis, wenn dich die (sonst so zuverlässige) Babysitterin im letzten Moment hängen gelassen hat und du die illustre Partygemeinde bedauerlicherweise nicht mit deiner Anwesenheit beglücken kannst.

»Ich würde ja furchtbar gern kommen. Aber leider ist die Babysitterin unpässlich« funktioniert auch als prima Ausrede für

Meetings mit anschließender Mitarbeiter-Trinkerei, die in den Feierabend gelegt wurden und sich nicht auf dem Überstundenkonto bemerkbar machen.

Die Absagerei birgt nur ein Problem in sich: Wenn du zu oft mit der Babysitterin kommst, wirst du am Ende gar nicht mehr eingeladen. Und bei der nächsten Gehaltserhöhung könnte dich der Chef vergessen, weil du zu häufig mit Nichtanwesenheit geglänzt und damit zu wenig Interesse an der Entwicklung deiner Firma signalisiert hast.

Fazit: Du bist Mama und hast ein Ass im Ärmel. Spiel es strategisch günstig aus!

GRUND NR. 99

Weil du zum Geburtstag Liebesbriefe bekommst

Wie alt wirst du eigentlich morgen?«, fragte mich mein Sohn an meinem letzten Geburtstag.

»35.«

»Waaas? So alt? Dann bist du ja fast so alt wie meine Omas«, entgegnete Junior besorgt.

»Aber nur fast, Mäuschen«, lächelte ich. »Oma Hamburg ist knapp siebzig, Oma Algarve knapp über siebzig.«

»Hm … Ich finde ja, dass du noch gar nicht so alt aussiehst. Ich hätte dich auf – sagen wir mal – mindestens 14 geschätzt.« Mein Sohn verwechselt mindestens und höchstens.

»Wenn ich erst 13 wäre, könnte ich nicht deine Mama sein.«

»Dann ist es schon besser, wenn du 53 wirst. Ich finde es nicht schlimm, dass du so eine alte Frau bist. Ich finde dich trotzdem hübsch. Und du hast auch noch keine grauen Haare. Das ist toll. Wirklich.«

»35, Mäuschen. Ich werde 35.« Das fand ich schon schlimm genug. Nur noch fünf Jahre und ich kann zu »Ü40«-Partys gehen. Nicht, dass ich ein Problem mit dem Altwerden hätte. Aber 53 ist definitiv etwas anderes als 35. 53 ist das Synonym für »Spätherbst«, 35 für »Blütezeit des Lebens«!

Später, als ich selbst zu Bett ging, saß auf meinem Kopfkissen Callilöttchen, das Zauberbärchen meines Sohnes. Callilöttchen hielt einen Briefumschlag in seinen Armen. Mit roter Glitzerschrift stand dort: »Fur Mama«. Daneben glitzerte etwas, das wie ein Herz mit kleinen Kanten aussah. Eigentlich gibt Junior sein Callilöttchen nicht aus den Händen. Nach Mitternacht öffnete ich den Brief. Es fielen Unmengen von roten Glitzerherzen, eine grüngelbe Murmel, kleine Goldklümpchen, die ich aus der Schatzkiste des Playmobil-Piratenschiffes kannte, eine klitzekleine Spinne, ein Bergkristall und ein Zettel heraus:

»Liede Mama, Herzlichn Klückwunsch su deim 53. Keburtstak. Du Bist di Bäste Mutta fon der Wält. Ich habe dich kans toll lied. Di Klüksbringa sind fur dich. Di bringn fiel Klük.«

Sorgenvolle Gedanken, die Rechtschreibfehler meines Zweitklässlers betreffend, verdrängte ich. Ich war dermaßen gerührt, glücklich und dankbar für die Liebe, die mir mein Kind schenkt. Glückselig schlief ich ein und musste an meine Freundin denken, die an ihrem Geburtstag das Laserschwert ihres Sohnes und den »Pupsi« ihrer Tochter geschenkt bekommen hatte.

Sei gespannt, womit dein Mäuschen an deinen kommenden Geburtstagen dein Herz zum Hüpfen bringt!

GRUND NR. 100

Weil du noch mal all die Kinderbücher vorlesen kannst, die du so sehr geliebt hast

Vorlesen ist Mamasache. Laut einer 2009 veröffentlichten Studie der Stiftung »Lesen« der *Zeit* und der Deutschen Bahn lesen vier von fünf Vätern ihren Kindern nicht vor. 55 Prozent der befragten Väter meinen, die Mütter seien fürs Vorlesen zuständig, weil die auch besser lesen könnten. 63 Prozent der Väter behaupteten zudem, keine Zeit fürs Vorlesen zu haben. Außerdem setzen 38 Prozent der Väter laut der Studie andere Prioritäten, wie beispielsweise aktionsreiche Spiele.

Ich kenne einige Mütter, die sich nach einem anstrengenden Tag ebenfalls nicht aufraffen können, um ihrem Mäuschen eine Gutenachtgeschichte vorzulesen. Sie seien froh, wenn der Tag vorbei ist, und würden vom Vorlesen selbst nichts haben, weil sie selbst nichts mitbekämen von dem, was sie vorlesen.

Bücher sind für mich Schätze, kleine Kostbarkeiten, und ich liebe es, in die Welt der Kinderbücher einzutauchen. Ich habe meinem Sohn schon vorgelesen, als er ein knappes Jahr alt war, weil ich ihm meine Liebe zu Büchern mitgeben wollte. Gut, ich habe es mit dem Vorlesen wahrscheinlich etwas übertrieben. Eine Mutter, die neben ihrem Kind auch noch einen Ehemann hat, kann nicht die Spätnachmittage dazu nutzen, ihrem Kind mehrere Stunden ihre einstigen Lieblingsbücher vorzulesen. Ich nahm mir die Zeit und so habe ich meinem Sohn abends oft eine halbe Stunde in den Schlaf gelesen.

Mein Esel Benjamin von Hans Limmer, *Das Apfelmäuschen* von Ulrich Thomas und Mathilde Reich, *Mary Poppins* von Pamela L. Travers, *Pu der Bär* von A. A. Milne, *Der Zauberer von Oz* von L. Frank Baum, *Alice im Wunderland* von Lewis Carroll, *Peter Pan* von James M. Barrie, *Ronja Räubertochter, Pippi Langstrumpf* und *Karlsson vom Dach* von Astrid Lindgren, *Die kleine Hexe* und *Räuber Hotzenplotz* von Otfried Preußler, *Emil und die Detektive*, *Das fliegende Klassenzimmer* und *Das doppelte Lottchen* von Erich Kästner, *Jim Knopf und Lukas der Lokomotivführer* von Michael Ende, *Der kleine Nick* von René Goscinny und Jean-Jacques Sempé, Grimms Märchen und die ihrer Kollegen – mein Sohn verfügt über eine umfangreiche Bibliothek.

Viele dieser Bücher habe ich mir auch selbst noch einmal vorgelesen. Mein Sohn hat es genossen und ist nach wie vor von Dorothys Reise zum *Zauberer von Oz* begeistert. Besonders der Blech-Holzfäller und der Strohmann haben ihn fasziniert, weil der eine sich mehr Verstand statt Herz wünscht und der andere das Herz dem Verstand vorzieht, weil Verstand laut Blechmann nicht glücklich mache und das Glück selbst das Beste auf der Welt sei.

Vorlese-Muffel sollten sich ein Herz fassen und nach einem spannenden Buch suchen. Es gibt so viele Gründe, die für das Vorlesen sprechen. Vorlesen fördert die Fantasie, dein Kind erweitert seinen Wortschatz, es macht Spaß und entspannt. Bücher helfen beim Einschlafen, du kannst langweilige Bus- und Bahnfahrten mit dem Vorlesen eines schönen Buches überbrücken. Wenn du deinem Kind vorliest, machst du ihm sicher Appetit auf mehr, sodass es später selbst zu Büchern greift. Du vermittelst deinem Kind schon vor Eintritt in die Schule Wissen und Werte. Lesen aktiviert die linke und die rechte Gehirnhälfte; damit werden Gefühl und Geist angeregt. »Lest nicht wie die Kinder, zum Vergnügen, noch wie die Streber, um zu lernen, nein, lest, um zu leben«, sagte einmal Gustave Flaubert.

Inzwischen gibt es viele Buchhandlungen, die sich auf Kinderbücher spezialisiert haben. In Berlin habe ich zwei Lieblingsbuchläden: »Siebenpunkt« in Wilmersdorf und den »BuchSegler« in Pankow. Dort steht sogar ein Segelboot in der Kinderecke. Das ist äußerst praktisch. Denn während du in die Kinderbuchwelt eintauchst, kann dein Kleines ein bisschen segeln.

Wer lieber online stöbert, dem sei Kinderbuch-Couch.de empfohlen. Auf dieser liebevoll gestalteten und äußerst informativen Internetseite werden Kinderbücher besprochen und Kinderbuchautoren vorgestellt. Du findest hier ganz bestimmt ein Buch, das deiner Leseratte in spe und dir gefällt. In der Beschreibung der »Philosophie« der Kinderbuch-Couch heißt es: »Die ersten drei Lebensjahre im Leben eines Menschen sind prägend. In dieser Zeit lernen Kinder grundlegende Dinge über Liebe, Vertrauen, Verlässlichkeit und die Freude an gemeinsamen Erlebnissen und Spielen. Sie prägen ihre Grundhaltung zum Leben. In dieser Zeit ist es daher umso wichtiger, einen Grundstein zu legen für die Selbstverständlichkeit alltäglicher Dinge, wie zum Beispiel der Bezug zur Nahrung oder Körperpflege – es ist aber auch die Zeit, in der ein Kind lernt, welche Bedeutung Bücher in seinem Leben haben können. Es lernt, welche Faszination Geschichten, andere Menschen und Figuren ausüben.«

Mein Sohn hat eine besondere Vorliebe für Drachenreiter- und Gruselgeschichten. Obwohl das Gute das Böse stets besiegt, war ich häufig ob der Gräueltaten in diesen Büchern besorgt. Die erfolgreiche Kinderbuchautorin Cornelia Funke (*Tintenherz*) nahm mir meine Bedenken. In einem Interview mit Kinderbuch-Couch.de sagt sie: »Ein Buch ist eine Gelegenheit, sich mit dem auseinanderzusetzen, was uns allen Angst macht, und in die Dunkelheit hineinzugehen – ohne Gefahr für Leib und Leben ...« Auf meinen Sohn trifft dies zu! Funkes *Drachenreiter* liest Junior inzwischen selbst – nachdem ich es ihm vier Mal vorgelesen habe.

Cornelia Funke ist eine der Autorinnen, die mein Sohn vielleicht eines Tages seinen Kindern vorlesen wird. Außerdem sicher Paul Maars wundervolle Bücher um Herrn Taschenbier und das freche Sams und sicher auch Isabel Abedis wunderschöne Geschichte von der kleinen Maus, die loszog, die Liebe zu suchen (*Alberta geht die Liebe suchen*).

KAPITEL ELF

Hindernisse und wie man sie überwindet

GRUND NR. 101

Weil du stark sein kannst, auch wenn du alles hinschmeißen möchtest

Ich hatte mal eine Freundin, die hatte zwei Söhne. Beim Plätzchenbacken fing sie unvermittelt an zu weinen. »Manchmal brauche ich mittags echt einen Schnaps. Sonst halte ich das alles hier nicht mehr aus«, sagte sie und drosch auf den Lebkuchenteig ein. Mehr als »ui« brachte ich seinerzeit nicht heraus. Ich befand mich gerade in den ersten Schwangerschaftswochen und sie wusste noch nichts von meinen bevorstehenden Mutterfreuden.

»Irgendwann dreh ich noch durch. Dass es mit Kindern so anstrengend ist, hätte ich nicht gedacht«, wimmerte sie und bot mir ein Gläschen Prosecco an, das ich unter einem fadenscheinigen Vorwand ablehnte und sie daraufhin auf ex austrank.

»Versteh mich bitte nicht falsch, ich liebe meine Mäuse. Wahnsinnig. Ich kann mir ein Leben ohne die beiden nicht mehr vorstellen. So etwas möchte ich mir auch gar nicht vorstellen. Aber wenn die beiden ihren Mittagsschlaf machen, gönn ich mir manchmal einen.«

Diese Freundin war Mutter von eineinhalbjährigen Zwillingen. Sie hatte einen Mann, der sich gerade beruflich verwirklichte. Er konnte sie kaum unterstützen und erwartete abends, wenn er aus seiner Agentur kam, frisch gepuderte Jungs, die ihm heiter entgegenlächelten, dann von allein ins Gitterbettchen hüpften und durchschliefen. Weder das eine noch das andere taten die beiden. Und wenn sie nachts quakten, musste stets meine Freundin hoch, weil ihr Mann andernfalls übermüdet gewesen wäre.

Samstags schenkte der Mann meiner Freundin etwas Zeit. Er verschwand für neunzig Minuten mit den Wasserratten zum Kinderschwimmen. Sie unternahmen viel an den Wochenenden. Tag der offenen Tür bei der Feuerwehr, Besuche im Wildpark, Zoo und Freibad, Exkursionen in den Wald. Und natürlich wurde auch die Verwandtschaft mit regelmäßigen Besuchen beglückt.

Als ich dem Mann meiner Freundin sonntags einmal zufällig über den Weg lief, sagte er: »Zum Glück ist morgen wieder Montag. Da kann ich mich in der Agentur erst einmal von den Strapazen des Wochenendes erholen.«

»Ja«, entgegnete ich und dachte: Ich hätte gar nicht gedacht, dass du so fies sein kannst ... Ich hatte seinerzeit noch eine sehr romantische Vorstellung vom Kinderkriegen und machte mir Sorgen um die Ehe meiner Freundin. Erst als ich selbst Mutter war, konnte ich ihren kleinen Nervenzusammenbruch nachempfinden.

Ich habe es nie bereut, Mutter zu sein. Und die Frage »Wie konnte ich nur?« wäre mir wie eine Sünde vorgekommen. Doch bei all der Freude, die uns die Kinder bereiten, verspüren wir doch auch manchmal den Wunsch nach einer kleinen Pause, in der wir zur Ruhe kommen und uns wieder als Frau wahrnehmen können – nicht nur als Mutter, die für das Wohlergehen ihrer Kleinkinder verantwortlich ist und 24 Stunden am Tag unter Strom steht. Eine Mutter, die auf im Kniebereich aufgerissene Jeanshosen Flicken mit lustigen Motiven zaubert, es sich zur Gewohnheit gemacht hat, vor der Wäsche alle Hosentaschen nach Steinchen, Taschentüchern und vertrockneten Gräserbüscheln zu durchsuchen; und wenn sie es vergessen hat, die Ruhe selbst, die Taschentuchkrümel aus der frisch gewaschenen Wäsche fummelt. Eine Mutter, die ihre Kinder zum Turnen oder Musikunterricht chauffiert und deren Tag häufig um sechs Uhr beginnt und aufgrund ihres Dauer-Bereitschaftsdienstes niemals wirklich zu Ende geht.

Erschöpfung gehört zum Mamasein dazu und es wäre verwerflich, sie sich selbst nicht einzugestehen und zu gestatten. Wenn dein Mäuschen mit Himbeermarmeladenmund vor dir steht, seine Arme um deine Bein schlingt und »Du bist die beste Mami der Welt« sagt, wirkt das auf jede Mama wie ein Energy-Drink. Sei schwach, um wieder stark zu sein!

GRUND NR. 102

Weil du zwar gern Mutter bist, aber dir manchmal der Kragen platzt

Mit der Ankunft deines Babys ist dein sehnlichster Wunsch in Erfüllung gegangen. Aber schon vier Wochen nach der Entbindung bist du ein gereiztes Nervenbündel. Und dafür schämst du dich, weil du dir selbst nicht eingestehen willst, wie überfordert, ausgelaugt, erschöpft und fertig du bist. Deine Milchbrüste schmerzen entsetzlich und im Still-BH liegen im Kühlschrank vorgekühlte Kohlblätter, die den Brustdruck mildern. Deine Füße könnten dringend eine Pediküre vertragen und seit du stillst, erinnert dich dein eigener Körpergeruch an den der Menschen, denen du früher auf dem Weg zur Arbeit in der U-Bahn ausgewichen bist, weil diese Deo offenbar für eine überflüssige Erfindung hielten. Du schaffst es wie durch ein Wunder täglich unter die Dusche. Und du verlässt niemals das Badezimmer ohne Deo. Transpirieren tust du neuerdings trotzdem. Aus jeder Pore, selbst zwischen den Fußzehen trieft es unangenehm.

Dein Mann schläft inzwischen auf einer Luftmatratze im Wohnzimmer oder – wenn ihr gut ausgestattet seid – auf dem Schlafsofa im Gäste-Arbeitszimmer, was du begrüßt, da ihm so der Anblick deines morgendlichen Milchsees im Bett erspart bleibt. Dein Leben als Mama ist ein bisschen wie in *Täglich grüßt das Murmeltier*. Jeder Tag ist gleich – lediglich die Bäuerchen-Auswürfe variieren: Meist landen sie im Nackenbereich und rinnen dann langsam den Rücken hinunter. Mit großem Glück trifft das Kleine das praktische Moltontuch, das du dir geschickt vorm Bäuerchenmachen über die Schulter drapierst. Kürzlich hat es nachgebäuert. Du hattest es gerade so süß auf deinem Schoß, hast Hoppe-Reiter gespielt, es verliebt angeschmachtet, dich darüber gefreut, wie entzückend es im zarten Lebensalter von 41 Tagen lächelt. Dein Zungenausstreck-Test ergab: Auch das kann dein Super-Talent-Baby! Es hat erst gelächelt, dann das Züngchen rausgestreckt – und gekotzt. Die Ladung Restmilch landete in deinem Dekolleté und beim Lachen kamen dir die Tränen ...

Abends bist du dermaßen erschöpft, dass du selbst das Zähneputzen vernachlässigen möchtest, was du jedoch nicht tust, weil du kurz vor der Entbindung achtzig Euro für die Prophylaxebehandlung bezahlt hast und es schade ums Geld und die Zähne wäre, wenn du es mit der Dentalreinigung nun nicht mehr so genau nehmen würdest. Du fragst dich, warum dein Baby nicht ebenfalls erschöpft vom Tag ist und wie es ein 50-Zentimeter-Winzling schafft, derart ohrenbetäubende Schreie von sich zu geben. Und zwar nicht für fünf fiese Minuten. Nein, für vier, fünf oder sogar sechs Stunden krakeelt das Kleine. Mit aller Kraft, bis der Kopf blau anläuft. Du kuschelst, schmust und besingst es, flüsterst ihm gut zu und bist sehr selbstbeherrscht, weil dir dein neuer mütterlicher Instinkt sagt, wie wichtig es für dein Kind ist, dass wenigstens du die Ruhe bewahrst.

Doch: Dir droht der Kragen zu platzen, weil du verdammt noch mal nicht weißt, was das frisch gewickelte und gestillte Mäuschen überhaupt von dir will ...

Und dann erinnerst du dich: Ich wollte das. Es war meine Entscheidung. Ja, ich habe unterschätzt, wie viel Fürsorge so ein Mäusezähnchen benötigt – oder habe vielleicht nur mit halbem Ohr zugehört, wenn eine Freundin, die bereits Mutter geworden war, von ihrer Erschöpfung erzählte.

Die gute Nachricht: Alles wird besser! Die ersten Wochen mit Kind sind strapaziös. Sehr, sehr, sehr strapaziös. Auch Babys, die in ihrer ersten Lebenswoche wie friedliche kleine Engel wirken, können sich noch zum Schreikind mausern.

In dieser Zeit hilft es nur, die Situation als solche anzunehmen. Neu-Papas, die in den Wochen nach der Geburt arbeiten müssen, sollten sich nicht verpflichtet fühlen, die Nächte mit Mutter und

Kind zu verbringen. Damit tut ihr drei euch keinen Gefallen, weil euer Liebesfrüchtchen sensibel ist, eure Anspannung spürt und dann nur noch mehr auf Krawall gebürstet ist.

Ein wundervolles und bei Neu-Mamis mit vielen Fragen beliebtes Buch ist *Oje, ich wachse! Eltern-Sprechstunde* von Frans X. Plooij. Warmherzig beschreibt der Autor die Entwicklung der ersten zwanzig Monate. Du wirst verstehen, warum dein Säugling nachts wie am Spieß schreit, obwohl er tagsüber sanftmütig und zufrieden wirkt (weil er Erlebtes übers Schreien verarbeitet). Und mit dem Verstehen wird es erträglich!

Mein Tipp von Mama zu Mama: Spiel dir selbst nichts vor! Erlaube dir, dich überfordert zu fühlen. Verschließe dich nicht gegenüber deinem Partner, weil er deinen Rückzug, deine Anspannung oder auch deine Verzweiflung womöglich falsch beziehungsweise gar nicht versteht. Setz dich selbst nicht unter Druck, indem du versuchst, alles perfekt zu machen. Du würdest wie eines dieser rosafarbenen Duracell-Häschen emsig dauerlaufen und dabei tapfer lächeln. Bis die Batterien leer sind und du, zackbum, am Boden liegst.

Du wächst in die Mama-Rolle hinein. Du hast alle Zeit der Welt, weil das Hineinwachsen sowieso ein Leben lang währt. Versuch auch nicht, im Beisein von Freundinnen die Super-Mama zu spielen. Diese Fassade kann zu einer Mauer werden, hinter der du dich mit deinen Ängsten und Zweifeln verkrümelst. Sei lieber ehrlich und zeig dich auch von deiner schwachen, verletzlichen Seite. Sei gewiss: Deine Freundinnen danken es dir, indem sie sich dir ebenfalls anvertrauen und von ihren eigenen Schwierigkeiten beim Start ins Mutterdasein berichten. Und das macht dich dann gleich wieder stark, weil du erkennst: Puuuh, das hier ist das ganz normale Leben!

GRUND NR. 103

Weil du die Lego-Steine vom Kinderzimmerfußboden verdammen kannst

Aufräumen ist bei uns ein Problem. Mein Sohn ist ein Messie. Von wem er das hat, weiß ich nicht. Papierschiffchen, Stöcker, Kieselsteine, kaputte Plastikschwerter vom Rummel, Plastikflaschen, Trinkhalme, Kronkorken, die er auf der Wiese gefunden hat, Firlefanz, den es zu den Kindermenüs gewisser Fastfood-Ketten gratis dazu gibt, leere Tintenpatronen und viele andere Kleinigkeiten, die er im Park, auf der Straße, im Wald findet oder von Oma bekommt – er hortet diese Dinge. »Das brauche ich zum Basteln«, sagte er, als ich mit einem blauen Müllsack vor den zugemüllten Kartons kauerte und ausmisten wollte.

Es gibt Mütter, die heimlich die Kinderzimmer auf Vordermann bringen und den Mist, den Mütter für Müll und Kinder für Kostbarkeiten halten, ohne Nachfrage entsorgen. Ich vergreife mich nicht einfach so an den Schätzen meines Sohnes, weil ich mich noch daran erinnere, mit welcher Rigorosität meine Mutter meine Sachen weggeschmissen hat und wie traurig ich deswegen manchmal war. Meine Puppe Kina ist angeblich bei einem Umzug abhandengekommen. Ich befürchte, sie lebt seit mehr als dreißig Jahren mit anderen entsorgten Knuddeltieren auf einer Müllkippe bei Hamburg. Nachdem ich ihr die Locken ein wenig gestutzt hatte, weil ich dachte, sie würden nachwachsen, sah sie in der Tat schäbig aus. Aber es handelte sich um meine Kina und lieb hatte ich sie natürlich trotzdem.

Mein Sohn und ich misten also gemeinsam aus. Zumindest versuche ich es immer wieder. Ich (mit überzeugter Stimme, ernstem Blick, die Ruhe selbst): »Ordnung ist das halbe Leben. Du findest dein Spielzeug auch viel besser, wenn alles an seinem Platz liegt.«

Mein Sohn (gelangweilt): »Ich finde immer, was ich brauche.«

Ich (innerlich weniger ruhig): »Aber dein Zimmer wirkt viel größer, wenn es richtig schön aufgeräumt ist.«

Mein Sohn: »Also ich finde mein Zimmer genau so gemütlich. Kann ich jetzt weiterspielen?«

Ich (verzweifelt, nach Argumenten ringend): »Ich mach dir einen Vorschlag: Wenn wir das Zimmer jetzt gemeinsam richtig gut aufräumen und ein paar Sachen wegschmeißen, gehen wir nachher noch ein Eis essen. Du bekommst zwei Kugeln.«

Mein Sohn: »Ich habe heute keinen Appetit auf Eis.«

Ich: »Aus deinem Zimmer müffelt es schon, weil du die Kronkorken noch nicht gewaschen hast und ...«

Mein Sohn: »Also, ich riech nichts. Aber ich wollte die jetzt auch abwaschen.«

Ich (mit beherrscht ruhiger Stimme): »Mäuschen, weißt du, was meine Mama gemacht hat, wenn ich mein Zimmer nicht aufgeräumt habe?! Sie hat alles, was auf meinem Schreibtisch lag, runtergeschmissen. In der Mitte meines Zimmers war ein Berg, den ich dann wegräumen musste.«

Mein Sohn: »Meine Oma? Das kann ich mir gar nicht vorstellen.«

Ich (kurz vorm Heulen): »Hör zu! Wenn du nicht aufräumst, bekommst du nie wieder Spielzeug.«

Mein Sohn: »Das macht nichts, ich kaufe mir dann das Lego-Ninjago von meinem Taschengeld.«

Das ist meist der Moment, in dem ich resigniere und mich zurückziehe, um mir schnell das Näschen zu putzen und über eine neue Taktik nachzudenken. Denn ich werde einen Teufel tun, das Kinderzimmer meines Sohnes selbst in Schuss zu halten. Ich kann schließlich später nicht regelmäßig in seiner Wohnung aufkreuzen, um bei ihm Klarschiff zu machen. Er muss selbst lernen, Verantwortung für seine Sachen zu übernehmen.

Was habe ich also getan?

Erstens: Ich habe es in Kauf genommen, eine nervende Mama zu werden, weil ich das Aufräumen ein paar Wochen täglich zum Thema gemacht habe.

Zweitens: In dieser Zeit habe ich das Kinderzimmer sich selbst überlassen. Was meinen Sohn nicht weiter störte.

Drittens: Als sich mein Sohn nach ein paar Tagen darüber beklagte, in seinem unaufgeräumten Kinderzimmer nicht mehr schlafen zu können, und das Schlafzimmer belagern wollte, schmiss ich ihn aus meinem Bett. Und bot Sohnemann erneut an, ihm beim Aufräumen zu helfen.

Viertens: Am nächsten Tag misteten wir gemeinsam aus – wobei mein Sohn gewissenhaft selektierte und ich wesentlich mehr wegschmeißen wollte. Ich verbuchte diese erste gemeinsame Aufräum-Aktion ohne Wehklagen aber als Erfolg und hoffte auf Wiederholung.

Fünftens: Bevor es ins Bett geht, muss mein Sohn zumindest den Teppich von Lego-Steinen und Playmobil-Figuren befreien. Andernfalls wird nichts vorgelesen.

Im Kinderzimmer meines Sohnes regiert nach wie vor Herr Chaos. Aber er ist kein Diktator mehr, sondern ein kleiner Mann, der zusehends an Macht verliert. Ein kleiner Erfolg also. Seit Langem stand ich nicht mehr mit schmerzverzerrtem Gesicht vor meinem Mäuschen. Barfuß über Glasscherben zu gehen ist nämlich ein Witz-Schmerz im Vergleich zu einem beherzten und unvorhergesehenen Tritt auf einen Lego-Stein.

GRUND NR. 104

Weil du aus Erziehungsfehlern lernen kannst

Pech im Spiel, Glück in der Liebe!« Mein Sohn hält diese Volksweisheit für eine Verlierer-Ausrede. Hat er Pech im Spiel, wird er fuchsteufelswild und will nix von Glück oder Liebe hören. Er will gewinnen. Immer, um jeden Preis.

Leider muss ich ihn verteidigen: Er war es viele Jahre gewohnt, der Gewinner zu sein: »Memory«, »Mühle«, »Tempo, kleine Schnecke«, »Lotti Karotti«, »Die Siedler von Catan«, »Schwarzer Peter« – ich habe meinen Sohn immerzu gewinnen lassen. Es war nur gut gemeint, wenn ich mich klammheimlich zu meinem eigenen Nachteil verzählte, um meinem Sohn das Gefühl des Sieges zu schenken. Mir war das gemeinsame Spiel wichtiger und ich sah in meinem Gegner nur meinen Sohn, den ich nicht zu besiegen brauchte, um mir so einen Triumph zu ermöglichen. Es war doch nur ein Spiel. Außerdem hatte ich so wenig Zeit, mich mit ihm an einen Tisch zu setzen, um ein Gesellschaftsspiel zu spielen. Mein geschenkter Sieg sollte eine Wiedergutmachung sein. Dass ich damit den Grundstein für ein spaßbremsendes, unsoziales Benehmen legte, war mir nicht klar.

Ich konnte mich noch sehr gut daran erinnern, wie ich mich selbst als Kind geärgert hatte, wenn mein Großvater beim »Mensch ärgere dich nicht« seine Spielsteine eher zusammen hatte als ich. Und ich tobte, wenn man mir den »Schwarzen Peter« untergejubelt hatte. Als ich entdeckte, dass man die Eins des Würfels heimlich anlecken muss, um so mit sehr hoher Wahrscheinlichkeit eine Sechs zu bekommen, gewann ich regelmäßig mittels meines kleinen Tricks. Der Karte mit dem »Schwarzen Peter« verpasste ich seinerzeit einen kleinen Knick, sodass ich nie mehr in die Verlegenheit kam, diese Loserkarte zu ziehen.

Unser »Schwarzer Peter« ist eine Version von »Kapt'n Sharky«. Kapt'n Sharky hat mein Sohn ebenfalls markiert. Ich kann ihm das nicht übel nehmen, weil ich auch eine Schummelliese war. Mein Sohn setzt alles auf Sieg und gibt sich mit einer Schlappe im Spiel nie zufrieden, trotz vieler Gespräche, die ich und auch seine Erzieher mittlerweile mit ihm geführt haben. Ich bin sicher, dass er seine Lektion noch lernen wird, aber das kann dauern, weil ich mit besten Absichten einen Fehler gemacht habe. Sollte ich noch einmal Mutter werden, werde ich ihn nicht wiederholen. Kinder dürfen um eine wichtige Erfahrung nicht betrogen werden: Sieger müssen auch gute Verlierer sein.

GRUND NR. 105

Weil Schlafprobleme nicht unlösbar sind

Schlafprobleme begleiten dich als Mama ab dem Tag der Geburt deines Kindes. Es kommt einem Wunder gleich, einen geregelten Rhythmus inklusive eigener Schlafpausen von sechs bis acht Stunden am Stück mit dem chaotischen Leben einer Neu-Mama in Einklang zu bringen. Stillen im Akkord, Koliken, fiebrige oder zahnende Kinder – die Nächte können zu der Tageszeit werden, vor der du dich am meisten fürchtest ... Und selbst wenn alle Zähne da sind, die Koliken- und Stillzeit überstanden ist und dein Kind tagsüber vor Selbstbewusstsein und Lebensfreude strotzt, die Nächte mit drei, vier, fünf Jahre alten Mäuschen können weiterhin zermürbend sein ... Es gibt Kinder, die nur im Bett ihrer Eltern einschlafen. Kinder, die nur dann einschlafen, wenn die Eltern gleichfalls ihren Schlafanzug anhaben, sich zu ihrem Mäuschen legen und beteuern, um 19 Uhr ebenfalls schlafen gehen zu wollen. Kinder, die nur einschlafen, wenn Mami neben ihnen liegt, sanft ein Schlaflied summt und dabei ihre Füße krault. Ganz abgesehen davon, dass du dich selbst um einen schönen Ausklang des Tages betrügst, ist diese Methodik äußerst problematisch, wenn du beispielsweise zwei oder sogar drei Kinder auf diese Weise in den Schlaf begleitest. Der ganze Abend ist futsch und du bist ausgelaugt. Wenn du es liebst, Abend für Abend neben deinem Kind einzuschlafen, ist das deine Sache. Ich halte es für problematisch. Kinder sind durchaus in der Lage, allein einzuschlafen.

Nach siebenjähriger Erfahrung als Mama habe ich es geschafft, die Sache mit dem Schlafen in den Griff zu bekommen. Das war mitnichten immer so. Es hat mich rasend gemacht, wenn mein Sohn im Fünf-Minuten-Takt aus seinem Bett stieg, Hunger, Durst, Bauchschmerzen oder einen Albtraum hatte und mir noch dringend sagen musste, wie lieb er mich hat oder was er sich zum Geburtstag, vom Weihnachtsmann oder dem Osterhasen wünscht. Auch ich lag schon mit im Bett meines Sohnes und kraulte sein Haar gefühlte zwei Stunden.

Innerlich kochte ich, weil ich mich auf einen ruhigen Abend mit einem spannenden Buch gefreut hatte, die Wäsche oder eine Freundin wartete oder mein Partner und ich zum gemütlichen Teil des Abends übergehen wollten. Es ist zwar fantastisch, eine Mama zu sein, aber abends gehören Kinder nun einmal ins Bett und Mamas dürfen sich ein wenig entspannen.

Mit Engelszungen redete ich auf meinen Sohn ein. Ich erklärte, wie wichtig Schlaf sei, dass er eine Möglichkeit sei, sich vom Tag zu erholen und sich auf das Kommende vorzubereiten, wie eine Kraftquelle. »Das brauche ich nicht«, sagte mein Sohn dann. »Fein, ich aber – und du musst jetzt schlafen. Es ist 21 Uhr«, entgegnete ich mit gereizter Stimme in solchen Situationen. Einige Minuten später stand er dann häufig wieder bei mir. »Ich hatte einen Albtraum.« Ich tröstete ihn, kochte innerlich noch mehr und fragte mich, warum dieser kleine Deibel partout nicht schlafen wollte. Es gab Abende, an denen ich mich um 22 Uhr noch in die Küche stellte, um ein Toast mit Leberwurst zu bestreichen, weil mein Sohn meinte, er hätte nicht genug zum Abendbrot bekommen. Manchmal stand er um kurz vor halb elf an meinem Bett und sagte: »Ich habe Knieschmerzen.« Ich fragte mich so viele Abende, wie es möglich war, dass ich derart erschöpft und müde war und mein Sohn das blühende Leben sein konnte. Vorm Einschlafen dachte ich mit Sorge an den Morgen, weil mein Sohn dann natürlich völlig übernächtigt war.

Ich war wütend und traurig – auch auf mein Kind. Allerdings traf ihn keine Schuld. Ich war diejenige, die abends keinen geregelten Ablauf bot. Den einen Abend musste mein Sohn um 19 Uhr 30 Uhr im Bett sein, den nächsten eine Stunde später, weil ich noch einen Termin hatte und die Babysitterin abends einhütete. Ihm fehlte die Orientierung, die Kontinuität, der geregelte Tagesablauf, nach dem er auch seine innere Uhr stellen konnte. Bei meinem Job war das nicht möglich. Zu dem Zeitpunkt hatte ich auch keinen Partner, der mich hätte unterstützen können. Ich war selbst verantwortlich für den abendlichen Zirkus. Meine innere Unruhe, die Angst vor den Querelen – das übertrug sich auf mein Kind. Aber Erkenntnis ist der erste Schritt zur Besserung. Und so beschäftigte ich mich intensiv mit dem Thema »Schlaf«. Mir gingen diverse Lichter auf.

Neben Routine brauchen Kinder das Gefühl von Sicherheit. Wenn mein Sohn einen Albtraum hatte, hörte ich ihm zu, spendete mit Worten Trost, streichelte seinen Kopf. Meine Gesten waren liebevoll, innerlich wollte ich aber verdammt noch mal, dass Junior bitte schön endlich schläft. So etwas spüren Kinder und es vermittelt alles andere als Sicherheit. Mein Sohn fragte mich einmal sogar, ob ich noch etwas vorhätte, ob ich weggehen würde. Ich wusste seinerzeit nicht, wie er auf so eine groteske Idee überhaupt kommen konnte. Mittlerweile befürchte ich, dass sich da ein Gefühl von mir auf ihn übertrug. Vielleicht hatte ich innerlich den Wunsch verspürt zu verschwinden. Freilich nicht aus der Wohnung, sondern aufs gemütliche Sofa.

Albträume nehme ich nach wie vor ernst, allerdings sage ich nur: »Du bist hier sicher. Du brauchst dich nicht zu fürchten.« Was passieren würde, wenn sich ein Einbrecher nachts in unsere Wohnung schleichen würde? Er bräuchte keine Angst zu haben, das würde ich dann schon erledigen. Ich rannte auch nicht bei jedem Wehklagen an sein Bett. Ich blieb an der einen Spaltbreit geöffneten Tür stehen und sagte: »Alles ist gut, ich bin hier. Schlaf schön.« Und ich nahm alle Kraft zusammen, um wirklich ruhig zu sein – und nicht nur so zu tun, als sei ich die Entspannung selbst.

Um zwanzig Uhr wird im Kinderzimmer meines Sohnes das Licht gelöscht. Um 19.30 Uhr muss Junior im Bett sein, andernfalls lese ich nichts mehr vor. Eine Woche lang habe ich mich streng an meine neu geschaffene Einschlafmethode gehalten – und der Erfolg spricht für sich: Schlafen ist bei uns fast kein Problem mehr. Die erste Woche war anstrengend, weil auch ich viel Willensstärke aufbringen musste. Aber dieser Einsatz hat sich gelohnt.

GRUND NR. 106

Weil du mit antiquierten Erziehungsmethoden brechen kannst

Erziehung ist kein Kinderspiel. Erziehung ist eine komplexe Aufgabe, die Hingabe, Liebe, Verständnis, Beharrlichkeit, Empathie und große Achtung vor dem Menschenkind erfordert, das es zu erziehen gilt. Manchmal wirst du dich fragen, ob es nicht einfacher gewesen wäre, ein Kind zu einem artigen, immer braven, widerstandslosen Persönchen zu drillen; zu einem Kind, das dir nie widerspricht und ohne Murren das tut, was du ihm sagst. Dann hätte man aber kein Kind mit eigenen Gedanken und Gefühlen, sondern einen Roboter, der auf Input wartet und dann das Befohlene erledigt.

Kinder, die Kinder sein dürfen, sind anstrengend. Sie spielen laut, stellen viele Fragen. Sie lechzen nach Leben, wollen die Welt verstehen und mit ihren Augen entdecken. Sie sind frech und vorlaut, geben sich nicht einfach so mit einem Nein zufrieden. Sie möchten eine Erklärung. Mit ihrer Diskussionsfreude stellen sie uns immer wieder auf die Probe und können uns zuweilen mit ihrem neunmalklugen Gehabe auf den Keks gehen.

Kinder haben einen inneren Radar für unsere schwachen Momente. Und wenn wir in einer solchen Situation einknicken und unsere selbst errichteten Regeln aufheben, nutzen Kinder dies für sich rigoros aus. Das tun sie nicht, weil sie böse, respektlose Teufelchen sind, sondern weil sie uns austesten und für sich immer wieder aufs Neue herausfinden wollen, wie weit sie bei uns gehen dürfen.

Es gibt Eltern, denen in solchen Fällen die Hand ausrutscht – was ich für unverzeihlich halte. Andere stellen ihre Kleinen in die Ecke, damit sie über ihre Unvollkommenheiten nachdenken. Auch das halte ich für indiskutabel. Während eines Familienwochenendes im Center Parc beobachtete ich eine Mutter, die ihr renitentes Gör im Schlafzimmer des Familienbungalows einschloss. Es durfte erst wieder herauskommen, wenn es sich für das entschuldigte, was die Mutter in dem Moment wütend gemacht hatte. Als ich ihr vorsichtig zu erklären versuchte, dass ich ihre Bestrafungsmethode für fragwürdig hielt, entgegnete sie gereizt: »Wieso? Das hat mir als Kind auch nicht geschadet. Die kann jetzt mal darüber nachdenken, wie man sich benimmt.« »Die« (schätzungsweise vier) sollte nachdenken, die bequemste, aber auch grausamste Art, um von seiner eigenen Überforderung abzulenken.

Ich frage mich immer, ob diese Mütter sich je in ihr Kind hineinversetzt haben. Ob sie auch nur ahnen, wie es sich für ein Kind anfühlt, wenn es gehauen, in die Ecke gestellt oder im Zimmer weggesperrt wird. Und ob diesen Müttern klar ist, welche psychischen Schäden diese brutale Form von Maßregelung mit sich bringen kann. Mir wird bei dem Gedanken übel – aber ich bin auch sehr sensibel, was solche Dinge angeht. Ohrfeigen und Hinternversohlen – für mich ist das kriminell. In-die-Ecke-Stellen und Im-Zimmer-Einsperren ist Liebesentzug. Grausam ist es auch, wenn man das Kind, das nach einer gewissen Auszeit auf einen zukommt, ignoriert, ihm nicht signalisiert, dass wieder alles gut ist und man es trotz der Bestrafung um seiner selbst willen liebt.

Kinder sind keine Maschinen. Kinder können nicht immer artig sein. Kinder dürfen nicht wie oben beschrieben bestraft werden. Mal ehrlich: Wenn die Beziehung zum Kind zum Kräftemessen geworden und ein Machtkampf zwischen Mutter und Kind entbrannt ist, dann wäre es ratsam, sich helfen zu lassen. Mütter, die überfordert sind und sich wie oben beschrieben verhalten, täten gut daran, sich an eine Erziehungsberatungsstelle zu wenden. Es ist keine Schande, sich überfordert zu fühlen. Es ist eine Schande, wenn man sich nicht helfen lässt! Und es ist anmaßend, als überforderte Mutter dem Kind die Schuld für die eigene Unfähigkeit in die Schuhe zu schieben. Kinder, die Tyrannen sind, sind keine Tyrannen, weil sie als solche geboren wurden und bedauerlicherweise das Tyrannen-Gen geerbt haben. Tyrannen sind Tyrannen, weil sie um Hilfe schreien. Sie brauchen keine Eltern, die abweisend, ratlos und überfordert sind und ob ihrer Ohnmacht und Hilflosigkeit zu Mitteln greifen, die ihnen möglicherweise selbst als Kind zugefügt wurden. Niemand kann vom Opfer zum Täter werden, ohne sich selbst dabei schuldig zu machen. Diese Kinder brauchen Eltern, die nachdenken, sich ihrer Fehler bewusst werden und Verantwortung für ihre eigenen Erziehungsdefizite übernehmen, wie auch ich es tun musste. Es ist nie zu spät für einen Neuanfang.

GRUND NR. 107

Weil du dein Kind motivierst, bis es sich selbst motivieren kann

Belohnung, Motivation oder auch Ansporn – mein Sohn nennt es schlicht: Erpressung! Junior drückt sich am liebsten vor den seiner Meinung nach völlig überbewerteten Aufgaben wie Zimmeraufräumen oder Tischdecken und -abräumen, kleine Pflichten, die zum Zusammenleben nun einmal dazugehören. Und natürlich macht er nicht gern seine Hausaufgaben.

Chaosbeseitigung im Kinderzimmer und eine gewisse Unterstützung im Haushalt belohne ich nicht. Für die Entwicklung eines Kindes ist es wichtig, ihm das Gefühl zu geben, ein wichtiger Teil einer Gemeinschaft zu sein, jemand, der gebraucht wird. Und da dein Mäuschen ein Mitglied der Gemeinschaft »Familie« ist, solltest du ihm als Mutter rechtzeitig kleine Aufgaben übertragen.

Mein Sohn liebt es, Möhren und Kartoffeln zu schälen. Er knetet gern den Brotteig, und wenn es am Wochenende Köttbullar wie bei Karlsson vom Dach gibt, fügt er dem Hackfleisch die notwendigen Zutaten wie Eier, Semmelbrösel, Sahne, pürierte Kartoffeln und einen Hauch Salz und Pfeffer hinzu. Das Kneten übernehme ich, weil sich Sohnemann vor dem Geruch der rohen Fleischbällchen ekelt. Ist alles vermengt, formt er im Schneckentempo und mit größter Sorgfalt Kügelchen. Es ist aber nicht so, dass mein Sohn hellauf begeistert ist, wenn ich ihn um Unterstützung in der Küche bitte.

»Ich will lieber spielen! Warum muss ich hier alles machen? Ich bin nicht dein Diener«, nörgelt er meist.

»Ich kann verstehen, dass du lieber spielen möchtest. Aber ich finde es schön, wenn du mir hilfst. Und du bist alt genug, um gewisse Aufgaben im Haushalt zu übernehmen.«

»Kinderarbeit ist verboten!«, schimpfte mein Sohn kürzlich, woraufhin ich ihm sagte, er könne dankbar sein für sein privilegiertes Leben im Westen und dass es in Indien Kinder gäbe, die nicht in die Schule gehen können, weil ihren Eltern das nötige Geld fehlt und die Kinder statt in die Schule zum Teppichknüpfen geschickt werden.

In der Vorweihnachtszeit krempelte sich mein Sohn von sich aus die Ärmel hoch, um für uns abzuwaschen. Ich war gerührt und begeistert und fühlte mich darin bestätigt, mich immer wieder von Erziehungsratgebern inspirieren zu lassen. Und wie schnell sich diese Knutschaffen doch an ihre Pflichten gewöhnen!, dachte ich übereifrig. Ich lobte meinen Kleinen, woraufhin er in ernstem Tonfall sagte: »Der Weihnachtsmann kann hier überall sein. Ich möchte ihm zeigen, wie brav und artig ich bin. Vielleicht schenkt er mir dann ja die Haifischfestung von Lego. Außerdem hat unsere Sportlehrerin gesagt, dass wir in der Adventszeit besonders nett zu unserer Mama sein sollen.«

Ausgefuchster kleiner Kerl, dachte ich. Und ja, ihr habt richtig gelesen: Mein Sohn glaubt noch an den Mann mit dem Rauschebart. Trotz des Gespötts seiner Klassenkameraden. Ich wollte ihm die Illusion nehmen, ihm ein Schicksal als Klassendepp ersparen. Sohnemann wiegelte ab und meinte seinerzeit: »Es gibt eben Leute, die an Gott glauben, und welche, die das für Quatsch halten. So ist das auch mit dem Weihnachtsmann. Ich glaube an ihn und die anderen eben nicht.« Wobei wir uns im vergangenen Jahr darauf verständigt haben, dass ich so etwas wie die Assistentin des Weihnachtsmannes bin.

Um noch mal auf meine Rolle als »Erpresserin« zu sprechen zu kommen: Es ist eine Methode, die meist funktioniert. Es ist meine Form von Motivation. Gummibärchen und zwei Folgen *SpongeBob* winken bei uns zur Belohnung, wenn Sohnemann freiwillig Lesen übt, seine Hausaufgaben astrein macht, er eine ganze DIN-A4-Seite das kleine »d« schreibt und anschließend das »b«.

»Mama, das ist voll Erpressung«, nörgelte mein Sohn früher häufig.

Ja, dachte ich in solchen Momenten und lächelte verlegen. Ich fühlte mich ertappt, weil ich es bis dato noch nicht geschafft hatte, in meinem Sohn diesen Ehrgeiz zu wecken, den er braucht, um die Schule als Lehranstalt voll auszukosten. Ich hoffe immer noch, dass er eines Tages auch das Wissen selbst als Belohnung ansehen wird. Bis dahin belohne beziehungsweise »erpresse« ich ihn, weil auch ich mir nur das Beste für mein Kind wünsche und das Leben möglicherweise wirklich ein Spiel ist, in dem wir, wenn wir reif dafür sind, unsere Rolle selbst wählen. Aber wer Spielmacher sein will, muss über das notwendige Wissen verfügen, damit einem niemand das Zepter wieder aus der Hand nehmen kann.

GRUND NR. 108

Weil du dich nicht mehr verunsichern lässt

Nervtötender als Besserwisser-Mütter sind die Frauen, die selbst keine Kinder haben und dich mit ihren Beobachtungen verunsichern.

»Du bist nicht streng genug.« – »Meinem Kind würde ich das pünktliche Ins-Bett-Gehen schon beibringen.« – »Meinem Kind würde ich niemals erlauben, mich als ›blöde Mama‹ zu beschimpfen.« – »Du solltest etwas resoluter sein.« – »Ich weiß nicht, wie ich dir das sagen soll, ohne dich zu verletzten ... Also, ich finde, dein Kind tanzt dir ziemlich auf der Nase herum.« – »Ich war auch kein Kind von Traurigkeit. Aber dein Kind toppt das noch.« – »Wenn ich so frech gewesen wäre wie dein Kind, hätte ich mir eine von meinem Vater eingefangen.« – »Ich kenne mich ja nicht aus, aber dein Kind ist schon ein ganz schöner Temperamentbolzen.« – »Du solltest strenger sein.« – »Du darfst dein Kind doch nicht ausschimpfen.« – »Du musst deinem Kind bessere

Tischmanieren beibringen.« – »Meinem Kind würde ich niemals erlauben, meine Anweisungen infrage zu stellen.« – »Mich geht das alles ja nichts an, aber ich habe schon den Eindruck, dein Kind müsste in dem Alter mehr im Haushalt tun.« – »Wenn mein Kind derart unordentlich wäre, würde ich das ganze Spielzeug nehmen und es armen Kindern schenken. Dein Kind wertschätzt die Dinge, die es hat, gar nicht.« – »Du beschäftigst dich zu viel mit deinem Kind. Erwachsene sind doch nicht dafür da, um mit den Kindern zu spielen. Kinder brauchen Kinder.« – »Du bist doch nicht die Dienstleisterin deines Kindes.« – »Du solltest mehr Grenzen ziehen.« – »Ich habe da von einem Buch gehört, *Warum Kinder Tyrannen werden* oder so etwas in der Art. Kauf dir das doch mal.« – »Kauf dir doch mal ein Flipchart. Da schreibst du dann deine Regeln auf und dein Kind hat Klarheit. Das macht die Super-Nanny auch immer, wenn sie die Mütter besucht, die mit ihren Kindern nicht klarkommen.«

Freut euch auf den Tag, an dem eure ehemals kinderlosen Freundinnen mit Augenringen vor euch stehen, heile Welt spielen und ihr genau wisst, was in ihren Köpfen und hinter verschlossener Tür wirklich vor sich geht. Freut euch auf die Momente, in denen eure Schlaumeier-Freundinnen vor ihren Mäuschen kapitulieren und sie um des lieben Friedens willen nachgeben und sich anschließend am liebsten selbst in den Allerwertesten beißen würden.

Lass dir von den Frauen, die meinen, alles besser zu wissen, und dich immer wieder an dir selbst zweifeln lassen, gar nichts sagen! Höre zu – das in jedem Fall. Es könnte ja ein Fünkchen Wahrheit hinter ihren Ratschlägen stecken. Aber: Eine Mutter, die von sich und ihren Mama-Qualitäten derart überzeugt ist, dass sie meint, andere verunsichern zu müssen, ist häufig selbst mit ihrem Latein am Ende und nutzt ihre Prahlerei, um von ihrer eigenen Beklommenheit abzulenken. Hört mal genau hin. Häufig führen diese Frauen eine Unterhaltung mit sich selbst. So als wollten sie sich selbst davon überzeugen, alles richtig zu machen. Wer viel quatscht, läuft nicht Gefahr, mit unangenehmen Fragen konfrontiert zu werden. Und: Wirklich starke Mütter ergötzen sich nicht an den Schwächen anderer. Sie stehen einem mit Rat und Tat zur Seite – wenn man sie darum bittet.

GRUND NR. 109

Weil das Ende einer Beziehung nicht das Ende der Welt sein muss

Jetzt mal ganz ehrlich: Es gibt sehr viele Paare, die nur aus drei Gründen zusammenbleiben: Angst vorm Alleinsein, die abzuzahlende Hypothek und/oder wegen der gemeinsamen Kinder. Es gibt einige Paare, die bei Beziehungsproblemen den Mut finden und sich an eine Familienberatungsstelle wenden, aber das sind die wenigsten. Die meisten Paare, die nur wegen der Kinder zusammenbleiben, tun sich selbst keinen Gefallen damit und den Kindern schon gar nicht. Im Gegenteil: Oft machen sie unbewusst den Nachwuchs für ihr Unglück verantwortlich. Gäbe es die Kinder nicht, müsste man sich mit dem Expartner gar nicht mehr abgeben. Und so leiden Mütter wie Väter Seite an Seite vor sich hin und werden stetig unzufriedener. Ich frage mich immer, wie sich erwachsene Menschen so etwas antun können. Warum sie das Leid der Freude vorziehen. Wir haben doch nur dieses eine Leben. Warum quält man sich freiwillig?

Ich plädiere ganz sicher nicht für eine sofortige Trennung, wenn sich erste Gewitterwolken am Beziehungshimmel auftun. Wenn das Fundament der Partnerschaft Liebe ist, wird diese Kraft wieder für strahlenden Sonnenschein sorgen. Aber wenn sich bei euch eine Orkanböe an die nächste reiht, appelliere ich an die erwachsene Frau in dir!

Wir kennen alle Frauen, die ihren Partner durch ein Kind an sich binden. Frauen, die in Trennungsfällen das gemeinsame Kind gegen den Papa instrumentalisieren. Oder nicht verheiratete Frauen, die ihren Partner mit dem Sorgerecht erpressen und Dinge sagen wie: »Warum sollte ich etwas teilen, das mir von Natur aus ganz zusteht?« Das ist würdelos! Und mich würde an dieser Stelle auch mal interessieren, wie diese Frauen das, was ihnen von Natur aus »ganz« gehört, ohne den Samenspender bekommen hätten. Frauen, denen es nicht um die Partnerschaft, sondern ausschließlich um das Kind geht, täten besser daran, die nächste Samenbank anzusteuern – dann müssten sie allerdings auf den Unterhalt fürs Kind und einen regelmäßig verfügbaren Babysitter verzichten …

Befremdlich finde ich auch den Gedanken, Kinder würden uns von Natur aus gehören. Sie sind schließlich keine Gegenstände, sondern Menschen, auf die wir keinen Besitzanspruch haben!

Es gibt viele dieser Beispiele, es wird sie auch weiterhin geben, und wir finden sie in allen Gesellschafts- und Bildungsschichten. Ich solidarisiere mich keinesfalls mit den ach-so-armen-Kerlen. Es gehören immerhin zwei zum Kinderzeugen. Aber: Seid doch bitte alle wenigstens so vernünftig, dass ihr mal nicht nur an euch und eure gekränkten und verletzten Eitelkeiten denkt, sondern an die Kinder. Die sind die eigentlichen Leidtragenden. Kinder haben ihre Mama und auch ihren Papa lieb – und das darf ihnen niemand wegnehmen.

Liebe Mamas von wirklich doofen Exmännern. Keine Frage: Auch die Kerle benehmen sich in Trennungsfällen häufig daneben. Kümmern sich entweder gar nicht mehr ums Kind oder überhäufen es an den Papa-Wochenenden mit kostspieligen Geschenken.

Kommt es zur Trennung, sollten sich *beide* wie vernünftige, erwachsene Eltern benehmen. Täuscht euch nicht. Kinder bekommen alles mit. Es gibt nichts Schlimmeres, als ein Kind so unter Druck zu setzen, dass es sich eines Tages entscheidet: für die Mama oder für den Papa. Lasst es nicht so weit kommen! Schützt euer Kind vor einem Loyalitätskonflikt. Auch mir fiel es schwer zu akzeptieren, dass mein Sohn seinen Vater – meinen Exmann – liebt. Mein Sohn ist seit sechseinhalb Jahren ein Trennungskind. Sein Vater und ich haben während der Scheidung wohl alle Fehler gemacht, die man machen konnte. Wir verhielten uns wie verletzte, dickköpfige Kinder, die beide verbissen um ihr Recht kämpften. Wir hätten besser daran getan, uns wie erwachsene Menschen mit der gegebenen Situation konstruktiv auseinanderzusetzen. Aber wenn die Verletzungen noch frisch sind, handeln wir nun einmal häufig irrational und im Nachhinein ist man immer schlauer. Es hat einige Jahre gedauert, bis mein Exmann und ich einen friedlichen Umgang miteinander pflegen konnten. Auf unseren Sohn hat sich dies natürlich positiv ausgewirkt. Er ist wesentlich ruhiger und hat kein schlechtes Gewissen mehr, wenn er abends vorm Schlafengehen sagt: »Mama, ich habe meinen Papa auch sehr lieb.« Ja, als ich dies das erste Mal hörte, brach es mir fast mein Herz. Wie kann das nur sein?, stichelte ein kleines Teufelchen auf meiner linken Schulter. Mittlerweile ist dieses Teufelchen verschwunden und ich freue mich, dass mein Sohn ein gutes Verhältnis zu seinem Vater hat.

Nach den Papa-Wochenenden braucht mein Junior einige Zeit, um wieder bei mir anzukommen, um der zu sein, der er bei mir ist. Ich habe das alles als gegeben akzeptiert – und rege mich nicht länger darüber auf, wenn mein Sohn behauptet, bei seinem Vater so viele *Paulchen Panther*-Folgen sehen zu dürfen, wie ihm beliebt. Anfangs ist mir das sehr schwergefallen und nach wie vor muss ich mir auf die Zunge beißen, wenn mein Sohn mir Dinge von seinem Papa-Wochenende erzählt, die mir nicht behagen. Ich schweige – und vertreibe unschöne Gedanken, um ihn nicht zu verunsichern. Und wenn mir etwas wirklich nicht gefällt, rufe ich meinen Exmann direkt an.

Was ich sagen möchte: Springt über euren eigenen Schatten, vermeidet es, euer Mäuschen in Trennungsgeschichten mit hineinzuziehen. Sprecht direkt mit eurem Expartner. Und noch ein Tipp: Unterlasst (Kontroll-)Anrufe bei eurem Kind, wenn es beim Papa ist – es sei denn, euer Ex hat kein Problem damit. In unserem Fall war es so, dass sich unser Sohn über meine Anrufe freute, sein Vater sie jedoch als störend empfand, was den Kleinen in die Bredouille brachte: Papa? Mama? Was darf ich jetzt tun, um niemanden zu verletzen? Kinder leben im Hier und Jetzt – und da sollten wir Unruhe in ihrer Ordnung vermeiden.

Trennungskinder haben es nicht leicht. Häufig plagen sie sich mit Schuldgefühlen, weil sie denken, sie seien der Grund für die Trennung. Denkt an das Wohl eures Kindes, lasst nicht zu, dass die Trennung zu einem Machtkampf eskaliert. Wenn ihr es allein nicht schafft, nehmt Hilfe Dritter in Anspruch. Viele Familienrechtsanwälte arbeiten inzwischen auch als Mediatoren und bringen somit die notwendige Sachlichkeit in emotional stark belastete Krisensituationen.

GRUND NR. 110

Weil du dich auch mit Kind neu verlieben kannst

Kriegst du jetzt ein neues Kind?«, fragte die Tochter einer Freundin, als sie ihr erstmals von ihrem neuen Partner erzählte.

»Nein«, entgegnete sie.

»Aber wenn man verliebt ist, bekommt man doch ein Baby«, wunderte sich das Mädchen.

»Nein, das ist nicht immer so.«

»Dann bist du also nicht verliebt?«

»Doch! Aber man bekommt dann nicht automatisch ein Baby.«

Die Tochter meiner Freundin nahm das so hin, beschäftigte sich jedoch die kommenden Tage weiter mit diesem Thema.

»Ich bleibe aber immer deine Nummer eins, oder?«

»Selbstverständlich, du bist meine Tochter und ich liebe dich mehr als mein eigenes Leben. Du wirst immer meine Nummer eins sein.«

Nach diesen Worten war die Tochter meiner Freundin beruhigt, aber wenige Tage später sagte sie morgens beim Frühstück: »Mama, du brauchst den Mann gar nicht. Ich habe dich genauso lieb wie er dich.«

»Es geht nicht ums Brauchen. Es geht darum, dass es schön ist, einen Partner an seiner Seite zu haben«, erklärte meine Freundin.

»Wir sind auch gut ohne einen Mann ausgekommen«, sagte die Viertklässlerin. »Ich kann dir mehr helfen. Dann kann der wieder weggehen.« Sie war beleidigt und ging mürrisch zur Schule.

Bevor meine Freundin ihren neuen Partner kennengelernt hatte, war sie dreieinhalb Jahre Single gewesen.

»Mama, ich weiß, warum du keinen Mann findest. Du vergraulst die Männer«, hatte die Tochter meiner Freundin eines Tages nach einem Papa-Wochenende zu ihr gesagt. Sie meinte daraufhin, sie würde jetzt mit ihrer Klassenkameradin einen Mann für ihre Mutter suchen. Meine Freundin war entsetzt, ihre Tochter euphorisch. »Weil Papa eine neue Freundin hat, habe ich jetzt zwei Mamas. Zwei Papas wären super! Ich hätte vier Eltern«, jubelte das Mädchen.

Die Tochter meiner Freundin hatte ihre Mutter dreieinhalb Jahre exklusiv für sich gehabt. Und obwohl sie immer wieder davon sprach, wie schön es wäre, wenn die beiden auch einen Mann daheim hätten, war sie verwirrt, als dieser dann mit am Esstisch saß, und zeigte sich von ihrer stutenbissigsten Seite.

In dreieinhalb Jahren waren die beiden zu einem eingeschworenen Team geworden. Und vielleicht war die Tochter auch unbewusst in die Partner- und Vertrautenrolle geschlüpft, ein Problem, das sich viele alleinerziehende Frauen oft nicht eingestehen wollen. Die Freundin beteuert, mit ihrer Tochter nie über ihre Probleme,

Sorgen oder Ängste gesprochen zu haben, ist sich aber nicht sicher, ob die Kleine nicht doch mal heimlich hinter der Tür stand und lauschte, wenn ihre Mutter abends mit einer Freundin telefonierte und ihr Herz ausschüttete.

Und natürlich hat die Tochter meiner Freundin ihre Mama auch mal weinen gesehen, wenn diese sich unbeobachtet glaubte und sich in ihrer Traurigkeit verlor. Sie bekam auch mit, wenn sich ihre Eltern am Telefon stritten – weil beide unterschiedlicher Meinung waren, was die Erziehung und das Bezahlen der Musikschule, des Sportvereins und der Klassenreise betraf.

Die Tochter meiner Freundin sagte in solchen Situationen: »Mama, ich beschütze dich. Ich pass auf dich auf. Ich habe genug Geld in meinem Spartopf. Ich bezahle das Tanzen davon.« Die Mutter nahm sie in den Arm und entgegnete: »Nein, ich beschütze mich schon selbst. Ich muss dich beschützen. Dafür sind Mamas da.«

Nun hat meine Freundin also einen Freund, der selbst einen Sohn und eine Tochter aus erster Ehe hat. Und als er da war, war nicht etwa alles sofort »super easy Patchworking«.

Sicher gibt es Mütter, die sofort mit Sack und Pack und Kind mit einem neuen Partner zusammenziehen, Vollgas geben und damit gute Erfahrungen gemacht haben. Meine Freundin geht es langsam an, weil sie nicht nur an ihre eigenen Bedürfnisse denkt, sondern auch an die ihrer Tochter. Sie möchte keine unnötigen Eifersuchts-Dramen und vertraut darauf, dass sich alles fügen wird. In ihrem Partner hat sie einen verständnisvollen Mann gefunden, der ebenfalls an das Wohl aller beteiligten Kinder denkt.

»Also meinetwegen können wir auch mal mit deinem Mann zusammenwohnen. Sagen wir mal in zwei oder zehn Jahren«, sagte die Tochter meiner Freundin, als Letztere davon sprach, dass sie eines Tages zu ihrem Freund ziehen würden. Natürlich lässt sie sich nicht von ihrer Tochter sagen, wie sie zu leben hat. Aber ihre Tochter vor vollendete Tatsachen zu stellen hält meine Freundin für egoistisch.

Nach einem halben Jahr hat die Tochter es verkraftet, ihre Mama mit jemandem zu teilen. Denn natürlich hat sie ihre Mama nicht verloren. Nach wie vor verbringt meine Freundin viel Zeit exklusiv mit ihr. Neulich sagte das Mädchen: »Ich kann mir das inzwischen ganz schön vorstellen, wenn wir alle zusammenwohnen. Richtige Familien wohnen ja auch zusammen.«

GRUND NR. 111

Weil du dir mit einem Kind das größte Geschenk machst

Würdest du mich für eine Millionbilliondrillionmilliarde verkaufen, Mama?«, fragte mich mein Sohn vor einiger Zeit.

»Nein. Nieeemals! Du bist das großartigste Geschenk, das mir in meinem Leben gemacht wurde. Für kein Geld der Welt würde ich dich hergeben. Dafür liebe ich dich viel zu sehr.«

»Und für ein Haus mit Pool?«

»Niemals!«

Ich liebe es, Mama zu sein. Als ich mit 27 Jahren schwanger wurde, freute ich mich wahnsinnig auf mein Baby. Aber ich hatte diese Aufgabe unterschätzt. Ich hatte unterschätzt, wie es sein würde, Mutter und gleichzeitig Arbeitnehmerin zu sein. Es hat viele Jahre gedauert, bis ich in meine Rolle hineingewachsen war. Mein Problem war die Zerrissenheit: Auf der einen Seite wollte ich eine tolle Mutter sein, auf der anderen hatte ich mir selbst hohe berufliche Ziele gesetzt. Mit 14 Monaten kam mein Sohn in den Kindergarten und ich ging wieder arbeiten, so wie ich es während der Schwangerschaft geplant hatte. Damals hatte ich noch keine Vorstellung davon, wie herzzerreißend es ist, sein kleines Mäuschen in die Obhut Fremder zu geben. Er hingegen hatte mit dem ersten Abnabelungsprozess weniger Probleme als ich. Er fühlte sich wohl mit den anderen Kindern und ich hätte mir keine weiteren Gedanken machen müssen.

Dann trennten sich der Vater meines Sohnes und ich. Während der Scheidung war ich primär damit beschäftigt, nicht in dem Schlamassel unterzugehen. Nach der Scheidung wollte ich noch einmal von vorn anfangen. Auch in Sachen Karriere. Ich hatte den Ehrgeiz, allen Skeptikern zu beweisen, was in alleinerziehenden Müttern steckt. Wie viele Frauen sich nach einer Trennung tapfer allein mit ihren zwei oder auch drei Kindern durchschlagen, welche Ängste und Probleme sie haben, wie sie mit ihrem Geld jonglieren, damit auch ihre Kinder ausreichend gefördert werden, und mit welcher Disziplin sie den Glauben an sich selbst nicht verlieren und das Beste aus ihrer Situation machen, das wird selten in der Öffentlichkeit diskutiert. Aber es gibt diese Löwinnen-Mütter, die keine Zeit für Selbstmitleid oder Erschöpfung haben, die mit einer unglaublichen Power ihren Alltag meistern und sich nicht beklagen. Frauen, deren Expartner keinen Unterhalt für die Kinder zahlt, eine Erfahrung, die mir zum Glück erspart geblieben ist.

Ich gab also Gas. Während ich mich beweisen wollte, war mein Sohn viele Stunden im Kindergarten. In der Zeit, die ich mit meinem Kind verbrachte, war ich gedanklich nicht ganz bei der Sache. Wir hatten viel Spaß miteinander und ich habe mich um ihn gekümmert, das schon. Aber ich tat es mit erschöpftem, zerrissenem Herzen. Außerdem war ich am Wochenende angespannt von meinem Alltag. Kurz nach der Einschulung galt mein Sohn als »Problemkind«. Ich kümmerte mich auch darum, besuchte eine »Problemkind«-Kindergruppe und allmählich ging mir ein Licht auf: Während die »Problemkinder« hinter verschlossener Tür mit einer Kinderpsychologin spielten, tagten wir Eltern. Diese Eltern hatten alle eines gemeinsam: Sie beklagten sich über das Verhalten ihrer Teufelchen, bemitleideten sich selbst, weil die Kinder teilweise ADHS diagnostiziert bekommen hatten oder den Schulhof und die Familie terrorisierten. Ein Junge trat seine Mutter nach der Spielstunde. Und diese Frau sagte: »Sehen Sie, ich habe Ihnen doch gesagt, dass er unmöglich ist.«

Ja, »unmöglich« ist das richtige Stichwort. Aber das Kind hat diese Bezeichnung nicht verdient. Kinder sind doch das, was wir aus ihnen machen.

Ich ging nicht mehr zu diesen Problemeltern-Treffen, weil ich dazu neige, den Menschen direkt ins Gesicht zu sagen, was ich denke. Und damals dachte ich: Ey, Leute! Übernehmt mal Verantwortung. Schiebt nicht die Schuld auf eure Kinder. Ihr solltet mit der Kinderpsychologin spielen, damit ihr begreift, was eure Kinder brauchen. Eure Kinder sind so, weil ihr sie gar nicht erzieht. Ihr seid viel zu unsicher, wisst nicht, was ihr tun sollt, und sitzt nun hier, um euch im Kreise anderer »Problemkinder«-Eltern an deren Problemen zu laben, weil die eigenen dadurch viel kleiner erscheinen. Mir waren vermutlich die gleichen oder ähnliche Fehler unterlaufen wie diesen Eltern, aber ihre Lösungen gingen mir nicht weit genug.

Warum tun wir uns so schwer, unsere Kinder zu erziehen? Ich schätze, gerade in den Großstädten sind viele Eltern mehr damit beschäftigt, so zu sein wie andere Eltern, sodass sie innerlich den roten Faden verlieren. Viele scheinen irgendwo aufgeschnappt zu haben, dass Eltern ihren Kindern wie Freunde begegnen sollten. Sie wirken häufig schwach, wollen die wenige Zeit, die sie mit ihren Kindern verbringen, so reibungslos wie möglich gestalten und erlauben alles, um einen Wutanfall, eine Diskussion und eine Auseinandersetzung mit dem Kind zu vermeiden.

Kürzlich beobachtete ich eine Mutter, wie sie ihrer Tochter, die noch unsicher auf den eigenen Beinen war, ein Eis kaufte. Die Mutter schob ihr Fahrrad, sagte: »Wir setzen uns auf die Bank dort drüben und dann bekommst du dein Eis.« Das Kind fing sofort an zu weinen. Es wimmerte: »Nein, nein, nein. Eis haben. Jetzt!« Die Mutter schüttelte mit dem Kopf. »Nein, ich trage dein Eis, weil es dir sonst gleich runterfällt.« Das Kind hörte in seiner Wut wahrscheinlich gar nicht zu. Das Mädchen wollte ihr Eis haben. Sie schimpfte, der Kopf wurde rot und aus den Augen schossen Riesentränen. Die Mutter ließ sich erweichen. »Na gut, mein Schätzchen. Hier ist dein Eis.« Sie hatte das »Sei vorsichtig!« noch gar nicht ausgesprochen, da war die Kleine schon hingeplumpst und saß mit Windelpo im Eis. Nun schrie sie – und die Mutter sagte: »Siehst du, ich habe dir doch gesagt, dass du hinfällst. Du musst mir endlich zuhören und dem glauben, was ich sage.« Falsch! Die Mutter muss lernen, ihrem Kind nicht alle Wünsche sofort zu erfüllen. Sie muss es aushalten, wenn ihr Kind sie mit ihren Tränen erpresst.

Kinder brauchen Eltern, die sie leiten. Authentische Führungskräfte, die sich darüber im Klaren sind, was sie im Leben wollen. Eltern, die keine Kumpels ihrer Kinder sind, sondern genug Kraft und Entschlossenheit aufbringen, um der Chef zu sein. Und diese Chefs müssen Regeln einhalten, die Kinder nicht als Belastung, sondern als Bereicherung betrachten. Würdest du deinen Chef ernst nehmen, wenn er seine Ansagen täglich neu verlauten ließe und ganz offensichtlich gar kein Konzept von dem hätte, was er eigentlich will, weil er eben nicht weiß, welches Ziel er verfolgt und sich zudem davor drückt, rechtzeitig eine vernünftige Entscheidung zu treffen? Siehst du!

Ich entschied, mich voll und ganz auf die Mutterrolle einzulassen und das nachzuholen, was ich verpasst hatte. Bis dieser Wunsch in mir immer dringlicher wurde, hatte ich ihn ignoriert, ihn in mir selbst weggesperrt. Ich bin eine Frau, die in der Hauptstadt lebt, hatte ich bei mir gedacht. Hier ist es völlig normal, Kind und Karriere miteinander zu verbinden. Ich kenne mehr Frauen, die arbeiten gehen und nebenbei ihre Kinder erziehen, als Frauen, die ein paar Jahre pausieren, um sich der Kindererziehung zu widmen. Natürlich setzt Letzteres einen Partner voraus, der so viel Geld verdient, dass sich das Paar diesen »Luxus« leisten kann. Selbstverständlich kann »Luxus« niemals das richtige Wort sein, denn es handelt sich um eine riesige Aufgabe, die mit unglaublich viel Verantwortung verbunden ist.

Ich entschied mich also für mein Kind und eine ungewisse berufliche Zukunft und kündigte. Innerlich spürte ich, dass ich keine Kinderpsychologin brauchte, die meinen Problemsohn normen würde. Ich brauchte mehr Zeit und eine innere Aufgeräumtheit, um mein Kind nicht larifari und je nach Laune mal nach der Montessori-Pädagogik und dann wieder nach den Ratschlägen von Erziehungsexperten wie Jan-Uwe Rogge, Remo H. Largo oder Jesper Juul zu erziehen. Ich brauchte einen Schlachtplan, um meinem Sohn eine verlässliche Orientierung zu geben.

Ich würde mich als eine liberal-resolute Mutter bezeichnen, wobei das Wort »resolut« auch ein Synonym für »autoritär« ist. »Autoritär« klingt allerdings sehr nach Herrschsucht und Rechthaberei, nach Kleinmachen, Formen, Dressur und Rückgratbrechen; das tue ich natürlich nicht. Mir gefällt die Idee, mich als Reiseleiterin meines Sohnes zu betrachten. Ich mache ihm das Abenteuer Leben schmackhaft und verfolge die Absicht, ihm eines Tages den Rucksack zu packen und ihn allein die Welt entdecken zu lassen. Der Weg dahin ist anstrengend, zeitaufwendig und kräftezehrend.

Kürzlich sagte mein Sohn freudestrahlend: »Ich bin ein glückliches Kind«, und ich dachte: Prima, dann sei doch so gut und schlaf künftig direkt nach dem Vorlesen ohne Mätzchen ein! Denn obwohl sich Junior inzwischen minutiös pünktlich um halb acht ins Bett begibt, geistert er immer noch manch einen Abend mit wichtigen Botschaften (»Mir ist eingefallen, was ich mir zum Geburtstag wünsche«, »Ich habe doch noch Durst bekommen«, »Entschuldige, Mama, aber ich muss Pipi, das ist jetzt aber schon okay, wenn ich jetzt noch mal schnell auf die Toilette gehe?«) durch die Wohnung. Und trotzdem sind Kinder das größte Geschenk, das man sich selbst machen kann. Mein Geschenk hat mir das Herz und die Augen für den Sinn des Lebens geöffnet.

Buch-Tipps

Brost, Hauke: »Wie Familien ticken – 111 Fakten, die aus allen Eltern, Kindern und Großeltern Familienversteher machen« (Schwarzkopf & Schwarzkopf)

Buschmann, Ingrid: »Der geniale Faulpelz – Warum Kinder lernen – manche aber nicht« (Ueberreuter-Verlag)

Gerhardt, Sue: »Die Kraft der Elternliebe. Wie Zuwendung das kindliche Gehirn prägt« (Patmos Verlag)

Harrysson, Helena: »Traut euch, Eltern zu sein – Vom Abenteuer, Familie zu leben« (BELTZ)

Heymann, Nana: »Generation Wickeltasche. Die neue Lust am Muttersein – Begegnungen mit jungen Frauen« (Schwarzkopf & Schwarzkopf)

Jaede, Wolfgang: »Was Scheidungskindern Schutz gibt. Wie sie unbeschädigt durch die Krise kommen« (HERDER spektrum)

Juul, Jesper: »Aus Stiefeltern werden Bonus-Eltern: Chancen und Herausforderungen für Patchwork-Familien« (Kösel)

Juul, Jesper: »Elterncoaching: Gelassen erziehen« (BELTZ)

Juul, Jesper: »Nein aus Liebe. Klare Eltern – starke Kinder« (Kösel)

Juul, Jesper: »Was Familien trägt – Werte in Erziehung und Partnerschaft« (Kösel)

Krenz, Armin: »Kinder brauchen Seelenproviant – Was wir ihnen für ein glückliches Leben mitgeben können« (Kösel)

Largo, Remo H.: »Babyjahre: Entwicklung und Erziehung in den ersten vier Jahren« (Piper)

Largo, Remo H.: »Kinderjahre: Die Individualität des Kindes als erzieherische Herausforderung« (Piper)

Largo, Remo H. und Beglinger, Martin: »Schülerjahre: Wie Kinder besser lernen« (Piper)

Mansbach, Adam: »Verdammte Scheiße, schlaf ein!« (Dumont)

Montessori, Maria: »Die Entdeckung des Kindes« (HERDER)

Neumann, Ursula: »Lass mich Wurzeln schlagen in der Welt. Von seelischen Bedürfnissen unserer Kleinsten« (Kösel)

Neumann, Ursula: »Wenn die Kinder klein sind, gib ihnen Wurzeln, wenn sie groß sind, gib ihnen Flügel« (Kösel)

Pantley, Elizabeth: »Schlafen statt Schreien: Das liebevolle Einschlafbuch: Das 10-Schritte-Programm für ruhige Nächte« (Trias)

Piaget, Lou: »Das Weltbild des Kindes« (dtv/Klett-Cotta)

Plooij, Frans X.: »Oje, ich wachse! Eltern-Sprechstunde: Fragen und Antworten – zur Entwicklung Ihres Kindes in den ersten 20 Monaten« (Mosaik bei Goldmann)

Plooij, Frans X. und Hetty van de Rijt: »Oje, ich wachse! Von den acht »Sprüngen« in der mentalen Entwicklung Ihres Kindes während der ersten 14 Monate und wie Sie damit umgehen können« (Mosaik bei Goldmann)

Prekop, Jirina: »Der kleine Tyrann. Welchen Halt brauchen Kinder?« (dtv)

Rogge, Jan-Uwe: »Kinder brauchen Grenzen« (Rowohlt Taschenbuch Verlag)

Rogge, Jan-Uwe: »Wenn Kinder trotzen« (Rowohlt Taschenbuch Verlag)

Stöcklin-Meier, Susanne: »Spiel: Sprache des Herzens – Wie wir Kindern eine reiche Kindheit schenken« (Kösel)

Stöcklin-Meier, Susanne: »Was im Leben wirklich zählt – Mit Kindern Werte entdecken« (Kösel)

Wahlgren, Anna: »Das KinderBuch: Wie kleine Menschen groß werden« (BELTZ)

Wahlgren, Anna: »Kleine Kinder brauchen uns« (BELTZ)

Winterhoff, Michael: »Tyrannen müssen nicht sein: Warum Erziehung allein nicht reicht« (Gütersloher Verlagshaus)

Winterhoff, Michael: »Warum unsere Kinder Tyrannen werden. Oder: Die Abschaffung der Kindheit« (Gütersloher Verlagshaus)

Wittmaack, Carsten: »111 Gründe, Papa zu sein« (Schwarzkopf & Schwarzkopf)

Wittmaack, Carsten: »Mann wird Vater! Ein Erlebnisbericht über das schönste Abenteuer eines Mannes: Das Vatersein« (Schwarzkopf & Schwarzkopf)

Wittmaack, Carsten: »Zwergenalarm. Das Handbuch für werdende und gewordene Väter« (Schwarzkopf & Schwarzkopf)

DANKSAGUNG

Jedes Kind ist anders und fasziniert mich von Neuem. Ich danke euch allen, weil ihr mich immer wieder verzaubert. Sunita Ehlers danke ich für ihre Unterstützung und Freundschaft. Meiner Schwester Anika Watzenberg für Emilie, Malva, weil sie die wundervollste Babysitterin ist, und meiner Lektorin Ulrike Thams für ihre Anregungen. Ein großer Dank geht auch an all die Mütter, die mich mit abenteuerlichen Geschichten aus ihrem Leben als Mama ungemein bereichert haben. Und dann bist da noch du, lieber P.! Danke für deine Liebe.

DIE AUTORIN

Meike Meyruhn wurde 1976 geboren und lebt mit ihrem Sohn in Berlin. *111 Gründe, Mama zu sein* ist ihr erstes Buch.

Meike Meyruhn
111 GRÜNDE, MAMA ZU SEIN
Ein Loblied auf das schönste Abenteuer der Welt
ISBN 978-3-86265-070-5

© bei Schwarzkopf & Schwarzkopf Verlag GmbH, Berlin 2011. Alle Rechte vorbehalten. Dieses Werk ist urheberrechtlich geschützt. Jede Verwendung, die über den Rahmen des Zitatrechtes bei korrekter und vollständiger Quellenangabe hinausgeht, ist honorarpflichtig und bedarf der schriftlichen Genehmigung des Verlages.

Lektorat: Ulrike Thams | Titelbild: © Patrick Breig/shutterstock.com
Grafik im Textteil: © Telnov Oleksii/shutterstock.com

KATALOG

Wir senden Ihnen gern kostenlos unseren Katalog
Schwarzkopf & Schwarzkopf Verlag GmbH / Abt. Service
Kastanienallee 32 | 10435 Berlin
Telefon: 030 – 44 33 63 00 | Fax: 030 – 44 33 63 044

INTERNET | E-MAIL

www.schwarzkopf-schwarzkopf.de
info@schwarzkopf-schwarzkopf.de